KB119148

성찰 ②

〈성찰〉에 대한 학자들의 반론과 데카르트의 답변

나남
nanam

한국연구재단 학술명저번역총서
서양편 338

성찰 ②

〈성찰〉에 대한 학자들의 반론과 데카르트의 답변

2012년 2월 25일 발행
2012년 2월 25일 1쇄

지은이_ 르네 데카르트
옮긴이_ 원석영
발행자_ 趙相浩
발행처_ (주) 나남
주소_ 413-756 경기도 파주시 교하읍
출판도시 518-4
전화_ (031) 955-4600 (代), FAX : (031) 955-4555
등록_ 제 1-71호(1979.5.12)
홈페이지_ http://www.nanam.net
전자우편_ post@nanam.net

ISBN 978-89-300-8616-5
ISBN 978-89-300-8215-0 (세트)
책값은 뒤표지에 있습니다.

'한국연구재단 학술명저번역총서'는 우리 시대 기초학문의 부흥을 위해
한국연구재단과 (주)나남이 공동으로 펼치는 서양명저 번역간행사업입니다.

성찰 ②

〈성찰〉에 대한 학자들의 반론과 데카르트의 답변

르네 데카르트 지음 | 원석영 옮김

나남
nanam

Meditationes de Prima Philosophia

by

René Descartes

1642

성찰 ②

〈성찰〉에 대한 학자들의 반론과 데카르트의 답변

차 례

451

일곱 번째 반박과 저자의 설명 또는 제일철학에 관한 논문[1]

존경하는 분이시여! 진리를 탐구하는 새로운 방법과 관련해서 당신〔데카르트〕은 내게〔부르댕〕 많은 것을 묻고 내가 그것들에 답하기를 요청할 뿐만 아니라 부단히 강요합니다. 그럼에도 불구하고 만일 당신이 내가 나의 논문에서 그것에 관해 어떤 것을 썼거나 주장한 사람들을 완전히 도외시하는 것에 동의하지 않는다면 나는 침묵하게 될 것이며 당신의 뜻을 따르지 않을 것입니다. 그리고 나는 당신이 그들이 무엇을 느꼈는지 또 무슨 생각을 가졌는지 그리고 어떤 결과를 얻었는지 또 그들이 옳았는지 아닌지를 요청하는 것처럼 보이지 않게끔 당신의 물음들을 구성해 줄 것을 추가로 당부합니다. 마치 아무도 그것과 관련해서 아무것도 느끼지도 쓰지도 주장하지도 않은 것처럼, 당신은 성찰하는 당신에게 그리고 어떤 새로운 철학 방법을 모색하는 당신에게 어려움을 지닌 것처럼 생각되는 것들만을 탐구해야 합니다. 우리는 그런 식으로 진리를 탐구하게 될 것이고, 그렇게 함으로써 학자들에 대한 우정과 존경의

---

1) 〔역주〕 뒤따르는 〔데카르트〕의 설명과 535쪽과 디네 신부님에게 보내는 편지 참조.

예를 갖추게 될 것입니다. 당신이 이에 응하고 또 이를 약속하기 때문에, 나 역시 당신의 응답에 화답하고자 합니다.

〔데카르트의〕 설명

"당신은 내게 많은 것을 묻습니다." 나는 이 논문을 논문의 저자로부터 받았다. 나는 이 논문의 저자[2]가 나의 《제일철학에 관한 성찰》에 관해 무언가를 썼다는 말을 듣고, 그 즉시 그에게 "그것을 출판하거나 다른 사람들이 《성찰》에 가한 반박에 덧붙일 수 있도록 내게 보내줄 것을 강력하게 부탁했다."[3] 이 때문에 나는 이 논문을 덧붙이지 않을 수가 없는 처지이다. 그리고 나는 "진리를 탐구하는 나의 방법에 대해" 그가 어떻게 생각하는지 물었던 기억이 전혀 없지만, 그가 그의 논문에서 거론하는 자가 나라는 것은 의심할 여지가 없다. 아니 그 이상이다. 나는 일 년 반 전에 그가 나에 대해 쓴 조롱섞인 글을 읽어보았다. 나는 그곳에서 그가 진리를 탐구하지 않고 내가 쓰지도 않은 더욱이 생각조차 해보지 못한 것들을 내게 덮어씌우기만 한다는 판단을 하기에 이르렀다. 그래서 나는 차후에 그 사람 혼자서 제기하는 문제는 그것이 무엇이든 답변할 가치가 없다고 생각하게 될 것임을 숨기지 않았다. 그러나 그는 교육과 경건함으로 명망이 있는 예수회에 속해 있고, 또한 예수회 회원들 서로간에는 아주 긴밀한 관계가 맺어져 있어서 어떤 회원이 하는 일이 다른 모든 회원들로부터 동의를 얻지 못하는 경우란 매우 드물다. 나는 예수회 회원 가운데 일부 회원들이

452

2) 예수회의 부르댕 신부(Pierre Bourdin, 1595~1653)를 의미함.

3) 메르센에게 보낸 1641년 12월 22일자 편지, AT III 466쪽 26번째 줄~467쪽 2번째 줄 참조.

나의 작품을 검토하여 그곳에 진리가 아닌 것이 있다면 그것이 무엇이든 나에게 지적해 주기를 요청했을 뿐만 아니라 부단히 요구했었다는 것을 고백한다. 나는 그들이 그 일을 거부하지 못할 것이라는 기대를 가질 만큼 많은 이유들을 덧붙였다. 그리고 나는 나의 그런 기대감으로 인해 "이 논문의 저자나 혹은 그와 같은 예수회 소속의 어떤 회원이 나의 견해들에 대해 쓰게 되는 것은 그것이 무엇이든 내가 아주 중요한 것으로 여기게 될 것임을 환기시켰다. 또, 그것이 누구의 이름으로 행해지든, 그것은 그 한 사람에 의해서가 아니라 같은 예수회 소속의 뛰어나고 현명한 많은 학자들에 의해 구성되고 검토되며 교정될 것이기 때문에, 조롱이나 궤변이나 떠들썩한 비난이나 공허한 수다가 아니라 오로지 매우 굳고 탄탄한 근거들만을 담게 될 것이라는 점과 나를 정당하게 반박할 수 있는 논증들 가운데 그 어느 것 하나도 빠져있지 않게 될 것이라는 점을 내가 믿어 의심치 않음을 강조했다. 더 나아가, 그 때문에 그 글 하나로 인해 내가 모든 오류로부터 해방될 것임을, 그리고 만일 내가 쓴 것 가운데 그 글에서 반박되지 않는 것이 있다면 그것은 그 누구에 의해서도 반박될 수 없으며 전적으로 참인 동시에 확실한 것으로 생각하게 될 것임을 강조했다."[4] 따라서 만일 내가 반론자의 논문이 조롱이나 궤변이나 떠들썩한 비난이나 공허한 수다를 담고 있지 않다는 것을 확신한다면, 나는 그 논문에 대해 위와 같은 판단을 내리고 또한 그 논문이 예수회 전체의 명령에 의해 쓰여진 것이라고 믿을 것이다. 그러나 만일 그런 것들이 있다면, 그 논문이 신성한 분들에 의해 쓰여진 것이라고 추측하는 것은 옳지 않다고 생각한다. 나는 이에 대한 나의 판단을 신뢰하지 않기 때문

453

4) 메르센에게 보낸 1640년 8월 30일자 편지, AT III 172쪽 21번째 줄~173쪽 5번째 줄 참조.

에, 여기서 독자가 나의 말을 믿도록 하기 위해서가 아니라 단지 진리를 검토할 계기를 마련하기 위해 나의 입장을 허심탄회하게 밝히고자 한다.

"나는 침묵하게 될 것이며 등." 우리의 저자는〔부르댕〕 자신이 그 누구의 저술도 공격하지 않을 것이며 다만 내가 그에게 물은 것들에 대해서만 답하게 될 것임을 미리 선언한다. 그러나 나는 그에게 어떤 것을 물은 적이 없다. 심지어 나는 그에게 말을 걸어본 적도 없고, 더 나아가 그를 본 적조차 없다. 내가 그에게 묻는 것처럼 그가 가장한 것들 대부분은 나의 《성찰》에 있는 것들로부터 그가 조작한 것들이다. 따라서 그가 공격하는 것은 《성찰》 이외의 그 어떤 것도 아니라는 것은 너무나 분명하다. 그가 사실과는 반대로 상상하는 이유가 고귀하고 신성한 것일 수 있다. 하지만 나는 그가 그렇게 하는 이유에 대해서 단지 내게 어떤 것을 더 수월하게 덮어씌울 수 있다고 생각하기 때문이라고밖에는 달리 추측할 길이 없다. 내가 쓴 것들을 공격하지 않는다고 고백하기 때문에, 그가 나의 글들을 위조했다는 이유로 고발될 수 없을 것이기 때문이다. 그 밖의 또 다른 이유가 있다면, 자신의 독자들에게 나의 글을 검토할 기회를 주지 않고자 했기 때문이다. 만일 그가 나의 글에 대해 논한다면, 독자들에게 그런 기회를 주게 되는 것이다. 또한 독자들이 내게서 나오는 글들을 하나도 읽지 못하게끔 하기 위한 목적으로 나를 어리석고 허황된 사람으로 그리고자 했기 때문이다. 이로써 그는 나의 《성찰》의 단편들을 왜곡해서 만든 마스크를 나의 얼굴에 씌우고자 한 것이 아니라 그것으로써 나의 얼굴을 변형시키고자 했다. 그러나 나는 그 마스크를 벗어던지겠다. 나는 그런 역할을 하는 데 익숙해 있지 않을 뿐더러, 그런 마스크는 아주 진지한 문제에 대해 종교인과 논의하

454

는 자리에 어울리지 않기 때문이다.

첫 번째 질문[5]
의심스러운 것들이 거짓으로 간주되어야 하는지 아닌지 그리고 어떻게

먼저 당신은〔데카르트〕 진리를 탐구하는 그 방법이 정당한 것인지 아닌지를 묻습니다: "의심의 근거를 조금이라도 가지고 있는 것은 그것이 무엇이든 거짓으로 간주해야 한다."

이에 답하려면 나는 당신에게 몇 가지 질문을 해야 합니다:

1. 그런 "아주 작은 의심의 근거란" 무엇입니까?
2. 그렇게 "거짓으로 간주한다는 것은" 무슨 의미입니까?
3. 어느 정도까지 "거짓으로 간주해야 합니까?"

§1. 아주 작은 의심의 근거란 무엇입니까? 455

의심과 관련해서, 그런 아주 작은 의심의 근거란 무엇입니까? 당신은 다음과 같이 말합니다. "나는 많은 말로 당신을 붙잡고 늘어지지 않을 것이다. 아주 작은 의심의 근거를 지니고 있는 것이란, 내가 그것이 사실인지 아닌지를 의심할 수 있는 그런 것이다. 그렇다고 섣불리 의심한다는 것이 아니라 타당한 근거들을 가지고 의심할 수 있는 것을 의미하는 것이다. 그 밖에도, 그런 의심의 근거를 가지고 있는 것이란 비록 그것이 내게는 명석하게 보일지라도 나를 조롱하고자 하는 악령이 자

5) 〔역주〕 부르댕이 제기하는 질문임.

기가 가지고 있는 온갖 수단과 속임수를 사용하여 실제로는 거짓인 것이 명석판명하게 보이도록 하여 나를 속일 수 있는 그런 것이다. 첫 번째 의심의 근거는 하찮은 근거가 아니다. 두 번째 근거는 무(無)는 아니지만,[6] 아주 작은 근거이다. 그렇지만 그런 의심을 불러일으키기에는 충분한 근거이다. 예를 원하는가? 지구와 하늘과 색이 존재한다는 것. 당신이 머리를 가지고 있다는 것. 당신이 신체와 정신을 가지고 있다는 것. 이것들에 대한 의심이 첫 번째 종류에 속하는 것이며, 2 더하기 3은 5이다라는 것과 전체는 자신의 부분보다 크다는 것 등과 같은 것들에 대한 의심이 두 번째 종류에 속하는 것이다."[7]

대단합니다. 만일 그렇다면 아무런 의심의 근거도 가지고 있지 않은 것이란 무엇입니까? 교활한 악령이 위협하는 두려움으로부터 자유로운 것은 무엇입니까? 당신은 이렇게 말합니다. "우리가 신이 존재하고 또 속일 수 없다는 것을 아주 굳건한 형이상학적 원리들로부터 확실하게 하지 않는 한, 그런 것은 없다, 전혀 없다. 따라서 이것이 유일한 법칙이다: "신이 존재하는지 아닌지 그리고 신이 존재한다면 그가 사기꾼일 수 있

---

6) 원문은 "Primum dubitationis habet non parum; secundum nonnihl quidem, sed illud minimum, satis tamen ut illud dubium vocetur & sit"이다. 번역에 어려움을 일으키는 것은 "nonnihil"이다. nonnihl의 통상적 의미는 "약간" 혹은 "어느 정도"인데, 이렇게 번역할 경우 의미가 통하지 않는다. 특히 다음 문단의 첫 두 번째 문장을 고려한다면 말이다. 즉, "At ita si se res habet, quid, quaeso, erit, quod dubitationis habest nonnihil? Quid immune ab eo metu, quem vafer intentat Genius? Nihil, ais, omnino hihil …"을 고려한다면 더더욱 그렇다. 그래서 역자는 "nonnihil"을 무(無)로 번역했다.

7) 〔역주〕 원문에는 인용부호가 없다. 직접인용이 아니라 반론가가 가정한 말이기 때문에, ―당신은 말합니다―가 삽입되어 있을 뿐이다. 이 경우 역자는 " "를 붙였다. 이는 데카르트의 답변에서도 마찬가지다. 부르댕이 직접인용이라고 간주한 것은 " "를 붙이고 고딕으로 처리했다.

는지 없는지를 모르는 한, 나는 내가 다른 어떤 것에 대해 결코 확실할 수 있다고 생각하지 않는다." 당신이 내 생각을 잘 알도록 하자면 이렇습니다. 나는 내가 신이 존재한다는 것을 그리고 그런 악령을 규제하는 참된 신을 알지 못하는 한, 항상 신이 나를 조롱하고 거짓된 것을 마치 명석판명한 것처럼 참된 것의 모습을 띠게 해서 내 안에 밀어 넣지 않을까 두려워할 수 있고 또 두려워해야만 한다. 그러나 내가 신이 존재한다는 것을 그리고 신이 속을 수도 또 속일 수도 없다는 것을 완전하게 인식하게 될 경우, 그래서 신이 내가 명석판명하게 인식하는 것들과 관련해서 악령이 내게 나쁜 짓을 하는 것을 필연적으로 막는다는 것을 완전하게 인식하게 될 경우, 나는, 만일 그러한 것들이 있다면, 즉 내가 어떤 것을 명석판명하게 지각하게 456 된다면, 그것들이 참이며 확실한 것들이라고 주장하게 될 것이다. 그래서 이때 이것이 참과 확실함의 규칙이다: "내가 아주 명석판명하게 지각하는 것은 모두 참이다." 더 이상 물을 것이 없습니다. 두 번째 것으로 넘어가겠습니다.

§2. 거짓으로 간주해야 한다는 것은 무슨 의미입니까?

예를 들어, 당신이 눈을 가지고 있다는 것과 당신이 머리를 가지고 있다는 것과 당신이 신체를 가지고 있다는 것이 의심스럽다고 또 이 때문에 당신이 이 모두를 거짓으로 간주해야 한다고 주장하기 때문에, 나는 그것들을 거짓으로 간주한다는 것이 무슨 의미인지를 당신으로부터 알고자 합니다. 눈과 머리와 육체를 가지고 있다는 것을 거짓이라고 믿고 그것을 주장한다는 의미입니까? 아니면 "정반대로 하기로 다짐하고" 눈도 머리도 육체도 가지고 있지 않다고 믿고 그것을 주장한다는 의미입니까? 말하자면 의심스러운 것의 역을 믿고 주장하고 긍정한다는 의미입니까? 당신은 바로 그렇다고 말합니다. 좋습니다. 그러나 나는 당신이 계속 답변해주길 바랍니다. 2 더하기 3은 5임이 확실하지 않습니다. 그러므로 내가 2 더하기 3은 5가 아니라고 믿고 또 가정해야 합니까? 당신은 그렇게 믿고 가정하라고 합니다. 좀더 나가보도록 하겠습니다. 내가 이 모든 것을 이야기하는 동안, 나는 내가 깨어 있다는 것, 즉 꿈을 꾸고 있지 않다는 것이 확실하지 않습니다. 그러므로 내가 이 이야기를 하는 동안 나는 내가 깨어 있지 않고 꿈을 꾸고 있다고 믿어야 하고 또 그렇게 주장해야 합니까? 당신은 그렇게 믿고 또 그렇게 주장하라고 합니다. 너무 지루해지지 않도록, 마지막으로 하나만 더 덧붙이겠습니다. 깨어 있는지 꿈을 꾸고 있는지 의심하는 사람에게 명석하고 확실해 보이는 것이 확실하고 명석한지가 확실하지 않습니다. 그러므로 나는 깨어 있는지 꿈을 꾸고 있는지 의심하는 사람에게 명석하고 확실해 보이는 것은 확실하지도 명석하지도 않고 모호하고 거짓된 것이라고 믿고 주장해야 합니까? 왜 어쩔 줄을 몰라 하십니까? "당신이 정도 이상으로 불신을 편애할 수는 없습니다"(*Plus aequo indulgere non potes diffindentiae*). 많은 사람들에게 자주 일어나는 일이 당신에게는 결코 일어나지 않는다는 것입니까? 즉, 당신이 나중에 의심스럽고 거짓된 것으로 알게 되는 것들이, 꿈을 꾸는 동안에 명석하고 판명하게 나타나는 일이 당신에게는 결코 일어나지 않는다는 것입니까? "당신을 한 번이라도 속인 사람들에게 전적인 신뢰를 보내지 않는 것은 실로 현명한 일이다."[8] 그러나 당신은 "최고로 확실한 것들과 관련해서는 사

457

8) 〔역주〕 원문은 "Sane prudentiae est numquam illis plane confidere, qui te vel semel decepere"이다.

정이 다르다. 그것들은 꿈을 꾸는 사람에게도 미친 사람에게도 의심스러운 것으로 보일 수 없는 종류의 것이다"라고 합니다. 당신이 최고로 확실한 것들이란 꿈을 꾸는 사람에게도 미친 사람에게도 의심스러운 것으로 보일 수 없는 것이라고 꾸며대기 때문에 드리는 말씀인데, 진심으로 하시는 말씀입니까? 어떤 것들이 그런 것들입니까? 우스꽝스러운 것들이나 불합리한 것들이 꿈을 꾸는 사람이나 미친 사람에게 때때로 확실한 것으로 혹은 가장 확실한 것으로 보인다면, 무엇 때문에 확실한 것이나 최고로 확실한 것이 거짓된 것으로 혹은 최고로 거짓된 것으로 보일 수 없습니까? 나는 언젠가 잠에 취해서 4시를 알리는 소리를 듣고 하나, 하나, 하나, 하나라고 수를 센 사람을 알고 있습니다. 그때 그는 나름대로 사태의 불합리성을 파악하고, "아니 시계가 미쳤네, 한 시를 네 번이나 치다니!"라고 소리를 질렀습니다. 그러나 꿈을 꾸는 사람이나 미친 사람의 정신에 나타날 수 없을 정도로 불합리하거나 비이성적인 것이란 어떤 것입니까? 꿈꾸는 사람이 동의하지도 또 믿지도 않을 정도로 그리고 마치 자신이 그것을 착안하고 고안해낸 마냥 기뻐하지 않을 정도로 불합리하거나 비이성적인 것이란 어떤 것입니까? 나는 당신과 더 이상 논쟁하지 않기 위해 말하자면, 당신은 결코 내가 이 명제를, 즉 "꿈을 꾸고 있는지 깨어 있는지 의심하는 사람에게 확실한 것으로 보이는 것은 확실한 것이며, 더 나아가 그것은 가장 확실하고 엄밀한 학문과 형이상학의 토대로 간주될 수 있을 정도로 확실한 것이다"라는 말을 2 더하기 3은 5라는 명제와 동등하게 확실한 것으로 간주하도록 할 수 없을 뿐더러, 그 누구도 그것을 결코 의심할 수 없을 정도로 그리고 그것과 관련해서 악령에 의해 속을 수 없을 정도로 확실한 것으로 여기도록 할 수는 더더욱 없습니다. 내가 이 입장을 고수하게 되면, 사람들이 나를 고집불통이라고 여기게 될 것이지만, 나는 그것을 두려워하지 않습니다. 이 때문에 나는 당신의 그 규칙을 토대로 이렇게 주장하고자 합니다. 깨어 있는지 꿈을 꾸고 있는지 의심하는 사람에게 확실하게 보이는 것이 확실한 것이라는 것은 확실하지 않습니다. 그러므로 꿈을 꾸고 있는지 깨어 있는지 의심하는 사람에게 확실한 것으로 보이는 것은 거짓된 것으로 간주될 수 있고 또 그래야만 하며 따라서 전적으로 거짓으로 간주되어야만 합니다. 아니면, 만일 당신이 다른 특별한 규칙을 가지고 있다면, 내게 그것을 알려주십시오. 이제 세 번째 것으로 넘어갑니다.

458

§3. 어느 정도까지 거짓으로 간주해야 합니까?

2 더하기 3은 5라는 것이 확실해 보이지 않기 때문에 그리고 앞선 규칙에 따르자면 나는 2 더하기 3은 5가 아니라고 믿어야 하고 또 주장해야 하기 때문에, 나는 내가 그것이 달리 될 수 없고 또 확실하다고 확신할 정도로 계속 믿어야 하는지 묻고 싶습니다. 당신은 나의 이 물음에 놀랄 것입니다. 나 자신이 놀라고 있기 때문에, 나는 당신이 놀랄 것이라는 데에 놀라지 않습니다. 그렇지만 만일 당신이 내게 답변을 기대한다면, 당신은 필히 답변을 해야 합니다. 당신은 내가 2 더하기 3은 5가 아니라는 것을 확실한 것으로 간주하기를 원합니까? 더 나아가 당신은 그것이 확실하고 또 모든 사람들에게 확실한 것으로 보이길, 또한 악령의 술수로부터 안전할 정도로 확실한 것으로 보이길 원합니까?

당신은 웃으면서 말합니다: "어떻게 건강한 사람에게 그런 생각이 들 수 있는가?"

그렇다면 어떤 생각이 들 수 있겠습니까? 그것 역시, 2 더하기 3은 5라는 것의 경우와 마찬가지로, 의심스럽고 불확실하게 될 것이라는 생각이? 만일 그렇다면, 그래서 만일 2 더하기 3이 5가 아니라는 것이 의심스럽게 된다면, 나는 당신의 규칙에 따라 그것이 거짓이라고 믿고 주장할 것이며, 또 그 때문에 그 역을 주장하고 굳게 믿을 것입니다. 즉, 2 더하기 3은 5라는 것을 말입니다. 다른 것들과 관련해서도 나는 같은 식으로 하게 될 것입니다. 물체가 존재한다는 것이 확실해 보이지 않기 때문에, 나는 "물체가 존재하지 않는다"고 주장할 것입니다. 그런데 "물체가 존재하지 않는다"는 것이 확실하지 않기 때문에, 나는 그 반대로 하기로 다짐하고 "물체가 존재한다"고 주장할 것입니다. 따라서 물체가 존재하고 또 동시에 존재하지 않게 될 것입니다.

당신은 그렇다고 합니다. 그것이 의심한다는 것이고, 원을 돈다는 것이며, 간다는 것이고, 돌아온다는 것이며, 이것과 저것을 긍정한다는 것이고 또 부정한다는 것이며, 못을 박고 또 뺀다는 것이라고 말입니다.

아주 훌륭합니다. 그런데 그렇게 의심스럽게 될 것들을 가지고 나보고 무엇을 어떻게 하라는 것입니까? "2 더하기 3은 5이다"와 관련해서는? 그리고 "물체가 존재한다"는 것과 관련해서는? 긍정해야 할까요 아니면 부정해야 할까요?

당신은 "당신이 긍정하지도 부정하지도 않을 것"이라고, "당신은 그 중 어느 하나도 선택하지 않게 될 것"이라고, "당신은 그 둘 다 거짓인 것으로 간주하게 될 것"이라고 합니다. 459

더 이상의 질문이 없습니다. 그래서 나는 내가 당신의 가르침을(*doctrinae*, *doctrina*) 짧게 요약한 후 바로 답하고자 합니다.

1. 우리가 지금까지 가지고 있던 학문의 토대와는 다른 토

대를 가지고 있지 못하는 한 우리는 모든 것들에 대해, 특히 물질적인 것들에 대해 의심할 수 있다.

2. 어떤 것을 거짓인 것으로 간주한다는 것은 그것이 명백하게 거짓인 듯 그것에 동의하지 않는다는 것을 의미한다. 그리고 그 반대로 하기로 다짐하고 그것에 대한 자신의 의견이 거짓인 것으로 그리고 꾸며내진 것으로 상상한다는 것을 의미한다.
3. 그것의 역 역시 의심스러운 것으로 그리고 거짓인 것으로 간주할 정도로, 의심스러운 것을 거짓인 것으로 간주해야 한다.[9]

〔데카르트의〕 설명

비록 대부분 나의 말로써 표현되긴 했지만, 내가 나의 말이라고 전혀 인정할 수 없는 것들에 대해 너무 자세하고 장황한 평을 한다는 것은 부끄러운 짓일 수 있다. 그래서 나는 단지 독자들에게 〈제일성찰〉과 〈제 2성찰〉, 〈제 3성찰〉의 시작부분 그리고 《성찰》에 대한 요약문에 들어 있는 것들을 기억해 주기를 부탁하고 싶다. 왜냐하면 그럼으로써 독자들은 위의 것들이 거의 모두 그곳으로부터 취해진 것들임에도 불구하고, 그곳에서는 매우 합리적인 것만을 담고 있지만, 위에서는 그 대부분이 아주 불합리하게 보일 정도로 혼란스럽게, 왜곡된 채, 잘못 해석된 채 제시되어 있다는 것을 인식하게 될 것이기 때문이다.

"타당한 근거들을 가지고."[10] 나는 〈제일성찰〉 끝부분에서

9) 462쪽 16번째 줄 이하 참조.
10) 455쪽 5번째 줄 참조.

우리가 지금까지 한 번도 충분하리만큼 명석하게 지각한 적이 460 없는 모든 것들을 숙고된 타당한 근거들을 가지고 의심할 수 있다고 했다. 그곳에서 다루어지는 주제는 오로지 '극도의 의심'이기 때문이다. 나는 그런 의심은 형이상학적이며 과장된 것으로서 일상적 삶에 적용되어서는 안 된다는 것을 자주 강조했다. 그런 주제에 걸맞게 아주 작은 의심일지라도 의심을 불러일으키는 것은 모두 타당한 근거로 간주돼야 한다. 그런데 그런 형이상학적 의심에 대해 아무것도 모르는 자신의 독자들로 하여금 그런 의심을 일상적 삶에 적용시켜 나를 제정신이 아닌 사람으로 생각하게끔 하려고, 그 솔직한 분은 친절하게도 내가 타당한 근거에 의해 의심할 수 있다고 주장한 것들의 예로 지구가 존재하는지, 내가 신체를 가지고 있는지 등을 거리낌 없이 제시한다.

"당신은 〔아무런 의심의 근거를 가지고 있지 않은 것은〕 없다고, 전혀 없다고 합니다."[11] 나는 여러 곳에서 그런 "무"(無)가 어떤 의미로 이해되어야 하는지를 충분히 설명했다. 우리가 아주 명석하게 지각하는 어떤 진리에 주의를 기울이는 한, 우리는 그것에 대해 의심할 수 없다. 하지만 자주 일어나듯이, 비록 전에 많은 진리들을 아주 명석하게 지각했다는 것을 기억하더라도, 만일 우리가 명석하게 지각한 것은 모두 참이라는 것을 모른다면, 우리가 그것들에 주의를 기울이고 있지 않을 때, 우리가 그것들 가운데 정당하게 의심할 수 없는 것은 아무것도 없다. 위의 분은 여기서 그 "무"(無)를 정확히 이런 식으로 이해한다. 나는 〈제일성찰〉에서, 즉 내가 명석하게 지각하는 것에 주의를 기울이지 않고 있다고 가정한 〈제일성찰〉에서

---

11) 455쪽 18번째 줄 참조.

의심할 수 없는 것은 아무것도 없다고 한 번 말한 적이 있다. 그는 이로부터 내가 뒤따르는 성찰들에서도 확실한 것을 하나도 인식할 수 없다는 결론을 내린다. 내가 때때로 어떤 것에 대해 가지고 있는 의심의 근거들이 그것에 대해 항상 의심해야 한다는 것을 입증하지 않는다면, 그것들이 정당하지도 또 타당하지도 않은 것처럼 말이다.

"의심스러운 것의 역을 믿고 주장하고 긍정한다〔는 의미입니

461 까?〕"[12] 내가 의심스러운 것들을 얼마 동안 거짓인 것으로 간주하거나 혹은 거짓인 것으로 거부해야 한다고 한 곳에서, 나는 형이상학적으로 확실한 진리를 탐구하자면 의심스러운 것들이 명백하게 거짓인 것들보다 특혜를 누려서는 안 된다고 생각한다고 했다. 그래서 건강한 정신을 지닌 사람이라면 그 누구도 나의 말을 달리 해석하지 않을 것이라고 생각된다. 그 누구도 내가 의심스러운 것의 역을 믿고자 한 것이라고 덮어씌울 수 없다고 생각된다. 무엇보다도 조롱가로 간주되는 것을 부끄럽게 생각하지 않는 사람이 아니라면, 그 누구도 그 뒤에 있는 말, 즉 "내가 그것을 그것이 달리 될 수 없고 또 확실하다고 확신할 정도로 계속 믿어야 하는지"[13] 라는 말을 내게 덮어씌울 수 없다. 우리의 저자가 마지막 것을 주장하지 않고 단지 그것을 의문으로 제시하더라도, 나는 그렇게 신성한(*sanctum, sanctus*) 자가 최악의 비방자들을(*detractores*) 흉내 내고자 했다는 것에 대해 놀라울 뿐이다. 이들은 사람들이 다른 사람들에 관해 믿었으면 하고 바라는 것들만을 주로 이야기하지만, 죄를 교묘하게 피하면서 비방하기 위해 자신들은 그것을 믿지 않는다는 말을 덧붙인다.

---

12) 456쪽 14번째 줄 참조.

13) 458쪽 4~6번째 줄 참조.

"최고로 확실한 것들과 관련해서는 사정이 다르다. 그것들은 꿈을 꾸는 사람에게도 미친 사람에게도 의심스러운 것으로 보일 수 없는 종류의 것이다."[14] 나는 아주 명석하신 분이 나의 글로부터 어떤 분석적 방법을 통해 이를 연역해 낼 수 있었는지 모르겠다. 나는 내가 어디서 그런 생각을 했는지 꿈속에서조차 기억하지 못하겠다. 어떤 사람이 명석판명하게 참인 것으로 지각하는 것은, 비록 그가 꿈을 꾸는 것인지 깨어 있는 것인지 의심할 수 있더라도 더 나아가 꿈을 꾸고 있더라도 혹은 미쳤더라도, 참이라고 한 나의 말로부터 그가 그런 결론을 내릴 수는 있었을 것 같다. 왜냐하면 결국 누가 무엇을 지각하든, 지각된 것이 지각된 바와 같지 않다면, 다시 말해서 사실이 아니라면, 그것은 명석판명하게 지각될 수 없기 때문이다. 그러나 오로지 현명한 자들만이 그렇게 지각되는 것과 단지 그렇게 보이거나 나타나는 것을 올바르게 구분할 수 있기 때문에, 뛰어난 분이 이 중 하나를 다른 하나로 착각하는 것에 그리 놀라지 않는다. 462

"그것이 의심한다는 것이며, 원을 돈다는 것이며 등."[15] 나는 의심스러운 것들이 완전하게 거짓인 경우보다 특혜를 누려서는 안 된다고 했다. 이는 생각을 그런 것들로부터 해방시키기 위해서였지, 어떤 때는 그 중 하나를 다른 때는 그것의 역을 주장하기 위해서가 아니었다. 그렇지만 저자는 오로지 조롱할 기회만을 찾는다. 하지만 다음은 지적할 만하다. 끝부분에서, 즉 나의 가르침을(*doctrinae*, *doctrina*) 짧게 요약하는 곳에서, 그는 그가 앞이나 뒤에서 비방하고 조롱하는 것들을 하나도 내게 귀속시키지 않았다. 따라서 우리는 그가 단지 장난으로 그

---

14) 457쪽 1~3번째 줄 참조.

15) 458쪽 22번째 줄 참조.

런 것이지 진심으로 그렇게 믿었던 것은 아니라는 것을 알 수 있다.

답 변[16)]

첫 번째 답변. 만일 진리를 탐구하는 그 규칙(*lex*), 아주 작은 의심의 근거를 가지고 있는 것도 거짓으로 간주해야 한다는 규칙을 이렇게 이해한다면, 즉 무엇이 확실한 것인지를 탐구할 때, 우리가 확실하지 않은 것에 혹은 어떤 의심스러운 것을 가지고 있는 것에 결코 의존해서는 안 된다는 것으로 이해한다면, 그 규칙은 정당한 규칙이며, 철학자들이 이미 자주 사용하는 가장 일반적인 규칙입니다.

두 번째 답변. 만일 그 규칙을 이렇게 이해한다면, 즉 무엇이 확실한 것인지를 탐구할 때, 확실하지 않은 것들이나 어떤 식으로든 의심스러운 것들에 의지하지 않고 그것들을 마치 존재하지 않는 것처럼 바라보거나 아니면 그것들을 전혀 쳐다보지 않고 완전히 외면할 정도로, 그것들을 모두 거부해야 한다는 것으로 이해한다면, 이 경우 역시 그 규칙은 정당한 규칙이며 또한 일반적으로 초보자들이 자주 사용하는 규칙입니다.
463 그리고 앞선 규칙과 매우 커다란 유사성을 가지고 있어서 거의 다르지 않습니다.

세 번째 답변. 만일 그 규칙을 이렇게 이해한다면, 즉 무엇이 확실한 것인지를 탐구할 때 우리가 모든 의심스러운 것들을 실제로 존재하지 않는 것들로 또는 그것들의 역이 사실인 것으로 가정하고 이러한 가정을 확실한 토대인 것처럼 사용할 정도

16) 〔역주〕 454쪽에서 제기한 첫 번째 질문에 대한 부르댕 자신의 답변임.

로 혹은 그것들을 존재하지 않는 것으로 가정하고 이러한 가정에 의지할 정도로, 그것들을 모두 거부해야 한다는 것으로 이해한다면, 이 규칙은 정당한 규칙이 아니며 또 믿을 수 없는 규칙으로 참된 철학과 상충하는 규칙입니다. 왜냐하면 그것은 진리와 확실한 것을(*verum certumque*) 탐구하기 위해 어떤 것을 의심스럽고 불확실한 것 또는 때때로 달라질 수 있는 것을 확실한 것으로 간주하기 때문입니다. 예를 들자면 의심스러운 것들을, 그것들이 존재할 가능성이 있음에도 불구하고, 실제로 존재하지 않는 것으로 간주하는 것이 바로 그런 경우입니다.

네 번째 답변. 만일 누군가가 그 규칙을 바로 앞의 경우처럼 이해하고 그렇게 이해된 규칙을 진리와 확실한 것을 탐구하기 위해 사용한다면, 그는 아무런 성과 없이 자신을 지치게 할 것입니다. 왜냐하면 그는 자신이 찾는 것도 그 역도 얻지 못할 것이기 때문입니다. 예를 원하십니까? 어떤 사람이 자신이 물체 혹은 물질적인 것일 수 있는지를 탐구한다고 하지요. 그리고 그가 무엇보다도 이렇게 했다고 합시다: "물체가 존재한다는 것은 확실하지 않다. 그러므로 나는 제시된 규칙에 따라 물체가 존재하지 않는다고 가정하고 그것을 주장하고자 한다." 그후 다시: "물체는 존재하지 않는다. 그러나 다른 연유로부터 내게 확실하게 알려진 바와 같이 나는 있고 또 존재한다. 그러므로 나는 물체일 수 없다." 아주 훌륭합니다. 그러나 그가 어떻게 동일하게 출발해서 그 역을 이끌어내는지 보십시오. 그는 이렇게 말합니다. "물체가 존재한다는 것은 확실하지 않다. 그러므로 위의 규칙에 따라 나는 물체가 존재하지 않는다고 가정하고 그것을 주장하고자 한다. 그러나 물체가 존재하지 않는다는 것은 어떠한가? 그것은 실제로 의심스럽고 불확실하다. 누가 그것을 증명할 수 있을까? 그리고 무엇으로부터?" 그는 이렇게 정리할 것입니다. "물체가 존재하지 않는다는 것은 의심스럽다. 그러므로 규칙에 따라 나는 물체가 존재한다고 주장하고자 한다. 그런데 나는 있고 또 존재한다. 그러므로 만일 다른 문제가 없다면(*si aliud vetat nihil*), 나는 물체일 수 있다." 보십시오. 나는 물체일 수도 있고 또 물체가 아닐 수도 464 있습니다. 내가 충분한 설명을 드렸는지요? 내가 뒤따르는 질문들로부터 끄집어낼 수 있는 만큼 분명히 했는지 두렵습니다. 따라서.[17]

〔데카르트의〕 설명

첫 두 답변에서 저자는 제기된 사안과 관련해서 내가 생각한 모든 것에 혹은 나의 글에서 취해질 수 있는 모든 것에 동의했다. 그리고 그는 "그것이 아주 일반적인 것이며 초보자들 또한 자주 사용하는 것"[18] 이라는 말을 덧붙였다. 그런데 나머지 두 답변에서 그는, 사람들이 내가 생각한 것이라고 믿게 만들고 싶은 것을, 그것이 건강한 사람은 생각할 수조차 없을 정도로 불합리한 것임에도 불구하고, 비방했다. 실로 교활하게. 자신의 권위를 통해서 영향력을 행사해서, 나의 《성찰》을 읽지 않았거나 아니면 읽었더라도 그곳에 무엇이 들어 있는지 제대로 알 수 있을 정도로 집중해서 읽지는 않은 사람들로 하여금 내가 우스꽝스러운 견해를 가지고 있다고 믿게 하려는 것은 실로 교활한 짓이다. 그리고 그것을 믿지 않을 사람들에게는 적어도 내가 "아주 일반적인 것이며 초보자들 또한 자주 사용하"지

17) 두 번째 질문 참조.
〔역주〕 466쪽 참조.

18) 462쪽 22번째 줄과 463쪽 첫 번째 줄 참조.

않는 것은 하나도 제시하지 않았다는 확신을 심어주려는 것도 말이다. 그러나 여기서 나는 이에 관해 논쟁하고 싶지 않다. 나는 결코 나의 견해들이 참신하다는 칭찬을 듣고자 하지 않았다. 그 견해들이 가장 참되고, 가장 오래된 것들이라고 믿기 때문에 말이다. 나는 정신이 타고난 아주 단순한 진리들을 주목하는 데에 가장 커다란 노력을 기울였다. 다른 사람에게 그 진리들이 제시되면, 그는 그 즉시 자신이 그것들을 몰랐던 적이 한 번도 없었다고 믿을 것이다. 그리고 저자가 나를 공격하는 이유가 저자 자신이 나의 견해가 좋고 새롭다고 판단했기 때문이라는 것을 쉽게 알 수 있다. 왜냐하면 만일 그가 실제로 그것이 그렇게 불합리한 것이라고 상상하고 믿는다면, 그처럼 길고 장황하게(*affectata*) 반박할 가치가 있는 것이라기보다는 465 경멸과 무시의 대상이라고 판단했었을 것이기 때문이다.

"그러므로 나는 제시된 규칙에 따라 그 역을 가정하고 주장하고자 한다."[19] 나는 저자가 어디에(*in quibus tabulis*) 그런 규칙이 쓰여 있는 것을 발견했는지 알고 싶다. 그는 이미 위에서 그 규칙을 충분히 각인시켰다. 그러나 나는 그것이 나의 규칙이 아니라는 것을 충분하리만큼 확인했다. 즉, "의심스러운 것의 역을 믿고, 주장하고 가정한다"는 말에 대한 설명에서 말이다. 그리고 내 생각에, 만일 그가 그 규칙에 대해 질문을 받게 된다면, 그가 그 규칙이 나의 것이라는 생각을 유지하게 되지 않을 것이다. 왜냐하면 그는 §3에서 나로 하여금 의심스러운 것들과 관련해서 이렇게 말하도록 했기 때문이다. 즉, "당신은 긍정하지도 부정하지도 않게 될 것이다. 당신은 그 중 어느 하나도 선택하지 않게 될 것이다. 당신은 그 둘 다 거짓인 것으로 간주하게 될 것이다"[20] 라고 말이다. 그리고 조금 후에, 즉 나의

---

19) 463쪽 20번째 줄 참조.

가르침에 대한 요약에서는 이렇게 이야기하도록 했기 때문이다. 즉, "그것이 명백하게 거짓인 듯 그것에 동의하지 않아야 한다. 그리고 그 반대로 하기로 다짐하고 그것에 대한 자신의 의견이 거짓인 것으로 그리고 꾸며내진 것으로 상상"[21] 해야 한다고 말이다. 그런데 이는 "그 역을 가정하고 주장한다"는 것과는 전혀 다른 것이다. 즉, 그가 이곳에서 가정하는 바와 같이 그 역을 참인 것으로 간주한다는 것과는 전혀 다른 것이다. 나는 〈제일성찰〉에서 내가 전에 성급하게 믿은 의견들과 반대되는 의견들이 참이라는 확신을 얼마 동안이나마 가지고자 노력한다고 이야기했다. 그러나 바로 그 뒤에 다음을, 즉 내가 그렇게 하고자 하는 까닭은 그럼으로써 양쪽 방향으로의 편견에 균형이 잡혀 내가 그 어느 쪽으로도 기울지 않게끔 하기 위함이지, 그가 다른 곳에서 조롱거리로 삼는 것과 같이, 그 중 하나를 참으로 간주하거나 학문의 확실한 토대로 삼기 위해서가 아니라는 것을 덧붙였다. 따라서 나는 그가 자신의 그 규칙을 어떤 의도로 이끌어 들였는지를 알고 싶다. 만일 자신의 규칙을 나의 것이라고 내게 뒤집어씌우기 위함이 그 목적이라면, 나는 그의 솔직함이 아쉽다. 왜냐하면 그가 그 규칙이 나의 것이 아님을 잘 알고 있음이 그의 말에서 여실히 드러나기 때문이다. 466 그가 내가 그런다고 하는 것과는 달리, 그 둘 모두를 거짓으로 간주해야 한다는 믿음은 불가능하며 또 그와 동시에, 그의 규칙에 있듯이, 그 중 하나의 역을 참이라고 가정하고 주장한다는 것도 불가능하다. 만일 오로지 공격할 빌미를 얻기 위해 그가 자신의 그 규칙을 이끌어 들인 것이라면, 나는 그보다 더 그럴듯하고 더 섬세한 것을 생각해 낼 수 없었던 그의 재능

20) 458쪽 28번째 줄 참조.

21) 459쪽 7번째 줄 참조.

의 한계가 놀랍다. 나는 결코 일곱 살짜리 어린애에게조차 그럴듯하게 보일 수 없을 정도로 불합리한 견해를 반박하는 데 그렇게 많은 이야기를 하는 그의 여유가 부럽다. 그가 지금까지 오로지 아주 공허한 그 규칙만을 공격했을 뿐이라는 점을 나는 지적해야 한다. 끝으로 나는 그의 상상력에 감탄한다. 단지 자신의 머리에서 나온 아주 공허한 키메라와 싸움을 했으면서도, 마치 나를 적으로 삼아 나를 눈앞에 보고 있으면서 했을 법한 것과 동일한 말과 방식을 사용했다는 것에 감탄한다.

두 번째 질문
의심스러운 모든 것들을 버리면서(*per abdicationem*) 철학을 수행하는 방법이 좋은 방법인지

두 번째로, 당신〔데카르트〕은 어떤 식으로든 의심할 수 있는 것들을 모두 버리면서 철학을 수행하는 방법이 좋은 방법인지를 묻습니다. 그런데 당신이 그 방법을 보다 자세히 알려주지 않는다면, 당신이 내게 어떤 대답을 기대할 이유가 없습니다. 그럼에도 불구하고 당신은 그렇게 합니다.

당신은 이렇게 말합니다. "철학을 하기 위해, 어떤 것이 확실한지 그리고 최고로 확실한지 또 그것이 무엇인지 탐구하기 위해, 나는 그렇게 한다. 내가 전에 믿었던 것, 알고 있던 것 모두가 의심스럽고 불확실하기 때문에, 나는 그것들을 모두 거짓으로 간주하여 다 버리고, 땅도, 하늘도, 그리고 내가 전에 세계에 있는 것으로 믿었던 그 어떤 것도, 아니 그 세계 자체도. 어떤 물체도, 어떤 정신도 존재하지 않는다고, 한마디로 말해서 무(無)라고 확신한다. 이후, 나는 아무것도 존재하지 않는다고 맹세했다. 이로써 나는 나의 철학에 깊이 빠져 들 467

고 또 그것의 인도(引渡) 아래, 마치 나를 오류에 빠뜨리고자 하는 아주 막강하고 교활한 악령이 존재하듯이, 조심스럽게 그리고 현명하게 참되고 확실한 것을 찾는다. 나는 속지 않기 위해 사방을 주의 깊게 살피고 또 다음과 같은 것이 아니라면 아무것도 받아들이지 않겠다는 결연한 의지를 가지고 있다. 즉, 아무리 교활한 악령이 제아무리 노력하더라도, 그것과 관련해서는 내게 그렇게 연출할 수 없고, 또 내가 부정할 수 있기는커녕 연출된 것인 듯이 내칠 수조차 없는 종류의 것이 아니라면 아무것도 받아들이지 않겠다는 분명한 의지를 가지고 있다. 따라서 나는 그런 것과 마주칠 때까지, 생각하고 또 고민과 고민을 거듭한다. 그리고 내가 그런 것과 대면하게 되면, 나는 그것을 나머지 것들을 찾아내기 위한 아르키메데스적인 지레 점으로 사용하고 또 그렇게 해서 어떤 것을 다른 것에 의해 확실하게 된 것으로 그리고 증명된 것으로 얻는다."

훌륭하십니다. 겉만 보면, 나는 그 방법이 명쾌하고 또 뛰어나다고 생각된다고 쉽게 답할 수 있습니다. 그러나 당신은 정확한 답변을 원하고, 또 나는 내가 당신의 방법을 사용하여 익숙해지기 전에는[22] 그런 답변을 할 수 없기 때문에, 잘 닦여진 확실한 길을 가도록 합시다. 그리고 그 길에 무엇이 있는지 찾아봅시다. 그 길은 꾸불꾸불하고 가파르고 험하지만 당신은 그 길에 익숙해져 있으니, 당신이 나의 안내자가 되십시오. 자 그럼 출발하십시오. 당신은 준비된 동반자 혹은 학생과 함께 입니다. 무엇을 명하십니까? 그 길이 어두움에 익숙하지 않은 내게는 새롭고 두려운 길이지만 나는 기꺼이 그 길을 갑니다. 진리에 대한 조망(*veri species*)이 나를 그 정도로

22) 원문은 "nisi antea usu & exerciatione aliqua tentem illam tuam methodum"인데, "tentem"은 해독이 불가하다.

강하게 유혹합니다. 나는 당신의 말을 들을 것입니다. 당신은 내게 당신이 하는 것을 보고 따라 할 것을 명합니다. 당신이 당신의 발을 디디는 곳에 나의 발을 디딜 것을 명합니다. 이는 실제로 아주 훌륭한 안내방법입니다. 얼마나 내 마음에 드는지! 나는 당신의 말을 들을 것입니다.

§1. 방법에의 입문 468

당신은 이렇게 말합니다. 처음 내가 예전에 가지고 있던 생각들을 고찰해 본 결과, "나는 내가 이전에 참인 것으로 간주한 것들 가운데 의심할 수 없는 것이 하나도 없다는 것을 인정하지 않을 수 없다. 이는 내 생각이 짧아서나 경솔한 탓이 아니라, 숙고된 타당한 근거들에 의거한 결론이다. 이 때문에 만일 내가 확실한 것을 발견하고자 한다면, 그런 의심스러운 것들에, 명백히 거짓인 것처럼, 동의하지 않아야 한다는 것 또한 인정하지 않을 수 없다."[23] 이 때문에, "나는 여기서 정반대로 하기로 다짐하고, 나 자신을 속여 잠시 동안만이라도 그런 의견들을 거짓되고 공상적인 것으로 가정하겠다. 그럼으로써 양쪽 편견이 마침내 균형을 이루게 되고, 내가 삐뚤어진 습관에 이끌려 사물에 대한 올바른 인식에 이르는 길에서 벗어나지 않도록 될 때까지 말이다.[24] 그래서 나는 이제 진리의 원천인 전능한 신이 아니라, 유능하고 교활한 악령이 온갖 힘을 다해 나를 속이려 하고 있다고 가정하겠다. 또 하늘, 공기, 땅, 색, 소리 및 모든 외부적인 것들은 섣불리 믿어버리는 내 마음을 농락하기 위해 악마가 사용하는 꿈의 환상(*ludificationes somniorum*)일 뿐이라고 가정하겠다."[25]

---

23) 21쪽 27번째 줄~22쪽 2번째 줄 참조.

24) 22쪽 12~18번째 줄 참조.

25) 22쪽 23~29번째 줄 참조.

"나는 세계에는 아무것도 존재하지 않는다고, 즉 하늘도 땅도 정신도 물체도, 나는 이를 강조하고 싶은데, 어떤 정신도 어떤 물체도 존재하지 않는다고 확신하겠다. 이것이 목적지(*meta*), 첫 번째 목적지(*princeps meta*)이다." "나는 또 손, 눈, 살, 피, 어떠한 감관도 없으며, 단지 이런 것을 갖고 있다고 잘못 믿고 있을 뿐이라고 생각하겠다. 나는 집요하게 이런 성찰을 고수하겠다."[26]

469 당신이 괜찮다면, 여기서 잠시 쉬면서 한숨을 돌렸으면 합니다. 이 길의 새로움은 나를 상당히 흥분하게 만듭니다. 당신은 내가 예전에 참인 것으로 여기던 모든 것을 버리라고 명하는 겁니까?

당신은 "나는 모든 것을 버리라고 명하는 것이다"라고 합니다. 모든 것을 말입니까? 모든 것이라고 하는 사람은 아무것도 예외로 하지 않는 사람입니다.

당신은 "모든 것을"이라고 덧붙입니다.

실제로 그렇게 하는 것이 속편한 일은 아니지만, 나는 그렇게 하겠습니다. 그러나 솔직하게 말해서, 그것은 매우 힘든 일이며, 내가 아무런 망설임이(*scrupulo, scruplus*) 없이 그렇게 하는 것은 아닙니다. 당신이 나의 망설임을 제거해주지 않는다면, 나는 우리의 입문이 우리의 바람대로 성사될지 걱정스러울 것입니다. 당신은 예전 것들이 모두 의심스럽다고 고백합니다. 그리고 그렇게 고백하지 않을 수 없다고 말합니다. 무엇 때문에 당신이 그렇게 고백하지 않으면 안 되게 만든 바로 그 힘이 나로 하여금 똑같은 고백을 하게끔 만들도록 놔두지 않으십니까? 나는 무엇이 당신을 그렇게 하지 않으면 안 되

---

26) 22쪽 29번째 줄~23쪽 4번째 줄 참조.

게끔 강요했는지 묻는 것입니다. 나는 단지 숙고된 타당한 근거들(*validas & meditatas rationes*, *validae & meditatae rationes*)이 그런 것이었다는 이야기를 들었을 뿐입니다. 그러나 숙고된 타당한 근거들이란 도대체 무엇입니까? 만일 그것들이 타당하다면, 무엇 때문에 당신은 그것들을 버리십니까? 왜 그것들을 계속 가지고 있지 않습니까? 만일 그것들이 의심스럽고 의혹이 가득 차 있는 것이라면, 무슨 힘으로 그것들이 당신을 강요합니까?

당신은 이렇게 말합니다. "보라, 그것들은 명백하다! 전투를 시작하는 사람들이 투석기를 전면에 배치하듯 나는 그것들을 전면에 내세우곤 한다. 우리의 감각은 때때로 우리를 속인다. 때때로 우리는 꿈을 꾼다. 때때로 사람들은 환각상태에서 자신들이 실제로 보는 것이 아닌, 어디에도 존재하지 않는 것들을 본다고 믿는다."

그렇게 말하십니까? 당신이 "숙고된 타당한" 근거들을 약속했기 때문에, 나는 확실하고 의심할 여지가 없는 것들을 기대했습니다. 이른바 지금 우리가 사용하는 의심의 그림자조차 거부할 정도로 정밀한 당신의 금 저울이 요구하는 것들과 같은 것들을 기대했습니다. 당신의 근거들이 진정 그런 것들입니까? 단순한 의심이나 의혹에 불과한 것 아닌가요? "감각은 때때로 우리를 속인다." "우리는 때때로 꿈을 꾼다." "사람들은 때때로 환각상태에 있다." 당신은 어디서 이것들을 확실한 것으로 그리고 항상 당신이 손에 쥐고 있는 당신의 규칙에 따라 의심의 저편에 있는 것으로 얻은 것입니까? 즉, "우리가 참임을 입증할 수 없는 것을 참인 것으로 받아들이지 않도록 최선의 노력을 기울여야 한다"는 규칙에 따라 말입니다. 언제 당신이 470 다음을 확실하게 말한 적이 있습니까? "즉, 감각들이 지금 의심할 바 없이 나를 속이고 있는데, 나는 이를 분명히 알고 있다." "나는 지금 꿈을 꾸고 있다." "나는 조금 전에 꿈을 꾸었다." "이 사람은 지금 미쳐서 자신이 보고 있지 않은 것을 보고 있다고 믿고 있는 것이지, 거짓말을 하는 것이 아니다"를 확실하게 말한 적이 있습니까? 만일 당신이 그런 적이 있다고 한다면, 당신은 자신이 그것을 어떻게 입증하는지 아셔야 합니다. 당신이 거론한 악령이 당신에게 환영을 만드는 것이 아님을 당신은 아셔야 합니다. 그리고 당신은 자신이 "감각이 때때로 우리를 속인다"라는 것이 숙고된 타당한 것이라고 주장하는 동안 그 교활한 악령이 손가락으로 당신을 가리키고 요술을 부리지 않는지 두려워해야 합니다. 그러나 만일 당신이 그런 적이 없다고 한다면, 왜 당신은 "우리는 때때로 꿈을 꾼다"는 것을 그렇게 확실하게 주장합니까? 왜 당신은 자신의 제1규칙에 따라 다음과 같은 결정을 내리지 않습니까? 즉, "감각이 때때로 우리를 속였다는 것과 우리가 때때로 꿈을 꾸었다는 것과 또 인간이 때때로 환각상태에 있었다는 것은 전혀 확실하지 않다. 그러므로 나는 감각이 결코 우리를 속인 적이 없다고 그리고 우리가 결코 꿈을 꾼 적이 없다고 또 누구도 환각상태에 있지 않다고 주장할 것이며 또 그렇다는 결론을 내릴 것이다."

그러나 당신은 "나는 망설인다"(*suspicor, sucpicori*)고 합니다.

나의 망설임은(*scrupulus*) 이렇습니다. 내가 발을 내딛자마자, 나는 그런 타당한 근거들이 허약하다는 것과 또 추측에 지나지 않을 정도로 미약하다는 것을 느꼈습니다. 그래서 발에 힘을 주기가 두려웠습니다. 나는 망설입니다.

당신은 이렇게 말합니다. "나도 그렇게 망설인다. 만일 당신이 망설인다고 한다면, 그것으로써 충분하다. 만일 당신이 나는 내가 깨어 있는지 꿈을 꾸고 있는지 모른다고 한다면, 감각이 나를 속이는지 아닌지 모른다고 한다면, 그것으로써 충분하다."

내가 그것이 나에게는 충분하지 못하다고 주장하더라도 기분 나쁘게 생각하지 마십시오. 그리고 나는 왜 당신이 이런 결론을 내리는지 분명히 알지 못합니다. 즉, "나는 내가 깨어 있는지 꿈을 꾸는지 알지 못한다. 그러므로 나는 때때로 꿈을 꾼다"라는 결론을 말입니다. 만일 당신이 결코 꿈을 꾸지 않는다면 어떨까요? 만일 항상 꿈을 꾼다면 어떨까요? 만일 당신이 결코 꿈을 꿀 수 없음에도 불구하고, 당신에게 당신이 때때로 꿈을 꾼다고, 당신이 속고 있다고 확신시켰기 때문에 악령이 파안대소한다면 어떨까요? 나를 믿으십시오. 당신이 그런 악령을 이끌어 들이자마자, 그 "아마도"라는 말에 숙고된 타당한 근거들을 연관시키자마자, 당신이 그것으로부터 어떤 도움도 받을 수 없게끔 당신은 모든 일을 그르친 것입니다. 만일 그 교활한 악령이 굳건하고 확실한 것들임에도 불구하고 당신이 의심스럽고 불확실한 것으로 간주하고 버리게 함으로써 당신을 나락으로 떨어뜨릴 목적으로 그 모든 것들을 당신에게 의심스럽고 불확실한 것으로 연출했다면(*proponat*, *proponere*) 어떨까요? 당신이 모든 것들을 버리기 전에 버려질 것들이 제대로 버려지도록 확실한 규칙을 세우는 것이, 당신이 더 현명하게 처신할 수 있는 것이 아닐까요? 옛날에 참으로 간주했던 것들을 모두 버리는 것은 실로 크고 중차대한 일입니다. 그리고 만일 당신이 내 말을 듣는다면, 당신은 자신의 생각을 심각하게 고려해 보기 위해 내게 당신의 생각에 대한 조언을 구할 것입니다.

471

당신은 이렇게 말합니다. "〔옛날에 참인 것으로 여겼던 것들을 모두 거짓되고 공상적인 것으로 가정하더라도〕 내가 정도 이상으로 불신을 편애하는 것일 수는 없다. 나는 이로부터 어떤 위험이나 오류도 귀결되지 않는다는 것을 안다."[27]

무슨 말을 하는 것입니까? "나는 안다"라니요? 확실하게 그리고 모든 의심을 넘어서 말입니까? 그렇게 크게 파손된 진리라는 배의 조각들 가운데 남아있는 것들로서, 적어도 진리 사원의 천장에 매달려 있는 것들이라는 의미로서 말입니까? 아니면 당신이 새로운 철학을 개척하고 당신이 설립할 학교 입구에 "내가 정도 이상으로 불신을 편애하는 것일 수는 없다"는 것을 금 글씨로 새길 생각 때문입니까? 그 입구를 통해 당신의 학교 안에 들어오는 사람들이 "2 더하기 3은 5다"라는 옛것은 젖혀두고 "내가 정도 이상으로 불신을 편애하는 것일 수 없다"라는 것을 유념할 것을 명하기 위해서 말입니다. 그러나 초보자가 투덜대며 그것을 이로 곰씹을(*ftangat dentibus, frangere dentibus*) 수 있습니다. 즉, "어떤 악령이 나에게 장난칠 수 있기 때문에 나는 그 누구도 의심하지 않은 옛것을(*vetus*), 즉 '2 더하기 3은 5다'를 제쳐두라는 명령을 받았다. 그럼에도 불구하고 빈틈으로 가득 차 있고 불확실한 것을, 즉 '내가 정도 이상으로 불신을 편애하는 것일 수 없다'를, 마치 악령이 그것과 관련해서는 그럴 수 없다는 듯이, 유념하라는 명령을 받았다"라고 말입니다. 이 경우 당신은 무슨 말을 하겠습니까? 당신이 내가 그것을 두려워하거나 겁내지 않도록 또 악령에 대한 두려움을 갖지 않도록 하렵니까? 당신은 손과 말로써 나를 안심시킬 수 있을 것입니다. 나는 지나친 불신에 대한 커다란 두려움 없이 거의 타고난 것 같은 옛것들을 버리지 못할 뿐더러,

472 그것들이 마치 거짓인 양 맹세를 하지 못합니다. 즉, "Barbara

27) 22쪽 18~20번째 줄 참조.

형식에 따른 논증의 결론은 타당하다"나 "나는 육체와 영혼으로 이루어진 것이다" 같은 것들을 말입니다. 그리고 만일 내가 당신의 얼굴과 목소리로부터 추측해도 된다면, 결코 당신 자신도, 즉 다른 사람들에게 당신 자신을 길을 개척하는 안내자로 제공하는 당신 자신도 그러한 두려움으로부터 결코 자유롭지 않습니다. 늘 그렇듯이 솔직하게 그리고 분명히 하십시오. 망설임 없이 이 옛것을, 즉 "나는 신에 대한 명석판명한 관념을 가지고 있다"는 것을 버리겠다는 것입니까? 아니면 이 옛것을, 즉 "내가 아주 명석판명하게 지각한 것은 참이다"라는 것을 버리겠다는 것입니까? 아니면 이 옛것을, 즉 "생각한다는 것과 영양분을 섭취한다는 것과 감각한다는 것은 육체에 속하는 것이 아니라 정신에 속한다"는 것을 버리겠다는 것입니까? 꼭 내가 이런 종류의 것들을 수없이 거론해야 합니까? 이것들과 관련해서 나는 진지하게 묻습니다. 제발 대답해 주십시오. 진심으로 묻습니다. 당신은 옛 철학의 출구에서 그리고 새로운 철학의 입구에서 그것들이 마치 거짓인 것처럼 맹세하고 내쳐버릴 수 있습니까? 당신은 그 역을 가정하고 주장할 수 있습니까? 즉, "이제 나는 신에 대해 어떤 명석판명한 관념도 가지고 있지 않다", "나는 지금까지 영양분을 섭취한다는 것과 생각한다는 것과 감각한다는 것이 육체에 속하지 않고 정신에 속한다고 잘못 믿어왔다"고 가정하고 주장할 수 있습니까? 나는 얼마나 건망증이 심한 것일까요! 앞에서 가정된 것을 잊다니요! 도대체 내가 무슨 짓을 한 것입니까? 애초에 나는 당신에게 나 자신을 동반자로 그리고 학생으로 내맡겼습니다. 그런데 보십시오, 나는 두려움에 떨면서 고집스럽게 입구에 머물러 있습니다. 용서하십시오. 나는 많은 잘못을 저질렀습니다. 그러나 나는 단지 나의 능력의 허약함(*tenuitatem ingenii*, *tenuitas ingenii*)

을 입증했을 뿐입니다. 나는 모든 두려움을 버린 채 주저 없이 버림을 통한 무지의 상태로(*abdicationis caliginem*, *abdicationis caligo*) 돌진했어야 했습니다. 나는 주저했고 또 저항했습니다. 당신이 용서한다면, 나는 이를 보충하겠습니다. 나는 자발적으로 그리고 광범위하게 옛것들을 모두 포기함으로써 나의 잘못을 상쇄하겠습니다. 나는 맹세코 옛것들을 모두 부정하고 버리겠습니다. 내가 당신이 존재하지 않는다고 주장하는 하늘이나 땅을 증인으로 맹세하지 않는다고 기분 나쁘게 생각하지 마십시오. 아무것도 존재하지 않습니다. 아무것도. 자 가시지요, 나는 따르겠습니다. 실제로 당신에게는 쉬운 일입니다! 따라서 당신이 앞장서는 것을 거절하지 않겠습니다.

〔데카르트의〕 설명

"내가 전에 알고 있던 것들이 의심스럽기 때문에."[28] 여기서 473 그는 "내가 안다고 믿었던"이라는 말 대신 "알고 있던"이라는 말을 썼다. "내가 알고 있던"이라는 말과 "의심스러운 것들"이라는 말 사이에는 모순이 있는데, 그가 그것을 간과했음은 의심의 여지가 없다. 그런데 그가 악의적으로 이렇게 한 것이라고 여겨서는 안 된다. 만일 그랬다면, 그가 그것을 그렇게 가볍게 다루었을 리가 없다. 그것이 내게서 유래한 것이라고 상상하면서, 광범위하게 비판했을 것이기 때문이다.

"나는 이를 강조하는데, 어떤 정신도 어떤 물체도 존재하지 않는다."[29] 그가 이것을 이끌어 들인 이유는 오로지 나중에 그것을 오랫동안 그리고 자세히 조롱하기 위해서다. 처음에, 즉

28) 466쪽 26번째 줄 참조.

29) 468쪽 21번째 줄 참조.

내가 아직 정신의 본성을 충분히 지각하지 못하고 있다고 가정했을 때, 나는 정신을 의심스러운 것들 가운데 하나로 간주했다. 그렇지만 나중에 나는 생각하는 것이 존재하지 않을 수 없다는 점에 주목하여, 생각하는 것을 정신이라고 부르면서 정신이 존재한다고 주장했다. 그럼에도 불구하고 마치 내가 전에 정신을 내게 알려지지 않은 것으로 간주했기 때문에 부정했었다는 것을 잊은 것처럼, 그리고 마치 내가 그때 내게 의심스러웠기 때문에 부정한 것들은 지속적으로 부정되어야 한다고 생각한 것처럼, 또 그것들이 나중에 명백하고 확실한 것으로 될 가능성이 없는 것처럼 말이다. 그가 곳곳에서 의심스러움과 확실성을 대상과 우리의 인식 간의 관계로 여기지 않고, 대상에 지속적으로 내재하는 고유한 성질로 여긴다는 것을, 따라서 우리가 한번 의심스러운 것으로 인식한 것은 결코 확실한 것으로 될 수 없다고 생각한다는 것을 지적해야 한다. 하지만 우리는 이것을 그의 악의가 아니라 단지 그의 선의로 돌려야 한다.

"모든 것을?"[30] 그가 앞에서는 "무"(無)라는 말을 가지고 그랬듯이, 여기서는 "모든 것을"이라는 말을 가지고 농을 하고 있다.

"당신은 그렇게 하지 않을 수 없었다고 고백합니다."[31] 여기서도 마찬가지로 그는 "그렇게 하지 않을 수 없었다"(*coactus*)라는 말을 가지고 헛되이 장난을 친다. 앞서 지적한 바대로, 의심스러운 것은 의심하도록 그래서 그것을 간직하지 않도록 우리를 강요하는 것은 아주 타당한 근거들이다. 의심을 제거하고 확실성을 제공하는 다른 근거들을 가지고 있지 못하는 한, 그것들은 타당한 근거들이다. 나는 〈제일성찰〉에서 아무리 주

474

30) 469쪽 5번째 줄 참조.

31) 469쪽 10번째 줄 참조.

위를 둘러보고 성찰을 했어도 그런 것들을 발견하지 못했다. 이 때문에 나는 내가 가지고 있는 의심의 근거들이 숙고된 타당한 것이라고 했다. 그러나 이는 저자의 이해력을 넘어서는 것이다. 그는 "당신이 타당한 그리고 숙고된 근거들을 약속했기 때문에, 나는 당신의 금 저울이 요구하는 확실한 것들을 기대했습니다"[32] 라고 덧붙인다. 마치 그가 상상하는 그 저울이 〈제일성찰〉에서 이야기된 것과 연관지어 질 수 있는 것처럼 말이다. 그리고 조금 후에 그는 "당신이 언제 다음을, 즉 '감각들이 지금 의심할 바 없이 나를 속이고 있는데, 나는 이를 분명히 알고 있다' 등을 확실하게 말한 적이 있습니까?" 등[33] 을 이야기하는데, 그 이유는 그가 여기에서조차 아무런 모순도 발견하지 못했기 때문이다. 어떤 것을 의심하지 않은 채 간직하는 동시에 그것에 대해 의심하는 것은 모순이다. 물론 그는 좋은 사람이다.

"왜 당신은 '우리는 때때로 꿈을 꾼다'는 것을 그렇게 확실하게 주장합니까?"[34] 여기서도 마찬가지로 그는 악의 없이 잘못을 저지른다. 왜냐하면 그가 그 말을 취한 곳은 의심으로 가득 차 있는 〈제일성찰〉인데, 내가 그곳에서 확신을 가지고 주장한 것은 아무것도 없기 때문이다. 같은 식으로 그는 〈제일성찰〉에서 "나는 결코 꿈을 꾸지 않는다"와 "나는 때때로 꿈을 꾼다"라는 말을 발견할 수 있었을 것이다. 조금 후에 그는 덧붙이길, "그리고 나는 왜 당신이 이런 결론을 내리는지 분명히 알지 못합니다. 즉, '나는 내가 깨어 있는지 꿈을 꾸는지 알지 못한다. 그러므로 나는 때때로 꿈을 꾼다'라는 결론을 말입니다."[35] 그는 좋

---

32) 469쪽 22번째 줄 참조.
33) 470쪽 첫 번째 줄 참조.
34) 470쪽 10번째 줄 참조.

은 사람이기 때문에, 오로지 자신에게만 어울리는 결론을 내게 덮어씌운다.

"만일 그 교활한 (악령이) 굳건하고 확실한 것들임에도 불구하고 그 모든 것들을 당신에게 의심스럽고 불확실한 것으로 연출한다면 어떨까요?"[36] 여기서 내가 앞서 지적한 것, 즉 저자는 의심스러움과 확실성이 우리의 인식에 놓여 있는 것이 아니라 대상에 놓여 있는 것으로 여긴다는 점이 분명하게 드러난다. 그렇지 않다면, 그가 어떻게 내가 의심스럽지 않고 확실한 어떤 것을 의심스러운 것으로 가정한다는 상상을 할 수 있었을까? 그가 그렇게 한 이유는, 의심스러운 것으로 가정된다는 이유 하나 때문에 그것이 의심스러운 것이 된다고 상상했기 때문이다. 그러나 악령이 그가 자신의 이야기 속에 있는 모순을 발견하지 못하도록 했을 수 있다. 악령이 그의 사고에 그렇게 자주 모습을 드러낸다는 것은 참으로 애석한 일이다.

475

"옛날에 참으로 간주했던 것들을 모두 버리는 것은 실로 크고 중차대한 일입니다."[37] 나는 네 번째 반박에 대한 나의 답변 끝부분과[38] 《성찰》 서문에서 충분히 경고했다. 그 때문에 나는 《성찰》을 오로지 탄탄한 능력을 지닌 사람들만 읽어야 한다는 제안을 한 것이다. 또한 나는 이미 1637년에 프랑스어로 출간된 《방법서설》 16~17쪽에서 같은 경고를 분명하게 했다. 그곳에서 나는 절대로 그러한 버림을 행해서는 안 되는 두 부류의 능력을 기술했다. 만일 그 두 부류의 능력 중 하나가 우리의 저자에게서 발견된다면, 그는 자신의 오류를 내 탓으로

35) 470쪽 23번째 줄 참조.
36) 470쪽 31번째 줄 참조.
37) 471쪽 5번째 줄 참조.
38) 247쪽 8~23번째 줄 참조.

돌려서는 안 된다.

"당신은 무슨 말을 하는 것입니까? '나는 안다 등'이라뇨?"[39] 내가 그런 버림으로 인해 위험에 노출되어 있지 않다는 것을 안다고 했을 때, "나는 행위가 아니라 오로지 인식에만 관여하고 있기 때문이다"[40] 라는 것을 덧붙였다. 이로부터 내가 그곳에서 삶을 이끌어나가는 데 충분한 인식의 도덕적 양태에 대해서만 이야기한 것임이 분명하다. 우리의 저자만이 그것을 모를 수 있다고 생각되는데, 나는 그 도덕적 양태가 이곳에서 문제가 되는 형이상학적 양태와는 전혀 다른 것임을 자주 각인시켰다.

476 "빈틈으로 가득 차 있고 불확실한 것, 즉 '내가 정도 이상으로 불신을 편애하는 것일 수 없다'."[41] 여기서도 마찬가지로 그의 말에 모순이 들어 있다. 왜냐하면 불신하는 사람이 불신하는 동안 따라서 어떤 것을 긍정도 부정도 하지 않는 동안 악령에 의해 오류에 빠질 수 없다는 것은 누구나 다 알고 있다. 그렇지만 2와 3을 더하는 사람이 악령에 의해 오류에 빠질 수 있다는 것은, 저자가 앞에서 이끌어 들인 예가 입증한다. 즉, 한 시를 네 번 친다고 한 사람에 관한 예가 말이다.

"그러나 나는 지나친 불신에 대한 큰 두려움 없이는 거의 타고난 것 같은 옛것들을 버리지 못한다 등."[42] 저자는 지나친 불신에 사로잡혀서는 안 된다는 것을 확신시키기 위하여 많은 노력을 한다. 그러나 그것을 입증하기 위한 근거다운 근거를 그가 하나도 제시하지 못한다는 점은 주목할 만한 가치가 있다. 그가 제시하는 것은 단지, 신뢰하지 않으면 안 되는 것이 아닐까

39) 471쪽 12번째 줄 참조.
40) 22쪽 20~22번째 줄 참조.
41) 471쪽 23번째 줄 참조.
42) 471쪽 28번째 줄 참조.

두려워한다는 것밖에는, 혹은 신뢰하지 않으면 안 된다는 것을 신뢰한다는 것밖에는 없다. 여기에도 다시금 모순이 들어 있다. 신뢰하지 않으면 안 된다는 것을 확실하게 아는 것으로부터가 아니라, 단지 신뢰하지 않으면 안 되는 것이 아닐까 두려워한다는 것으로부터 신뢰해서는 안 된다는 결론이 도출된다.

"주저 없이 이 옛것을, 즉 '나는 신에 대해 명석판명한 관념을 가지고 있다'를 버리겠다는 것입니까? 아니면 이 옛것을, 즉 '내가 아주 명석판명하게 지각한 것은 참이다'를 버리겠다는 것입니까?"[43] 그는 이것들이 옛것이라고 주장하는데, 그 이유는 내가 그것들을 새로운 것으로 그리고 내가 처음으로 주목한 것으로 여기지 않을까 하는 두려움 때문이다. 그렇다 해도 나는 좋다. 내가 신앙(*pietaem*, *pietas*)과 관련된 모든 것들과 일반적으로 도덕에 관련된 모든 것들을 그런 버림으로부터 예외로 만들기 위해 얼마나 최선을 다했는지를 모르는 사람들로 하여금 그가 나를 부당하게 공격한다고 생각하지 않도록 하기 위해서 저자는 신과 관련해서 망설임을 불러일으키고자 하지만, 그는 단지 우연히 그렇게 할 수 있을 뿐이다. 마지막으로, 그는 그러한 버림이 단지 아직 어떤 것을 명석판명하게 지각하지 못한 사람과 관련이 있을 뿐이라는 점을 간과하고 있다. 예를 들어, 그가 잘 아는 회의주의자들은 그들이 회의주의자인 한에서 어떤 것도 명석하게 지각하지 못한다. 왜냐하면 어떤 것을 명석하게 지각했다면 그들은 그것에 대한 의심을 멈추고 회의주의자이기를 멈추었을 것이기 때문이다. 그러한 버림을 실천하기 전에는, 그 누구도 어떤 것을 명석하게, 즉 형이상학적 확실성이 요구되는 명석함으로써 지각하지 못한다. 이 때문에 그러한 버림이 그런 명석한 인식을 할 능력이 있지만 아직 그런 인 477

43) 472쪽 5번째 줄 참조.

식을 가지고 있지 못한 사람들에게는 아주 유용하지만, 보다 시피 우리의 저자에게는 그렇지 못하다. 나는 우리의 저자가 그런 버림을 수행하지 않도록 최선을 다해야 한다고 생각한다.

"생각한다는 것과 영양분을 섭취한다는 것과 감각한다는 것이 육체에 속하는 것이 아니라 정신에 속한다는 것입니까?"[44] 저자는 이 말을 나의 말처럼 그리고 아무도 그것을 의심할 수 없을 정도로 확실한 것으로 제시한다. 그러나 나는 나의 《성찰》에서 영양섭취를 정신 혹은 인간을 구성하는 부분 가운데 생각하는 부분이 아니라, 오로지 육체에만 귀속시켰다는 것 외에 달리 더 할 말이 없다. 따라서 이 하나만으로도, 저자가 《성찰》을 반박하고자 하지만 그것을 거의 이해하지 못하고 있다는 것과 또 내가 〈제2성찰〉에서 일반 사람들의 입장에서 영양섭취를 영혼과 연관시킨 것으로 인하여 그가 오해했다는 것이 분명하게 입증된다. 그리고 마지막으로, 그가 검토하지 않은 채 받아들여서는 안 되는 많은 것들을 의심해서는 안될 것으로 여긴다는 것 또한 분명하게 입증된다. 그렇지만 끝에 가서 그는, 이 모든 것들과 관련해서 자신의 능력의 허약함을 입증한 것이라는 아주 참된 결론을 내렸다.

§2. 방법의 실행에 대한 준비

당신은〔데카르트〕 이렇게 말합니다. "모든 옛것들을 버린 후 나는 철학을 다음과 같이 시작한다." "나는 존재한다, 나는 생각한다. 내가 생각하는 동안 나는 존재한다. '나는 존재한다'는 명제는 내가 이것을 발언할 때마다 혹은 정신에 파악될 때마다 필연적으로 참이다."[45]

478

44) 472쪽 7번째 줄 참조.

존경하는 분이시여 훌륭합니다! 당신은 아르키메데스적인 지레 점을 차지했습니다. 원한다면 당신은 의심할 여지없이 세계를 들어 올릴 것입니다. 보십시오. 이미 모든 것들이 들썩거립니다. 그러나 나는 당신에게(내 생각에 당신은 자신의 방법에 적합하지 않은 것은 없도록 그리고 정합적이지 않은 것은 없도록 또한 필연적이지 않은 것은 없도록, 모든 것들을 글자 그대로 엄격하게 받아들이기를 원하기 때문에) 무엇 때문에 당신이 "정신으로 파악된다고" 말함으로써 정신을 거론했는지 묻고 싶습니다. 당신은 육체와 정신을 귀향 보내지 않았나요? 아마 당신은 그것을 잊었나 봅니다. 어렸을 때부터 익숙해진 것들을 완전히 잊는다는 것은 아주 어려운 일이며, 이는 전문가들에게도 마찬가지입니다. 따라서 미천한 내가, 혹 흔들리는 경우에도, 희망을 가져야 한다는 것은 그리 잘못된 것이 아닙니다. 계속하십시오, 부탁드립니다.

당신은 이렇게 말합니다. "이 성찰을 하기 전에 나는 나를 과연 무엇이라고 믿었는지 살펴보자. 그 다음에 이것들 가운데 앞에 제시된 근거에 의해 조금이라도 흔들릴 수 있는 것은 모두 제거시켜 나가자. 이렇게 되면 결국 확실하고 흔들리지 않는 것만이 마지막에 남을 것이기 때문이다."[46]

나는 당신이 걸음을 내딛기 전에, 당신에게서 다음을, 즉 옛것을 엄숙한 의식을 통해 모두 의심스럽고 거짓인 것으로 내친 당신이 무슨 의도로 그것들을 재검토하고자 하는지를 듣고 싶습니다. 당신은 그 파편조각들로부터 어떤 확실한 것을 기대하는 듯합니다. 당신이 좀 전에 격식에 맞게 내던진 것들은 당연히 모두 의심스럽고 불확실한 것들입니다(그렇지 않다면

45) 25쪽 11~13번째 줄 참조.

46) 25쪽 19~24번째 줄 참조.

무엇 때문에 당신이 그것들을 버렸겠습니까?). 그렇다면 어떻게 그것들이 의심스럽지 않거나 불확실하지 않게 되는 일이 일어나게 될까요? 그 버림이라는 것이, 굳이 양잿물이라고 하고 싶지 않다면, 키르케의 묘약(*Ciraecum medicamentum*) 같은 것이 아니라면 말입니다. 그럼에도 불구하고 나는 차라리 당신의 의도를 받아들이고 존중하고 싶습니다. 관전을 목적으로 친구들에게 궁전이나 시청을 안내하는 사람이 정문을 통해서가 아니라 친숙한 후문을 통해 들어가는 일이 종종 있습니다. 언젠가 진리에 도달할 때까지, 나는 땅 밑 동굴이라도 따라갈 것입니다.

479

당신은 이렇게 말합니다. "그렇다면 나는 전에 나를 무엇이라고 믿고 있었는가? 물론 인간이라고 생각했다."[47]

여기서 또한 당신은 내가 확실한 것을 탐구하기 위해 의심스러운 것을 이용하는 당신의 기술에 감탄하는 것을 용납하실 것입니다. 우리를 빛으로 인도하기 위해 당신은 우리에게 어둠 속으로 들어갈 것을 명합니다. 당신은 내가 일찍이 나를 무엇이라고 믿었는지에 대해 생각해보기를 원하시는 겁니까? 당신은 내가 저 오래된 그리고 이미 버린 낡은 누더기를 다시 입었으면 합니까? 즉, "나는 인간이다"라는 누더기를 말입니다. 만일 피타고라스나 그의 제자 중 하나가 여기에 있었다면 어떻게 될까요? 만일 그가 당신에게 자신이 전에는 닭이었다고 한다면, 어떻게 될까요? 나는 미친 사람이나 광신자나 정신병자들을 이끌어 들이고 싶진 않습니다. 그러나 당신은 경험이 풍부하고 노련한 안내자입니다. 당신은 굴곡과 이탈을 알고 있습니다. 나는 잘되기를 바랄 것입니다.

47) 25쪽 25~26번째 줄 참조.

당신은 말하길, "인간이란 무엇인가?"[48]

만일 당신이 내가 대답하기를 바란다면, 당신은 그것에 앞서 내가 다음 질문을 하는 것을 허락하십시오. 인간이 무엇인지 물을 때 당신은 무엇을 묻는 것입니까? 내가 나라고 상상했던 믿었던 그러나 당신 덕에 모든 것을 버린 후부터 내가 아니라고 가정한 인간을 의미하는 것입니까? 만일 당신이 이 인간에 대해 묻는 것이라면, 즉 만일 내가 잘못 상상한 인간에 대해 묻는 것이라면, 그 인간이란 영혼과 육체가 합쳐 이루어진 어떤 것입니다. 나의 이 대답이 충분합니까? 나는 그렇다고 생각합니다. 왜냐하면 당신은 다음과 같이 계속 진행하기 때문입니다.[49]

〔데카르트의〕 설명

"나는 철학을 다음과 같이 시작한다: 나는 존재한다, 나는 생각한다. 내가 생각하는 동안 나는 존재한다."[50] 저자가 여기서 480 내가 나 자신의 존재에 대한 인식을 철학함의 시작 혹은 어떤 확고한 명제를 세우는 작업의 시작으로 삼았음을 인정하는 것은 주목할 만하다. 이로부터 독자들은 내가 의심스러운 모든 것들에 대한 적극적인 혹은 긍정적인 버림을 시작으로 삼았다고 그가 상상하는 다른 곳에서는 실제로 그 자신이 생각한 것과는 반대되는 것을 주장했었음을 알게 될 것이다. 여기서 나는 그가 얼마나 자세하게 철학(함)을 시작하는 자로 나를 무대에 세우는지 덧붙이지 않겠다.: 나는 존재한다, 나는 생각한

48) 25쪽 26번째 줄 참조.

49) 482쪽 §3. 물체란 무엇인가?

50) 477쪽 26번째 줄 참조.

다 등. 왜냐하면 내가 아무 말을 하지 않더라도, 모든 점에서 그의 솔직함이 인식될 수 있기 때문이다.

"무엇 때문에 당신은 '정신으로 파악된다'고 말함으로써 정신을 거론했습니까? 당신은 육체와 정신을 귀향 보내지 않았나요?"[51] 나는 앞서 그가 이러한 교묘함을 "정신"이라는 말로부터 마련한다는 것을 이미 경고했다. 그런데 "정신으로 파악된다"라는 말은 여기서 "사유된다"라는 것 외에 달리 아무런 의미가 없다. 이 때문에 그는 그곳에서 "정신이", 인간의 한 부분인 한에서, 거론된 것으로 가정했다. 그 밖에도 나는 정신과 육체를 다른 나머지 것들과 함께 의심스러운 것으로 혹은 아직 내가 명석하게 지각하지 못한 것으로 거부했지만, 이러한 사실이 내가 나중에 그것들을 명석하게 지각하는 일이 일어날 경우 그것들을 다시 받아들이는 것을 막는 것은 아니다. 그런데 우리의 저자는 의심이 대상과 분리될 수 없게 대상에 내재하는 것으로 믿기 때문에 그것을 이해하지 못한다. 그는 조금 뒤에 "어떻게 동일한 것들이(이전에는 의심스러웠던 것들이) 더 이상 의심스럽지 않거나 불확실하지 않게 되는 일이 일어나게 될까요?"[52] 라고 묻고, 또 내가 그것들을 엄숙한 의식을 통해 내버렸다고 주장한다. 그리고 그는 확실한 것을 탐구하기 위해 의심스러운 것들을 이용하는 나의 기술에 놀란다. 마치 내가 의심스러운 것들을 모두 거짓인 것으로 간주해야 한다는 것을 철학의 토대로 삼았었던 것처럼 말이다.

"당신은 내가 일찍이 나를 무엇이라고 믿었는지에 대해 생각해 보길 원하십니까? 당신은 내가 저 오래된 그리고 이미 버린 낡은 누더기를 다시 입었으면 합니까? 등."[53] 그에게 내가 하는 일의

481

51) 478쪽 7번째 줄 참조.

52) 478쪽 25번째 줄 참조.

방식을 설명하기 위해 나는 여기서 아주 친숙한 예를 사용하겠다. 그가 차후에 그것을 오해하지 않도록 하기 위해서 그리고 동시에 그것을 이해하지 못한 척하지 않도록 하기 위해서 말이다. 만일 그가 사과가 가득 들어 있는 바구니를 가지고 있는데, 그 사과들 가운데 일부가 혹 썩지 않았을까 걱정되어 다른 사과들이 썩지 않도록 하기 위해 썩은 사과들을 골라내려 한다면, 그는 어떻게 이 일을 수행할까? 일단 바구니에서 모든 사과들을 쏟아내지 않을까? 그후 하나하나 차례대로 자세히 보면서 썩은 것들은 버리고 썩지 않았다고 인식한 것들만 바구니에 다시 담지 않을까? 이와 마찬가지로, 한 번도 철학을 올바르게 해본 적이 없는 사람들은 그들의 정신에 그들이 어렸을 때부터 축적해 온 여러 가지 의견들을 가지고 있고, 당연히 그것들 가운데 혹시 대부분이 참이 아니지 않을까 하는 두려움을 가지고 있으며, 또 참인 의견들이 참이 아닌 의견들과 뒤섞여 있음으로 인해 모든 의견들이 불확실해지지 않도록 그것들을 다른 것들과 분리시키고자 한다. 그런데 그들이 그것을 할 수 있는 최선의 방법은, 모든 의견들을 마치 그것들이 거짓인 것처럼 한꺼번에 그리고 단 번에 거부하는 것이다. 그후 하나하나 차례대로 검토하면서, 참되고 의심할 수 없다고 인식된 것들만 다시 받아들이는 것이다. 따라서 내가 처음에 모든 것을 거부한 것은 잘못된 일이 아니다. 그후 생각하는 내가 존재한다는 것보다 더 명석판명하게 인식되는 것은 아무것도 없다는 것에 주목하여, 그것을 가장 먼저 주장한 것 역시 잘못된 일이 아니다. 끝으로, 그 다음에 내가 전에 나를 무엇으로 믿었었는지를 물은 것 역시 잘못된 일이 아니다. 이는 내가 그때까지

53) 479쪽 9번째 줄 참조.

나에 관해 믿고 있던 모든 것들을 다시 받아들이기 위함이 아니라, 내가 어떤 것들이 참임을 지각하면 다시 받아들이고 거짓임을 지각하면 버리기 위해서였고 또 어떤 것이 불확실하면, 다른 기회에 검토하기 위해 유보한 것이었다. 이로부터 우리의 저자가 이를 두고 "불확실한 것들로부터 확실한 것을 고르는 기술" 혹은 "꿈꾸는 방법"[54] 운운하는 것은 말도 안 된다.

482 그가, 피타고라스의 닭에 관해 그리고 정신과 육체의 본성에 대한 다른 의견들에 관해, 그 뒤를 잇는 두 절에서 한 어리석은 이야기는 전혀 사안의 본질과 무관하다. 내가 다른 사람들이 그것들에 관해 일찍이 믿었던 것들을 일일이 열거하려 했거나 열거해야만 했던 것은 아니다. 나는 단지 전에 내게 자발적으로 그리고 자연스럽게 보였던 것들이 무엇이었는지 혹은 일반적으로 다른 사람들에게 그렇게 보였던 것이 무엇인지 또 그것이 거짓인지 참인지를 검토하고자 한 것뿐이다. 나는 믿기 위해서가 아니라 검토하기 위해 나열한 것뿐이기 때문이다.

§3. 물체란 무엇인가

당신〔데카르트〕은 이렇게 말합니다. "물체란 무엇인가? 나는 전에 물체로써 무엇을 이해했는가?"

내가 모든 것을 두루 살핀다고, 내가 도처에서 함정에 빠질까 두려워한다고 기분 나쁘게 생각하지 마십시오. 대체 당신은 어떤 물체에 관해 묻는 것입니까? 내가 이전에 영혼에 제시한 특정한 고유한 성질들로 이루어진 물체에 관해, 버림의 규칙들에 따르면 내가 잘못 가정한 물체에 관해 묻는 것입니까?

---

54) 479쪽 7번째 줄, 484쪽 15번째 줄 그리고 495쪽 8번째 줄 참조.

아니면 만일 어떤 다른 것이 있을 수 있다면, 그것에 관해 묻는 것입니까? 내가 무엇을 알겠습니까? 나는 그런 것이 있을 수 있는지 없는지 의아합니다. 만일 당신이 첫 번째 것에 관해 묻는 것이라면, 나는 간단히 대답할 수 있습니다: "나는 물체를 어떤 모양으로 경계지어지기에, 장소를 차지하기에, 다른 물체를 배제하며 공간을 차지하기에, 감각되기에, 접촉에 의해서만 움직이기에 적합한 것으로 이해한다."[55] 내가 첫 번째 것을 이렇게 이해했다는 사실을 아십시오. 나는 내가 열거한 것들을 가지고 있는 것은 그것이 무엇이든 물체라고 불렀지만, 그럼에도 불구하고 나는 그것 이외의 다른 어떤 것도 물체가 아니라고 혹은 물체라고 부를 수 없다고는 생각하지 않았습니다. 그렇게 한 가장 큰 이유는 "물체로써 나는 이것 또는 저것을 이해했다"라는 것과 "이것 또는 저것 이외의 다른 어떤 것도 물체가 아니다라고 이해했다"라는 것은 별개이기 때문입니다. 만일 당신이 두 번째 것에 관해 묻는 것이라면, 나는 최근의 철학자들의 견해에 따라(왜냐하면 당신이 요구하는 것은 나의 견해보다는 어떤 사람이 물체를 무엇이라고 생각할 수 있는지 하는 것이기 때문입니다) 대답할 수 있습니다. 나는 물체로써 돌과 같이 장소에 의해 둘러싸지기에 혹은 장소에 의해 한정되기에 적합한 것을 이해합니다. 오비에도(Oviedonem, Oviedo)[56]의 경우에서 볼 수 있듯이, 최근에 몇몇 철학자들이 나뉠 수 없는 천사나 영혼을 본보기로 삼아 이끌어 들여—사람들로부터 그렇지 않은 경우 적어도 자기 자신들로부터라도 갈채를 받는—,

483

55) 26쪽 14~19번째 줄 참조.

56) 〔역주〕 오비에도는 프랑스어로 철학작품을 쓴 가톨릭 저술가이다. 여기서 지시된 작품은 오비에도에 관한 프란시스쿠스(Fransiscus)의 작품 *Integer Cursus Philosophicus*인 듯하다.

가르치는 돌이나 이와 유사한 것들의 크기로 나뉠 수 없는 부분들처럼 전체가 전체에 그리고 전체가 각각의 부분에 있게끔 장소에 의해 한정되기에 적합한 것 말입니다. 또는 돌처럼 실제로 연장되기에 적합하거나 혹은 앞서 거론된 나뉠 수 없는 부분들처럼 가상적으로 연장되기에 적합한 것을 이해합니다(*vel extendi actu, ut lapis, vel virtute, ut dicta indivisibilia*). 또는 돌처럼 부분들로 나누어지기에 적합하거나 혹은 앞서 거론된 나뉠 수 없는 부분들처럼 부분들로 나뉠 수 없는 것을 이해합니다. 또는 돌이 위로 던져지듯 다른 것에 의해 움직여지기에 또는 돌이 떨어지듯 스스로 운동하기에 적합한 것을 이해합니다. 또는 개처럼 감각하는 데 혹은 원숭이처럼 생각하는 데 또는 버새처럼 상상하는 데 적합한 것을 이해합니다. 그리고 만일 내가 전에 마주친 것들이 다른 것에 의해 움직이거나 스스로 움직이거나 감각하거나 상상하거나 생각하거나 한 것들이라면, 별다른 이유가 없는 한 나는 그것들을 물체라고 불렀습니다. 그리고 지금 또한 그렇게 부릅니다.

그러나 당신은 이렇게 말합니다. "이는 모두 잘못된 것이고 옳지 않다." "왜냐하면 나는 스스로 운동하는 능력은 감각능력이나 사유능력과 마찬가지로 결코 물체의 본성에 속하는 것이 아니라고 판단했기 때문이다."[57]

당신은 그렇게 판단했습니까? 당신이 그렇게 말하기 때문에, 나는 그렇게 믿습니다. 생각은 자유입니다. 그러나 당신이 그렇게 생각하는 한, 당신은 각자에게 각자의 자유로운 견해를 허용한 것입니다. 나는 당신이 원한 바와는 달리 당신을 모든 생각들의 심판관(*arbiter*), 즉 이런 생각들은 거부하고 저

---

57) 26쪽 19~22번째 줄 참조.

런 생각들은 인정하는 심판관이라고 생각하지 않습니다. 당신이 어떤 확실하고 편리한 규범을 가지고 있다면 상황은 달라지겠지만 말입니다. 그러나 당신은 그런 규범을 전혀 언급하지 않았기 때문에, 당신이 우리에게 모든 것을 버리라고 명했을 때, 나는 우리에게 본성적으로 주어진 자유를 사용합니다. 당신도 이전에 판단했고, 나도 이전에 판단했습니다. 그러나 나는 이렇게 판단했지만, 당신은 달리 판단했습니다. 어쩌면 우리 둘 다 잘못된 판단을 했을 수 있습니다. 만일 당신과 내가 입구에서 옛 견해를 버려야 한다고 판단했다면, 의심할 여지가 없지는 않았다는 것이 확실합니다. 논쟁이 필요 이상으로 길어지지 않도록 하기 위해, 나는 만일 당신이 첫 번째 장소에서 한 것처럼 당신의 독자적 의미로써 물체를 정의하고자 한다면 이의를 제기하지 않겠습니다. 더 나아가 나는 만일 당신이 자신의 정의로써 물체 일반이 아니라 당신이 파악하는 특정한 종류의 물체만을 정의하는 것일 뿐 다른 나머지 것들은 생략되었다는 것을 당신이 기억한다면, 나는 그것을 인정하겠습니다. 즉, 다른 학자들의 견해에 따르면 그것들이 물체인지 혹은 물체일 수 있는지 아닌지 논쟁거리가 되는 것들 또는 그것들과 관련해서 확실하게, 아니면 적어도 당신이 요구하는 확실성을 가지고 그것들이 가능한지 아닌지를 규정할 수 없는 것들은 생략되었다는 것을 기억한다면 말입니다. 그러므로 지금까지 모든 물체가 올바르게 정의됐는지 아니면 그렇지 않은지 여부는 불확실하고 의심스럽습니다. 따라서 내가 따라가는 한, 계속 나아가십시오. 실제로 나는 따라가는 것이 나의 즐거움이듯 따라가겠습니다. 불확실한 것으로부터 확실한 것을 이끌어낸다는, 새로운 그리고 들어보지 못한 기대가 나를 그렇게 이끕니다.

484

〔데카르트의〕 설명

"개처럼 감각하는 데 혹은 원숭이처럼 생각하는 데 또는 버새처럼 상상하는 데 〔적합한 것〕."[58] 여기서 저자는 말싸움을 준비하고 있다. 내가 정신과 물체의 차이를 정신은 생각하지만 물체는 생각하지 않고 연장된 것임에 둔 것이 잘못임을 연출하기 위해, 그는 감각하는 것, 상상하는 것, 생각하는 것이 모두 물체라고 불린다고 주장한다. 그가 진짜 원한다면, 버새나 원숭이를 물체라고 불러도 좋다. 그리고 만일 그가 언젠가 그 새로운 이름들이 통용되도록 할 수 있다면, 나도 그 이름들을 사용하는 것을 거부하지 않을 것이다. 그러나 그렇게 되기 전까지는, 내가 전해 내려온 이름들을 사용한다는 이유로 그가 나를 책하는 것은 옳지 못하다.

485 §4. 영혼이란 무엇인가

당신〔데카르트〕은 이렇게 말합니다. "영혼이란 무엇인가? 나는 영혼으로써 무엇을 이해했는가? 왜냐하면 "나는 영혼이 무엇인지 주의하지 않았거나 혹은 바람이나 불꽃이나 공기와 비슷한 미세한 어떤 것으로서 내 신체의 거친 부분들 속에 퍼져있다고 상상했다.[59] 나는 영양을 섭취한다는 것과 걷는다는 것과 감각한다는 것과 사유한다는 것을 그것과 연관시켰다."[60]

실로 충분합니다. 당신은 내가 여기서 당신에게 많은 질문을 하는 것을 감수할 것입니다. 당신이 영혼에 대해 물을 때,

58) 483쪽 12~13번째 줄 참조.
59) 26쪽 8~11번째 줄 참조.
60) 26쪽 6~8번째 줄 참조.

당신은 우리가 이전에 그것에 대해 믿었던 옛 의미들을 요구하는 것입니까?

당신은 "그렇다"고 합니다.

당신은 우리가 당신의 방법을 사용할 필요가 없을 정도로 잘 생각했다고 믿습니까? 혹은 아무도 그런 막막한 어둠 속에서 길을 잃지 않았다고 믿습니까? 영혼에 관한 철학자들의 의견은 실로 다양하고 분분하기 때문에, 가치 없는 침전물로부터(*vili ex foece*) 확실한 치료효과가 있는 약을 만들 것이라고 자신하는 당신의 기술에 대해 내가 아무리 감탄하더라도 결코 지나칠 수가 없습니다. 그렇지만 해독제는 뱀의 독으로부터 만들어진 것입니다. 당신은 내가 영혼에 대한 당신의 의견에 사람들이 영혼에 대해 어떻게 생각하는지 혹은 생각할 수 있는지를 덧붙이기를 원합니까? 당신은 그들의 의견이 옳은지 그른지 내게 묻지 않습니다. 어떤 논증도(*nullis rationum momentis, nulla rationum momenta*) 그들을 자신들의 의견과 떼어낼 수 없다고 생각할 정도의 의견이라면 그것으로 충분합니다. 어떤 사람들은 영혼이 이른바 어떤 특정한 종류의 물체라고 주장할 것입니다. 무엇 때문에 당신은 놀랍니까? 그것은 그들의 생각입니다. 그리고 그들이 믿듯이, 그 주장이 어떤 진리의 모습도 갖추지 못한 것은 결코 아닙니다. 그들이 영혼을 물체라 부르고, 물체란 연장되어 있고 3차원을 가지고 있으며 부분들로 나뉠 수 있는 것이기 때문에, 그리고 그들이, 예를 들자면, 말에서 연장되고 있고 나뉠 수 있는 것들에, 예를 들자면, 살과 뼈와 같이 감각될 수 있는 외부관절에 주목하기 때문에, 그들은 논증을 통해(*vi & momento rationum, vis & momentum rationum*) 그런 외부관절 외에도 내부에 어떤 것이 더 있다고 그리고 그것은 미세하고 연장된 것으로서 관절들 속에 널리 퍼

486

져 있으며 3차원적이고 나뉠 수 있는 것이라는 결론을 내릴 수 있습니다. 따라서 발이 잘려나가면, 그 내부의 것도 일부 잘려나간다는 결론을 내릴 정도로 말입니다. 그들은 말이 연장되어 있고 3차원을 가지고 있고 나뉠 수 있는 것 2개가 결합된 것으로 따라서 서로 다른 2개의 물체가 결합된 것으로 이해합니다. 서로 다른 것들이기 때문에 그 두 물체는 다른 이름으로 구분됩니다. 예를 들어 외적인 물체는 육체라는 이름을 간직하고 있지만, 내적인 물체는 영혼이라고 불립니다. 감각과 상상력과 생각과 관련해서는 이렇습니다. 그들은 영혼 혹은 내적인 물체에 한편으로는 감각능력이 다른 한편으로는 사유능력이 또 다른 한편으로는 상상력이 내재해 있다고 믿습니다. 그럼에도 불구하고 그것은 외적인 육체와 특정한 연관관계를 가지고 있어서, 외적인 육체 없이는 어떤 감각도 존재할 수 없습니다. 다른 사람들은 달리 주장할 것이며 또 달리 상상할 것입니다. 무엇 때문에 내가 이를 일일이 거론해야 합니까? 영혼이 앞서 기술된 바와 같다고 믿는 사람들의 수가 적지 않을 것입니다.

당신은 "이 불경한 짓을 계속 진행하라"고 하십니다.

이는 실로 불경한 짓입니다. 그러나 그렇다면 무엇 때문에 당신은 묻습니까? 당신은 무신론자에게 무엇을 할 수 있습니까? 모든 생각을 땅에 고정시키고 육체와 살 외에는 아무것도 생각하지 않는 살로 된 사람들에게 무엇을 할 수 있습니까? 당신은 당신의 그 방법을 통해 영혼이 비물질적이고 "정신적인 것임을"(*spitualem, spiritualis*)[61] 확고히 하고 또 증명하고자 하기 때문

61) 〔역주〕 데카르트는 "spiritus"(정기)를 비물질적인 것으로 간주하지 않고 물질적인 것으로 간주한다. 부르댕은 《방법서설》을 읽었기 때문에 그 사실을 모를 리가 없다. 따라서 위의 언어사용은 의도적이라고 볼 수밖에 없다. 이 때

에, 결코 그것을 가정해서는 안 됩니다. 당신이 내게서 들은 것을 주장하는 사람들이 그것을 부정하거나 아니면 적어도 논쟁을 벌이고자 당신을 가로막게 될 것임을 확신해야 합니다. 나를 이들 중 한 사람으로, 영혼이 무엇인지 묻는 당신에게 답하는 그들 중 한 사람으로 가정하십시오. "영혼은 물질적인 것이고, 미세한 것이며, 외적인 육체에 퍼져 있는 것이고, 모든 감각과 상상과 생각의 원리이다. 따라서 존재에는 3등급이 있다. 즉, 육체의 존재, 물질적인 것 혹은 영혼의 존재, 정신 혹은 정기(*spiritus*)의 존재. 지금 문제가 되는 것은 정신 혹은 정기의 존재이다. 이 때문에 우리는 이 3개를 그 등급에 따라 육체, 영혼, 정신이라는 말로 표현한다." 영혼이 무엇인지를 묻는 당신에게 이렇게 답한 사람이 있다고 가정합시다. 그는 충분한 대답을 한 것입니까? 그러나 나는 당신의 방법을 앞서 가고 싶지 않습니다. 나는 뒤따라 갈 것입니다. 앞서 가시지요.[62] 487

〔데카르트의〕 설명

"당신은 그렇다고 합니다."[63] 여기에서 그리고 거의 모든 다른 곳에서도 저자는 나를 나의 견해와는 전혀 다른 것들을 자신에게 답하는 자로 무대에 세운다. 그러나 그것을 일일이 거론한다는 것은 너무나 지겨운 일이다.

"당신은 영혼이 비물질적이고 정신적인 것임을(*spitualem, spiritualis*) 확고히 하고 또 증명하고자 하기 때문에, 당신은 결코 이

문에 역자는 부르댕이 그 말을 사용할 경우 문맥에 어울리게 대체로 "정신" 혹은 "정신적인"으로 번역했다. 《방법서설》 AT VI 54쪽 참조.

62) 488쪽 §5 참조.

63) 485쪽 11번째 줄 참조.

를 가정해서는 안 됩니다."[64] 여기서 저자는 내가 입증해야 하는 것을 가정하고 있다는 잘못된 상상을 하고 있다. 그리고 그가 그렇게 자의적으로 상상하는 것들에 대해서는, 그리고 어떤 최소한의 근거로도 뒷받침될 수 없는 것들에 대해서는, 단지 그것들이 거짓이라는 것 외에 달리 답해서는 안 된다. 나는 무엇이 육체라고 불려야 하는지 혹은 영혼이라고 불려야 하는지 혹은 정신이라고 불려야 하는지에 대해 결코 논한 적이 없다. 나는 단지 두 가지 것만을 설명했다. 생각하는 것과 연장된 것. 나는 다른 모든 것들이 이 두 가지 것들에 속한다는 것을 입증했다. 그리고 이 두 가지 것들이 2개의 상이한 실체임을 증명했다. 이 두 실체들 중 하나를 정신이라 불렀고, 다른 하나를 물체라고 불렀다. 만일 이 이름이 저자의 마음에 들지 않는다면, 그는 그것들에게 다른 이름을 부여할 수 있다. 이 경우 당연히 나는 어떤 이의도 제기하지 않을 것이다.

488 **§5. 방법으로의 입문 시도**

당신〔데카르트〕은 이렇게 말합니다. "좋다. 다행히 토대들이 세워졌다. 내가 생각하는 동안 나는 존재한다. 이것은 확실하고 확고하다. 그 위를 더 쌓아야 하며 또 악령이 내게 나쁜 짓을 하는지 조심스럽게 주의해야 한다. 나는 존재한다. 그러나 나는 무엇인가? 의심할 바 없이 내가 전에 생각했던 것들 가운데 어떤 것이다. 나는 나를 인간이라고 생각했다. 육체와 정신을 가진 인간이라고. 그러므로 나는 육체인가? 아니면 정신인가? 육체는 연장되어 있고, 장소에 담겨 있고(*loco comprehen-*

---

64) 486쪽 24번째 줄 참조.

sum), 불가입적이며(*impermeabile*), 우리가 볼 수 있다. 이것들 중 어떤 것이 내 안에 있는가? 연장? 연장이 존재하지 않는데, 어떻게 연장이 내 안에 있을 수 있는가? 나는 처음에 그것을 버렸다. 만져질 수 있다는 것이나 보일 수 있다는 것은? 비록 내가 나를 볼 수 있다고 또 내가 나를 만질 수 있다고 믿지만, 나는 보이지도 만져지지도 않는다. 내가 버림을 시작한 이래, 이는 내게 확실한 것이다. 그렇다면 나는 무엇인가? 나는 주목하고, 생각하며, 고민하고, 또 다시 고민하지만, 아무것도 나타나지 않는다. 같은 짓을 반복한다는 것은 지겨운 일이다. 나는 물체에 속하는 것들 가운데 그 어느 하나도 내 안에서 발견하지 못한다. 나는 물체가 아니다. 그럼에도 불구하고 나는 존재한다. 그리고 나는 내가 존재한다는 것을 인식한다. 내가 존재한다는 것을 내가 인식하는 동안, 나는 물체에 속하는 것을 하나도 인식하지 못한다. 그렇다면 나는 정신이 아닐까? 이전에 나는 무엇이 정신에 속하는 것이라고 생각했는가? 그런 것들 가운데 어떤 것이 내 안에 있는가? 나는 생각한다는 것이 정신에 속하는 것이라고 믿었다. 그런데, 그런데 나는 생각한다. 아 아 그렇다(*Εὕρηκα, εὕρηκα*). 나는 존재한다, 나는 생각한다, 나는 사유실체이다, 나는 정신이다, 나는 지성이다, 나는 이성이다. 내가 앞서 가면서 즐겁게 사용한 나의 방법을 보고 따라 오시게!"

그런 어둠 속에서 거의 단 한 번의 도약으로 빛 속으로 나간 당신은 얼마나 행복한 분인지! 그러나 나는 당신에게 내 손을 뿌리치지 말 것을, 당신의 발자국을 따라가는 동안 뒤뚱거리는 나를 붙잡아줄 것을 부탁합니다. 나는 같은 걸음으로 걷지만, 내 주제에 맞게 약간 천천히 갑니다. 나는 존재한다, 나는 생각한다. 그러나 나는 무엇인가? 내가 전에 나라고 믿었던 것

들 중 어떤 것인가? 그런데 나는 제대로 믿었었나? 불확실하
489 다. 나는 모든 의심스러운 것들을 버렸으며, 그것들을 거짓된 것으로 여기고 있다. 그것들을 제대로 믿었던 것이 아니다.

당신은 내게 "그곳에 발을 내디디라"고 소리를 칩니다.

그래야 하나요? 모든 것이 뒤뚱거립니다. 만일 내가 다른 어떤 것이라면 어떻게 되겠습니까?

당신은 한마디 더 합니다. "당신은 겁쟁이다. 당신은 육체이거나 정신이다."

예, 나는 그렇습니다. 그럼에도 불구하고 나는 의심할 바 없이 혼란스럽습니다. 손을 내밀어 주십시오. 나는 감히 발을 내딛지 못합니다. 만일 내가 영혼이라면 어떻게 되는 건지 당신에게 묻습니다. 만일 내가 어떤 다른 것이라면 어떻게 되겠습니까? 나는 모르겠습니다.

당신은 이렇게 말합니다. "변한 것이 없다. 당신은 육체이거나 정신이다."

그렇다고 하지요. 나는 육체이거나 정신입니다. 육체가 아닐까요? 만일 내가 내 안에서 내가 전에 육체에 속한다고 믿었던 것들 가운데 어떤 것을 발견한다면, 나는 의심할 바 없이 육체입니다. 그럼에도 불구하고 나는 내가 제대로 믿었던 것인지 두렵습니다.

당신은 이렇게 말합니다. "아! 두려워할 것은 하나도 없다."

당신이 용기를 북돋아주기 때문에, 나는 감행할 것입니다. 전에 나는 생각한다는 것이 신체가 지닌 어떤 것(*aliquid corporis*)이라고 믿었습니다. 그런데, 그런데 나는 생각합니다. 아, 아 그렇습니다(*Εὕρηκα, εὕρηκα*). 나는 존재합니다, 나는 생각합니다. 나는 생각하는 것입니다. 나는 어떤 물질적인 것입니다, 나는 연장입니다, 나는 나뉠 수 있는 어떤 것입니다. 이

말들은 전에는 내게 의미가 알려지지 않은 말들이었습니다. 무엇 때문에 당신은 화를 내십니까? 내가 앞서 갔다고 손을 뿌리치는 것입니까? 당신과 당신의 버림 덕택에, 나는 개울가에 이르렀고 당신이 서 있는 물가에 서 있습니다.

그러나 당신은 "옳지 않다"라고 합니다.

내가 무슨 잘못을 한 것입니까?

당신은 이렇게 말합니다. "생각한다는 것이 신체가 지닌 어떤 것이라는 이전의 믿음은 잘못되었다. 당신은 그것이 정신이 지닌 어떤 것(*aliquid mentis*)이라고 믿었어야 했다."

그렇다면 당신은 왜 애초에 그것을 환기시키지 않았습니까? 내가 옛것들을 다 버리는 작업을 준비하고 착수하는 것을 보았을 때, 왜 당신은 바로 내게 적어도 이것만은 간직할 것을, 이것을 당신으로부터 차비로 받아놓으라고 명하지 않았습니까? 즉, "생각한다는 것은 정신이 지닌 어떤 것이다"를 말입니다. 나는 당신이 이제부터라도 초보자들에게 이 명제를 각인시킬 것을 그리고 그들이 그 명제를 다른 명제들과 함께, 즉 "3 더하기 2는 5이다" 같은 명제와 함께 버릴 것을 맹세하지 않도록 정확한 지시를 내릴 것을 당신에게 전적으로 권고합니다. 그럼에도 불구하고 그들이 잘 따르게 될지는 내가 쉽게 보장할 수 없는 일입니다. 누구나 나름대로의 생각이 있고, 또 이전에 피타고라스학파 사람들이 "피타고라스가 말했다"라는 말에서 침묵했듯이, "저자가 말했다"라는 말에 안도할 사람은 소수에 불과할 것입니다. 만일 거부하는 사람들이 있다면, 당신은 어떻게 하렵니까? 거절하는 사람이 있다면? 자신들의 옛 견해를 고집하는 사람들이 있다면? 당신은 어떻게 하렵니까? 다른 사람들을 거론하지 않기 위해, 나는 당신 혼자만을 원합니다. 당신은 당신이 논증의 힘을 통해 인간 영혼이 물질적인 것이 490

아니라 전적으로 정신적인 것임을(*plane spiritualem, plane spiritualis*) 증명하게 될 것이라고 약속하고, 만일 당신이 "생각한다는 것은 정신에 고유한 것(*aliquid proprium mentis*) 혹은 전적으로 정신적이며 비물질적인 것에(*aliquid proprium rei plane spiritualis & incorporeae*) 고유한 어떤 것이다"라는 것을 당신 증명의 토대로 제시한다면, 이전의 의문거리를 새로운 말로 포장해서 요청하는 것으로 보이지 않겠습니까? "생각한다는 것은 전적으로 정신적이며 비물질적인 것에 고유한 어떤 것이다"라는 것을 믿고 자신이 생각한다는 것을 알고 또 의식함에도 불구하고(자기 자신 속에서 생각으로 꽉 찬 혈관을 찾지 못해서 이를 상기시켜주어야 할 필요가 있는 사람이 과연 얼마나 되겠습니까?), 자신 속에 정신적인 그리고 비물질적인 어떤 것이 존재한다는 것을 의심할 정도로 바보인 사람이 있는 것처럼 말입니다! 당신은 내가 그냥 떠들어대는 것이라고 생각해서는 안 됩니다! 동물들이 생각한다고, 따라서 생각이 일반적으로 모든 물체에 공통된 것은(*communem cuiuslibet corporis, communis cuiuslibet corporis*) 아니지만 동물들에 있는 것과 같이 연장된 영혼에 있는 것이라고, 또 그렇기 때문에 생각이 네 번째 양태로서(*quarto modo, quartus modus*) 정신 혹은 정신적인 것(*mentis & rei spiritualis, mens & res spiritualis*)에 고유한 것이 아니라고 주장하는 사람들이, 더욱이 중요한 철학자들이, 얼마나 많습니까. 당신의 의견을 기꺼이 받아들이기 위해 자신들의 의견을 버려야 한다는 명령을 받게 된다면, 이들은 어떻게 할까요? 그런 요청을 하면서, 당신은 호의를 바라는 것입니까 아니면 새로운 시작을 추구하는 것입니까? 그런데 왜 내가 논쟁을 벌이나요? 만일 내가 잘못 앞서 갔다면, 당신은 내가 돌아오기를 원합니까?[65]

〔데카르트의〕 설명 491

“그러나 나는 무엇인가? 의심할 바 없이 내가 전에 생각했던 것들 중 어떤 것이다.”[66] 저자는 이 역시 다른 많은 것들을 그렇게 했던 것처럼 자기 나름대로의 방식에 따라, 어떤 진실한 면모도 없이, 내게 덮어씌운다.

“이는 내가 버림을 시작한 이래 내게 확실한 것이다.”[67] 여기서 다시금 그는 내게 잘못된 것을 덮어씌운다. 나는 결코 내가 버렸다는 것으로부터 어떤 결론을 이끌어 낸 적이 없다. 오히려 나는 이 말로써 그 역을 요구했다. 즉, “그러나 나에게 알려져 있지 않다는 이유로 내가 지금 무라고 가정하는 것이 사실관계에서(*in rei tamen veritate*) 내가 알고 있는 이 나와 다른 것이 아닌 경우가 일어날 수 있다 등”[68]으로써 말이다.

“그렇다면 나는 정신이 아닐까?”[69] 내가 정신인지 아닌지 물었다는 것 역시 사실이 아니다. 왜냐하면 나는 그때까지 아직 내가 정신이라는 것으로 무엇을 이해하는지를 설명하지 않았기 때문이다. 나는 내가 앞서 기술한 영혼에 귀속시킨 것들 가운데 어떤 것이 내 안에 있는지 물었을 뿐이다. 그리고 생각을 제외하고는 내가 영혼에 연관시킨 것들을 내 안에서 발견하지 못했기 때문에, 나는 내가 영혼이라고 하지 않고 단지 생각하는 것이라고 했다. 그리고 나는 이 생각하는 것에 정신 혹은 지성 혹은 이성이라는 이름을 부여했는데, 이는 내가 ‘생각하

65) 493쪽 §6 참조.
66) 488쪽 5번째 줄 참조.
67) 488쪽 13번째 줄 참조.
68) 27쪽 24~26번째 줄 참조.
69) 488쪽 18번째 줄 참조.

는 것'이라는 말보다 영혼이라는 말을 더 넓은 의미로 쓰고자 함이 아니었다. 그리고 그가 불필요하게 조롱하듯이, 내가 그 때문에 "아, 아 그렇다"(Εὕρηκα, εὕρηκα)라고 소리를 지른 것이 아니었다. 오히려 나는 "나는 그 말들의 의미를 전에는 몰랐었다"[70]는 것을 덧붙였다. 따라서 이로써 내가 '생각하는 것'이라는 말로써 의미한 것과 엄밀하게 똑같은 것을 의미했다는 것은 의심의 여지가 있을 수 없다.

492 "나는 제대로 믿었던 것이 아니다. 당신은 내게 〔그곳에 발을 내디디라〕라고 소리를 칩니다."[71] 이 역시 사실과 아주 다르다. 나는 어디에서도 결코 내가 전에 믿었던 것이 참이라고 가정한 적이 없다. 나는 단지 그것들이 참인지 아닌지를 검토했을 뿐이다.

"나는 육체이거나 정신입니다."[72] 내가 이를 가정했었다는 것 역시 사실이 아니다.

"당신은 이렇게 말합니다. '생각한다는 것이 신체가 지닌 어떤 것이라는(*aliquid corporis*) 이전의 믿음은 잘못되었다. 당신은 그것이 정신이 지닌 어떤 것이라고(*aliquid mentis*) 믿었어야 했다'."[73] 내가 이렇게 말했다는 것 역시 거짓이다. 만일 저자가 원한다면, 나로서는 생각하는 것이 정신이라고 불리는 것보다는 신체라고 불리는 것이 더 낫다고 주장하더라도 상관없다. 이와 관련해서 그는 나와 논쟁을 벌여서는 안 되며, 문법학자들과 논쟁을 벌여야 한다. 그러나 조금 후에 다음을 덧붙이듯 만일 그가 내가 '생각하는 것'이라는 말보다 정신이라는 말에 더 넓

---

70) 27쪽 15번째 줄 참조.

71) 489쪽 1~2번째 줄 참조.

72) 489쪽 8번째 줄 참조.

73) 489쪽 23번째 줄 참조.

은 의미를 부여했다고 상상한다면, 이를 부정해야 하는 것은 나의 의무다: “만일 당신이 ‘생각한다는 것은 정신에 고유한 것 혹은 전적으로 정신적이며 비물질적인 것에 고유한 어떤 것이다’라는 것을 당신 증명의 토대로 제시한다면 등. 당신은 호의를 바라는 것입니까 아니면 원리를 추구하는 것입니까?”[74] 나는 내가 어떤 식으로든 정신이 비물질적인 것임을 가정했다는 것을 부정하며, 나는 내가 정신이 비물질적인 것임을 〈제 6성찰〉에서 증명했다고 주장한다.

그가 그렇게 많은 거짓말을 하는 것에 대해 나는 넌더리가 난다. 따라서 나는 그것들을 무시할 것이며, 남아 있는 그의 장난들을 침묵으로 일관하며 구경만 할 것이다. 그럼에도 불구하고 조롱하고자 하는 욕망이 지나쳐 존경하는 신부가 어릿광대 모자를 쓰고 있는 것을 보는 것은 실로 참담하다. 그리고 자기 자신을 겁에 질리고 둔하며 열등한 인물로 그리면서도, 옛 희극의 에피디쿠스나 파르메논(Epidicos aut Parmenones, Epidicus aut Parmenon)[75]을 흉내 내려 하지 않고, 자신의 속됨으로써 웃음을 자아내려 애쓰는 오늘날의 희극에 등장하는 493 값싼 역을 흉내 내고자 한 것을 보는 것 역시 참담하다.

§6. 방법으로의 입문 재시도

당신〔데카르트〕은 이렇게 말합니다. “나의 발자국들을 가까이 따라오는 한, 좋다.”

나는 따릅니다. 나는 머리카락만큼도 어긋나지 않게끔, 당

74) 490쪽 9~11번째 줄과 25~26번째 줄 참조.

75) 〔역주〕 에피디쿠스는 플라우투스의 희극 〈에피디우스〉의 주인공인 노예의 이름이다. 파르메노는 테렌스의 희극 〈the Eununch〉에 나오는 노예의 이름이다.

신이나 당신의 발자국들을 정확하게 따릅니다. 다시 시작하십시오.

당신은 "나는 생각한다"고 합니다.

나 역시 그렇습니다.

당신은 "내가 생각하는 동안, 나는 존재한다"고 덧붙입니다.

마찬가지로 내가 생각하는 동안, 나도 존재합니다.

당신은 "그런데 나는 무엇인가?"라고 묻습니다.

얼마나 현명한 일입니까? 그것이 바로 내가 묻는 것입니다. 따라서 나는 당신과 함께 기꺼이 이렇게 묻습니다. 그런데 나는 무엇인가?

당신은 이렇게 나아갑니다. "나는 이전에 나를 무엇이라고 믿었었나? 이전에 나는 나에 대해 어떤 생각을 가졌었나?"

말을 반복하지 마십시오. 나는 잘 듣고 있습니다. 그런데, 그런데 도와주십시오. 부탁입니다. 나는 이런 어둠 속 어디에 발을 내딛어야 할지 아무것도 보이질 않습니다.

당신은 이렇게 말합니다. "나와 함께 말을 나누고 나와 함께 찾으시오. 대체 나는 이전에 나를 무엇이라고 믿었나?"

이전이라뇨? (*olim?*) 이전이라는 것이 있었나요? 이전에 내가 믿었었나요?

당신은 "당신은 헤매고 있다"라고 합니다.

용서하십시오. "이전"이라는 말을 이끌어 들임으로써 헤매는 것은 오히려 당신 자신입니다. 나는 옛것들을 다 버렸습니다. "이전" 또한 없었으며, 지금도 존재하지 않습니다. 그러나 당신이 얼마나 훌륭한 안내자인지! 어떻게 내 손을 잡고, 어떻게 나를 이끄는지!

당신은 "나는 생각한다, 나는 존재한다"고 합니다.

그렇습니다. 나는 생각하고, 나는 존재합니다. 나는 이것을 또 오직 이 하나만을 압니다. 그리고 이것 이외에는 아무것도 없고 또 없었습니다.

당신은 이렇게 말합니다. "좋다. 이전에 당신은 자신을 무엇이라고 믿었는가?" 494

내 생각에 당신은 내가 버림의 초보과정에 15일을 소비했는지 아니면 한 달을 소비했는지 입증하기를 원합니다. 나는 여기서 당신과 함께 단지 1시간을 소비했을 뿐입니다. 그러나 아주 커다란 집중력을 가지고 1시간을 소비했기 때문에, 그 훈련의 강도가 한 달 혹은 당신이 원한다면 1년의 훈련기간을 보충하고도 남습니다. 좋습니다. 나는 생각합니다, 나는 존재합니다. 이 이외에는 아무것도 없습니다. 나는 모든 것을 버렸습니다.

당신은 "당신은 자신이 기억한다는 것을 기억한다"라고 합니다.

이 "기억한다는 것"이 무엇입니까? 나는 내가 이전에 생각했었다는 것을 생각할 뿐입니다. 그러나 내가 전에 생각했었다는 것을 생각할 뿐인데, 이것이 내가 전에 계속 생각했었다는 근거가 될까요?

당신은 이렇게 말합니다. "당신은 소심하다. 당신은 어둠을 두려워한다. 다시 시작하시오. 나는 생각한다."

오 불행한 나 자신! 어둠이 깔려있고, 나는 조금 전에 내게 명석한 것으로 보였던 "나는 생각한다"를 이제는 주목하지 못합니다. 나는 내가 생각한다고 꿈을 꾸고 있을 뿐, 내가 생각하는 것은 아닙니다.

당신은 "꿈을 꾸는 사람은 당연히 생각하는 것이다"라고 합니다.

빛이 비칩니다. 꿈을 꾼다는 것은 생각한다는 것이고, 생각한다는 것은 꿈을 꾼다는 것입니다.

당신은 이렇게 말합니다. "결코 그렇지 않다. 생각한다는 것은 꿈을 꾼다는 것보다 더 넓은 외연을 가지고 있다(*latius patet cogitare quam somniare*). 꿈을 꾸는 사람은 생각을 하는 것이다. 그러나 생각하는 사람은 계속 꿈을 꾸는 것이 아니라 깨어 있을 때는 생각을 하는 것이다."

그럴까요? 당신이 그렇다고 꿈을 꾸고 있는 것은 아닐까요? 그렇다고 생각하는 것인가요? 만일 생각한다는 것이 더 넓은 외연을 가지고 있다고 당신이 꿈을 꾸고 있다면, 그 때문에 그것이 더 넓은 외연을 가지게 된다는 것입니까? 당신이 원한다면, 나는 꿈을 꾼다는 것이 생각한다는 것보다 더 넓은 외연을 가지는 꿈을 실제로 꿀 것입니다. 그런데 만일 꿈을 꾼다는 것 외에는 아무것도 없다면, 당신은 생각한다는 것이 더 넓은 외연을 가지고 있다는 것을 어떻게 아나요? 만일 당신이 깨어 있는 상태로 생각하고 있다고 믿었을 때마다, 깨어 있는 상태로 생각하던 것이 아니라 당신이 깨어 있는 상태로 생각하는 꿈을 꾼 것이었다면, 따라서 존재하는 것은 오로지 이 하나 꿈을 꾼다는 것이며 당신이 때로는 꿈을 꾸고 있다는 꿈을 꾸기도 하고 때로는 깨어 있는 상태로 생각하는 꿈을 꾸게 되는 것이 꿈을 꾸는 덕택이라면, 어떻게 할까요? 당신은 어떻게 하겠습니까? 당신은 침묵합니다. 제 말을 들으시렵니까? 다른 얕은 개울을 찾아보도록 하지요. 이곳은 의심스럽고 믿을 만한 곳이
495 못 됩니다. 무엇 때문에 당신이 전에 가보지도 않은 길을 지금 내게 알려주고자 했는지에 대해 아무리 놀라도 부족함이 없을 정도로 말입니다. 그러므로 내가 이전에 나를 무엇으로 믿었었는지를 내게 묻지 마시고, 단지 지금 꿈을 꾸는 내가 나를 무엇이라고 꿈을 꾸었었는지를 물으십시오. 당신이 그렇게 할 경우, 나는 답할 것입니다. 꿈꾸는 사람들의 말이 우리의 이

야기를 혼란스럽게 만들지 않도록 하기 위해, 나는 깨어 있는 사람들의 말을 사용할 것입니다. 이후 당신이 "생각한다는 것"이 오로지 "꿈을 꾼다는 것"을 의미할 뿐이라는 점을 기억하고 꿈을 꾸는 사람이 자신의 꿈에 부여하는 것 이상을 당신이 생각에 부여하지 않는다면 말입니다. 물론 당신은 당신의 방법을 "꿈꾸는 방법"이라고 해야 할 것입니다. 그리고 이 기술은 당신 기술의 최고봉이어야 할 것입니다. 즉, "올바르게 추론하기 위해서는 꿈을 꾸어야 한다"는 기술 말입니다. 내 생각에 나의 충고는 당신의 마음에 들 것입니다. 왜냐하면 당신이 이렇게 진행하기 때문입니다.

"나는 도대체 내가 무엇이라고 믿었나?"

아까 내가 부딪쳤던 돌을 보십시오. 당신이나 나나 조심해야 합니다. 이 때문에 당신은 내가 당신에게 무엇 때문에 당신은 "나는 내가 전에 나라고 믿었던 것들 가운데 어떤 것이다" 혹은 "나는 내가 나라고 믿었던 것이다"라는 명제를 전제로 삼지 않는지 묻는 것을 감수해야 합니다.

당신은 "그것은 불필요하다"라고 합니다.

죄송하지만(*tua pace, tua pax*) 그것은 대단히 필요합니다. 아니면, 당신이 자신을 전에 무엇이라고 믿었었는지를 탐구하는 동안, 당신은 헛수고로 힘을 빼는 것입니다. 피타고라스가 그랬듯이, 당신이 전에 당신이라고 믿었던 것이 아니라 어떤 다른 것일 수 있다고 가정하십시오. 이 경우 당신이 전에 무엇이라고 믿었는지를 묻는다면 허망한 일이 아닐까요?

당신은 이렇게 말합니다. "그러나 그 명제는 옛것으로서 버려졌다."

만일 모든 것이 버려졌다면, 정말 그렇습니다. 그렇다면 당신이 무엇을 할 수 있나요? 이곳에 머물러 있든지 아니면 그 명제를 사용하든지 해야만 합니다.

당신은 이렇게 말합니다. "물론 다른 길을 통해서 재시도를 해야 한다. 보라. 나는 육체이거나 정신이다. 내가 육체인가?"

더 이상 가지 마십시오. 당신이 육체와 정신을 버렸음에도 불구하고, 당신은 "나는 육체이거나 정신이다"라는 명제를 어디서 취했습니까? 만일 당신이 육체도 아니고 정신도 아니며 영혼이나 혹은 다른 어떤 것이라면 어떻게 할까요? 나는 무엇을 아는가요? 이를 탐구하도록 하지요. 만일 내가 안다면, 만

496 일 내가 알고 있다면, 나는 이렇게 피곤하지 않을 것입니다. 내가 단지 산책하거나 주변을 둘러보기 위해서(*deambulandi aut spatiandi tantum gratia*) 어둠이 가득하고 두려운 이 버림의 벌판에 온 것이라고 당신이 생각하지 않았으면 합니다. 확실성에 대한 희망만이 나를 밀고 당기고 하는 것입니다.

당신은 이렇게 말합니다. "그럼 다시 시작하도록 하자. 나는 물체이거나 물체가 아닌 혹은 비물질적인 것이다."

당신은 이제 다른 새로운 길을 갑니다. 그러나 그 길은 안전합니까?

당신은 "아주 안전하고 필요한 길이다"라고 합니다.

그렇다면 당신은 무엇 때문에 그것을 버렸습니까? 내가 아무것도 남겨두어서는 안 된다는 데에 두려움을 가졌었고 당신이 정도 이상으로 불신을 편애하는 것일 수 있다고 걱정한 것은 정당하지 않았나요? 그렇지만 그냥 넘어가지요. 그것이 확실하다고 하지요. 다음은 무엇인가요?

당신은 계속 갑니다. "나는 물체인가? 나는 내가 전에 물체에 속한다고 생각한 것들 가운데 어떤 것을 내 안에서 발견하나?"

다른 장애물을 보십시오. 만일 당신이 미리 북극성이 나타나도록 하지 않았으면, 우리는 의심할 바 없이 그것에 부딪히

게 될 것입니다. "나는 전에 물체에 속한 것들에 대해 올바르게 생각했다." 또는 "내가 전에 물체에 속한다고 인식한 것 이외에는 아무것도 물체에 속하지 않는다"라는 북극성 말입니다.

당신은 "무엇 때문에?"라고 반문합니다.

만일 당신이 전에 어떤 것을 빠뜨렸다면, 만일 당신이 전에 잘못 생각했다면(당신은 인간이며, 인간이 당신과 다른 것을 가지고 있다고 믿지 않습니다),[76] 당신의 노고는 모두 물거품이 될 것이며, 또 당신은 최근에 어떤 농부에게 일어난 일이 당신에게 일어나지 않을까 두려워해야 합니다. 멀리 늑대를 보고 농부는 바로 그 자리에 서서 그가 수행한 귀족 태생의 젊은 주인과 다음과 같은 대화를 나누었습니다. "제가 무엇을 보는 것인가요? 의심할 바 없이 저것은 동물입니다. 그것은 움직이고 다가옵니다. 그런데 어떤 동물인가요? 당연히 제가 알고 있는 동물들 중 하나입니다. 그런데 이 동물들은 어떤 것들일까요? 소, 말, 염소, 당나귀입니다. 그렇다면 그 동물은 소인가요? 아닙니다. 그것은 뿔을 가지고 있지 않습니다. 말인가요? 그것은 꼬리를 거의 가지고 있지 않습니다. 따라서 말이 아닙니다. 염소인가요? 염소는 수염이 있는데, 그것은 수염이 없습니다. 따라서 염소도 아닙니다. 소도 말도 염소도 아니니 그것은 당나귀입니다." 왜 웃으십니까? 이 이야기의 끝을 기대하십시오. "왜 너는, 젊은 주인이 말하길, 그것이 당나귀라는 결론을 내리는 것과 마찬가지 방식으로 말이라는 결론을 내리지 않느냐? 자 봐라. 그것이 소인가? 아니다. 그것은 뿔을 가지고 있지 않다. 당나귀인가? 그렇지 않다. 나는 귀를 보지 못한다. 염소인가? 수염을 가지고 있지 않다. 그러므로 그것은 말

497

76) 테렌스, *Heautontimorumenos*, 1장 1막 25행.

이다.” 이 새로운 분석방법에 적잖이 놀란 농부는 이렇게 소리를 칩니다. “그렇다면, 그렇다면 그것은 동물이 아닙니다. 왜냐하면 내가 아는 동물은 소, 말, 염소, 당나귀이기 때문입니다. 그것은 소도, 말도, 염소도, 당나귀도 아닙니다.” 농부는 기고만장해서 “그러므로 그것은 동물이 아닙니다”라고 합니다. 리케온 출신이 아닌 우민 출신이기는 하지만 얼마나 완고한 철학자입니까? 당신은 그의 잘못을 아시겠습니까?

당신은 이렇게 말합니다. “나는 잘 알고 있다. 그가 비록 언급하지는 않았지만, 그는 자신의 머릿속에 “나는 모든 동물들을 알고 있다” 혹은 “내가 알고 있는 것 이외에 다른 동물은 존재하지 않는다”는 것을 전제했다. 그러나 이것이 우리 일과 무슨 관련이 있는가?”

우유와 우유가 그보다 더 유사해 보이지 않습니다. 괜히 그렇지 않은 척하지 마십시오. 당신도 당신 머릿속에 가지고 있는 적지 않은 것들에 대해 언급하지 않습니다. “나는 물체와 관련된 그리고 관련될 수 있는 것을 모두 안다.” 혹은 “내가 전에 물체에 속하는 것으로 알던 것 이외에는 아무것도 물체에 속하지 않는다”라는 것이 그런 것 아닌가요? 만일 당신이 이 모든 것들을 알지 못한다면, 만일 당신이 어느 하나를 빠뜨렸다면, 혹 만일 당신이 실제로는 물체나 영혼 같이 물질적인 것에 속하는 어떤 것인데 그것을 정신에 귀속시켰다면, 만일 당신이 생각, 감각, 상상을 물체나 물질적 영혼에서 제외시킨 것이 잘못이었다면, 만일 당신이 이런 잘못들 가운데 하나를 저질렀다는 의혹이 든다면, 어떤 결론을 내리든 당신이 결론을 잘못 내렸을 수 있다는 것에 대한 두려움을 가져야 하지 않을까요? 만일 당신이 이 장애물을 제거하지 않는다면, 아무리 당신이 나를 잡아끌어도, 나는 이곳에 굳게 서 있을 것이며 한

걸음도 앞으로 내딛지 않을 것입니다.

당신은 이렇게 말합니다. "뒷걸음을 친 후 세 번째 시도를 하자. 모든 입구와 길과 구부러진 길과 분기점을 통해 시도해 보도록 하자."

물론 좋습니다. 그러나 의심스러운 것으로 다가오는 것들을 잘라버리지 않고 근본적으로 제거한다는 규칙을 가지고 말입니다. 자 앞서 가십시오. 나는 모든 것을 철저하게 하겠습니다. 가시지요. 498

§7. 세 번째 입문 시도

당신〔데카르트〕은 "나는 생각한다"고 합니다.

나는 그것을 부정합니다. 당신은 당신이 생각하고 있다고 꿈을 꾸는 것입니다.

당신은 "나는 그것을 "생각한다는 것"이라고 부른다"라고 합니다.

당신은 그것을 잘 못 부르는 것입니다. 나는 무화과를 무화과라고 부릅니다. 당신은 꿈을 꾸고 있습니다. 이것이 당신이 가지고 있는 것입니다. 계속하시지요.

당신은 "내가 생각하는 동안, 나는 존재한다"고 합니다.

좋습니다. 당신이 굳이 그렇게 말하고 싶다면, 나는 상관하지 않겠습니다.

당신은 "그것은 확실하고 명백하다"라고 합니다.

나는 이를 부정합니다. 당신은 단지 그것이 당신에게 확실하고 명백하다는 꿈을 꾸고 있을 뿐입니다.

당신은 "그러므로 적어도 그것은 꿈을 꾸고 있는 사람에게는 확실하고 명백하다"라고 입장을 굽히지 않습니다.

나는 이를 부정합니다. 단지 그렇게 보이고 그렇게 나타날 뿐이지, 사실이 그런 것은 아닙니다.

당신은 "나는 그것에 대해 의심하지 않는다. 나는 그것을 의식하고 있다. 아무리 악령이 노력을 해도 그가 나를 그것과 관련해서 속일 수는 없다"고 우깁니다.

나는 이를 부정합니다. 당신은 당신이 그것을 의식하고 있다고, 그것을 의심하지 않는다고 그것이 당신에게 명백하다고 꿈을 꾸고 있을 뿐입니다. 다음 둘은 전혀 다른 것입니다. 즉, 꿈을 꾸고 있는 사람에게 ('깨어 있는 사람에게'라는 것을 덧붙이십시오) 어떤 것이 확실하고 명백하게 보이는 것과 꿈을 꾸고 있는 사람에게 (마찬가지로 '깨어 있는 사람에게') 어떤 것이 확실하고 명백한 것은 서로 다른 것입니다. 그리고 이곳이 막다른 곳입니다. 그 이상은 없습니다. 꿈을 꾸면서 시간을 낭비하지 않으려면 다른 입구를 찾아야 합니다. 그렇지만 그러려면 어떤 것을 가정해야 합니다. 추수하기 위해서는 씨를 뿌려야 합니다. 당신은 확신합니다. 계속하시지요. 당신은 그렇게 합니다.

당신은 "나는 이전에 나를 무엇이라고 믿었나?"라고 합니다.

"이전에"라는 말을 거두십시오. 그 길은 갈 수 없는 길입니다. 옛것을 모두 치워버렸다고 내가 몇 번이나 말했습니까? 당신이 생각하는 동안, 당신은 존재합니다. 그리고 당신이 생각하는 동안, 당신이 존재한다는 것에 대해 당신은 확실합니다. 나는 "당신이 생각하는 동안"이라고 말합니다. 지나간 것은 모두 의심스럽고 불확실합니다. 당신에게 남아있는 유일한 것은 499 현재입니다. 그럼에도 불구하고 당신은 고집을 부립니다. 나는 불행이 꺾을 수 없는 당신을 사랑합니다.

당신은 이렇게 말합니다. "존재하고 생각하는 그리고 사유하는 것으로서의 내 안에는 물체나 물질적인 것에 속하는 그 어떤 것도 존재하지 않는다."

나는 그것을 부정하고, 당신은 그것을 입증합니다.

당신은 이렇게 말합니다. "내가 모든 것을 버렸기 때문에, 어떤 물체도, 어떤 영혼도, 어떤 정신도, 한마디로 말해서 아무것도 존재하지 않는다. 그러므로 내가 존재한다는 것에 대해 내게 확실한 바와 같이 내가 존재한다면, 나는 물체가 아니고 또한 어떤 물질적인 것도 아니다."

그렇게 흥분하고 추론하며 조금씩, 조금씩 형식에 맞추어 가는 당신이 얼마나 내 마음에 와 닿는지요! 계속하십시오. 우리는 이 길을 따라 미궁을 빠져나갈 출구를 빨리 찾게 될 것입니다. 당신이 관대하기 때문에, 나는 당신을 당신보다 더 관대하게 대할 것입니다. 그러나 나는 전제도 결론도 그리고 추론도(*antecedens*, *consequens*, *consequentiam*, *consequentia*) 부정합니다. 놀라지 마십시오. 내가 아무런 이유도 없이 부정하는 것이 아닙니다. 이유를 보시지요. 나는 당신이 똑같은 방식으로 그 역을 위해 논증할 수 있었을 것이기 때문에, 그 추론도 부정하는 것입니다. 이렇게 말입니다. "내가 모든 것을 버렸기 때문에 정신도, 영혼도, 물체도, 한마디로 말해서 아무것도 존재하지 않는다. 그러므로 만일 내가 존재하는 바와 같이[77] 내가 존재한다면, 나는 무(無)다." 문제점을 보십시오(En nucem cariosam). 당신은 그것을 뒤따르는 것들로부터 인식할 수 있습니다. 그동안 당신은 당신 스스로 당신의 전제로부터 "그러므로 만일 내가 존재하는 바와 같이 내가 존재한다면, 나는 무다"라는 결론을 내리는 것이 더 나은지 아닌지 숙

77) 〔역주〕 "내가 존재한다는 것에 대해 내가 확실한 바와 같이"의 축약이다.

고해 보십시오. 전제가 잘못 세워진 것이든지, 아니면 그것이 세워진 후 그에 덧붙여진 조건에 의해, 즉 "만일 내가 존재한다면"에 의해 나중에 그것이 파기되든지 입니다. 이 때문에 나는 "내가 모든 것을 버렸기 때문에, 어떤 물체도, 어떤 영혼도, 어떤 정신도, 그 밖의 다른 어떤 것도 존재하지 않는다"는 전제를 부정합니다. 그리고 이는 당연합니다(*quodem merito*). 당신이 모든 것을 버리는 동안, 당신이 잘못해서 모든 것을 버리는 것이거나 아니면 모든 것을 버리지 못하거나입니다. 그런데 버리는 당신은 필연적으로 존재하기 때문에, 당신이 모든 것을 버릴 수는 없습니다. 엄밀하게 답하자면 이렇습니다. 당신이 "아무것도 존재하지 않는다. 어떤 물체도, 어떤 영혼도 어떤 정신 등도 존재하지 않는다"고 주장함으로써, 당신은 당신을 "아무것도 존재하지 않는다 등"의 명제에서 예외로 만들고, 그 명제로써 "나 이외에는 아무것도 존재하지 않는다"라는 것을 의미합니다. 그 명제가 만들어지고 유지되도록 하자면, 당신은 필연적으로 그렇게 해야만 합니다. 일반적으로 논리학에서 "이 책에 있는 모든 명제는 거짓이다", "나는 거짓말을 하고 있다"와 같이 자기 자신은 예외로 하는 수많은 명제들에 대해 설명되는 것과 마찬가지로 말입니다. 아니면 당신이 모든 것을 버리는 동안, 즉 "아무것도 존재하지 않는다 등"을 말하는 동안 당신 자신이 존재하는 것을 원하는 것이 아니게끔 당신 자신 또한 그것에 포함시키는 것입니다. 첫 번째 경우, "내가 모든 것을 버렸기 때문에 아무것도 존재하지 않는다 등"이라는 명제는 성립할 수 없습니다. 왜냐하면 당신이 존재하고 또 당신은 어떤 것이기 때문입니다. 그리고 당신은 필연적으로 물체이거나 영혼이거나 정신이거나 혹은 이와는 다른 어떤 것이기 때문입니다. 따라서 필연적으로 물체나 영혼이나 정신 혹은 다른 어떤 것이 존재합니다. 두 번째 경우, 당신은 오류를 범하는 것입니다. 실로 이중으로 잘못을 저지르는 것입니다. 그 하나는 불가능한 것을 이루고자 하며 당신이 존재함에도 불구하고 아무것도 존재하지 않는다는 것을 원한다는 것입니다. 다른 하나는 "그러므로 만일 내가 존재하는 바와 같이 내가 존재한다면 등"의 명제를 덧붙이면서, 그 명제를 폐기한다는 것입니다. 만일 당신이 무(無)라면, 어떻게 당신이 존재하는 것이 가능합니까? 당신이 아무것도 존재하지 않는다고 가정하는 한, 어떻게 당신은 자신이 존재한다는 것을 가정할 수 있습니까? 그리고 만일 당신이 존재한다고 당신이 가정한다면, 조금 전에 가정된 것, 즉 "아무것도 존재하지 않는다 등"이라는 명제가 폐기되는 것 아닙니까? 따라서 전제는 거짓이며, 결론 또한 거짓입니다. 그러나 당신은 전투를 새로 시작합니다.

당신은 이렇게 말합니다. "내가 '아무것도 존재하지 않는다'고 주장하는 동안, 나는 내가 신체인지, 영혼인지, 정신인지 그 밖의 다른 어떤 것인지 확실하지 않다. 물론 나는 다른 물체나 영혼이나 정신이 존재하는지 확실하지 않다. 그러므로 의심스러운 것을 거짓인 것으로 간주하는 버림의 규칙에 따라 나는 '물체도 영혼도 정신도 그 밖의 다른 어떤 것도 존재하지 않는다'라고 가정하고 주장한다. 그러므로 만일 내가 존재하는 바와 같이 내가 존재한다면, 나는 물체가 아니다."

훌륭하십니다. 그러나 저울질하고 균형을 맞추기 위해 내가 하나하나 일일이 따지는 것을 이해해주시기 바랍니다. 내가 "아무것도 존재하지 않는다 등. 나는 내가 신체인지, 영혼인지, 정신인지 그 밖의 다른 어떤 것인지에 대해 확실하지 않다"고 주장하는 동안, 나는 전제를 구분합니다. 당신은 자신이 명확하게(*determinate*) 물체인지, 명확하게 영혼인지, 명확하게 정신인지, 명확하게 다른 어떤 것인지 확실하지 않습니다.
501 이제 이를 전제라 하지요. 그것이 당신이 찾는 것입니다. 당신은 자신이 불명확하게(*indeterminate*) 신체인지, 영혼인지, 정신인지, 그 밖의 다른 어떤 것인지 확실하지 않습니다. 나는 이 전제를 부정합니다. 왜냐하면 당신은 존재하고. 어떤 것이며, 필연적으로 육체이거나 영혼이거나 정신이거나 그 밖의 다른 어떤 것이기 때문입니다. 악령이 제아무리 당신을 뒤흔들어도, 당신이 그것을 진지하게 의심할 수는 없는 일입니다. 이제 나는 결론으로 넘어갑니다. 즉, "그러므로 나는 버림의 규칙에 따라 '물체도, 영혼도, 정신도, 그 밖의 다른 어떤 것도 존재하지 않는다'고 주장한다"는 결론에. 나는 결론을 구분합니다. 나는 "명확하게 물체도, 영혼도, 정신도, 그 밖의 다른 어떤 것도 존재하지 않는다"라고 주장합니다. 이제 이를 결론이라고 하지요. 나는 "물체도 영혼도 정신도 그 밖의 다른 어떤 것도 불명확하게 존재하지 않는다"라고 주장합니다. 나는 이 결론을 부정합니다. 같은 식으로 나는 당신의 마지막 결론을 구분합니다. 즉, "그러므로 만일 내가 존재하는 바와 같이 존재한다면, 나는 물체가 아니다"라는 것을. 나는 명확하게는(*determinate*) 이를 인정하지만 불명확하게(*indeterminate*)는 부정합니다. 보십시오. 제가 얼마나 관대합니까? 당신의 명제들을 두 배로 불려놓았습니다. 그러나 당신은 낙담하지 않습니다. 당신은 전열을 재정비합니다. 그런 당신을 내가 얼마나 사랑하는지!

당신은 이렇게 말합니다. "나는 내가 존재한다는 것을 알고 있다. 나는 내가 아는 내가 무엇인지 묻는다. 그렇게 엄격하게 취해진 것에 대한 앎이(*notitiam*, *notitia*) 내가 아직 모르는 것에 대한 앎에 의존해 있지 않다는 것은 아주 확실하다!"

그 밖에 무슨 말을? 말씀을 다 하셨습니까? 나는 조금 전처럼 어떤 추론을 기대했습니다. 아마 당신은 그것이 더 나은 결과를 낳지 못할까봐 두려웠나 봅니다. 이는 당신의 방식에 따르면 실로 현명한 짓입니다. 그러나 나는 하나하나 다시 검토하겠습니다. 당신은 당신이 존재한다는 것을 알고 있습니다. 좋습니다. 당신은 자신이 알고 있는 당신이 무엇인지 묻습니다. 그렇습니다. 나는 당신과 함께 그것을 묻습니다. 그리고 우리가 그것을 물은 이래 많은 시간이 흘렀습니다. 당신이 묻는 것에 대한 앎은 당신이 존재하는지 아직 모르는 것에 의존되어 있지 않습니다. 나는 내가 무슨 말을 해야 할지 아직 충분하리만큼 분명하지 않습니다. 나는 당신의 그 명제가 무엇과 관련이 있는지 잘 알지 못합니다. 그러나 만일 당신이 알고 있는 당신이 무엇인지를 당신이 묻는다면, 나 역시 이렇게 묻습니다. 만일 당신이 알고 있다면, 당신은 무엇 때문에 묻습니까?

당신은 이렇게 말합니다. "나는 내가 존재한다는 것을 알지만, 내가 무엇인지는 모른다."

훌륭합니다. 그러나 만일 당신이 이전에 알았던 것 혹은 나중에 알게 될 것들로부터가 아니라면, 당신은 당신이 무엇인지를 어디서 알게 되겠습니까? 내 생각에 당신이 전에 알던 것들로부터 알게 되지는 않을 것입니다. 그것들은 의심스러워서 버려졌습니다. 그러므로 당신이 아직 알지 못하는, 그러나 나중에 알게 될 것들로부터 알게 될 것입니다. 나는 무엇 때문에 여기서 당신이 그토록 동요하는지 이해할 수가 없습니다. 502

당신은 "나는 아직 그런 것들이 존재하는지 알지 못한다"고 합니다.

희망을 가지십시오, 당신은 언젠가 그런 것들을 인식하게 될 것입니다.

"그러나" 당신이 덧붙이길, "그동안 나는 무엇을 해야 하는가?"

당신은 기다리면 될 것입니다. 그렇지만 나는 당신이 불안해하는 것을 오랫동안 구경만 하고 있지는 않을 것입니다. 나는 앞에서처럼 구분을 할 것입니다. 당신은 명확하게 그리고 명석하게 당신이 무엇인지 알지 못합니다. 나는 이를 인정합니다. 당신은 불명확하게 그리고 애매하게(*confuse*) 당신이 무엇인지 알지 못합니다. 나는 이를 부정합니다. 왜냐하면 당신은 당신이 어떤 것임을 그리고 필연적으로 신체이거나 영혼이거나 정신이거나 그 밖의 다른 어떤 것임을 알기 때문입니다. 그렇다면 무엇입니까? 당신은 나중에 당신을 명석하고 명확하게 알게 될 것입니다. 당신은 여기서 무엇을 할 것입니까? 오직 저 섬게만이, "즉 명확하게, 불명확하게"라는 섬게만이 당신을 100년 동안 지체하게 만들 것입니다. 다른 길이 남아있다면, 다른 길을 간청해 보십시오. 어쨌든 시도해 보십시오. 나는 포기하지 않았습니다. 중요하고 새로운 일들이 크고 새로운 어려움들로 둘러싸여 있습니다.

당신은 이렇게 말합니다. "아직 길이 하나 더 남아 있다. 그런데 만일 그 길에 빗장이 껴있고 장애물이 펼쳐져 있다면, 나는 돌아갈 것이다. 이 버림의 광야는 결코 길 잃고 헤매는 나를 보지 못하게 될 것이다. 당신은 내가 이 길을 탐험하기를 원하는가?"

그렇습니다. 그런데 그 길이 마지막 길이기 때문에 당신이 내게 마지막으로 모든 것을 기대한다는 조건하에 말입니다. 가시지요.

§8. 네 번째 입문 시도 & 입문 포기

당신은〔데카르트〕 "나는 존재한다"고 합니다. 503

나는 이를 부정합니다.

당신은 "나는 생각한다"는 것을 덧붙입니다.

나는 이를 부정합니다.

당신은 "왜 당신은 이를 부정하는가?"라고 묻습니다.

나는 당신이 존재한다는 것, 당신이 생각한다는 것을 부정합니다. 나는 내가 "아무것도 존재하지 않는다"고 했을 때, 내가 무엇을 한 것인지 잘 알고 있습니다. 나는 심상치 않은 짓을 한 것입니다. 나는 단번에 모든 것을 잘라 낸 것입니다. 아무것도 존재하지 않습니다. 당신은 존재하지 않습니다. 당신은 생각하지 않습니다.

그러나 당신은 이렇게 말합니다. "보시오! 나는 내가 존재하고 내가 생각한다는 것에 대해 확신하고, 의식하고 있다. 그리고 내가 존재한다는 것과 내가 생각한다는 것은 나의 의식이다."

당신이 손을 가슴에 대거나, 당신이 선서하거나 맹세를 하더라도, 나는 이를 부정합니다. 아무것도 존재하지 않습니다. 당신은 존재하지 않습니다. 당신은 생각하지 않습니다. 당신은 의식하지 않습니다. 저기 장애물을 보십시오. 당신이 그것을 잘 알아보고 피하도록 하기 위해서, 나는 그것을 당신 눈앞에 갖다 놓습니다. 만일 이 명제, 즉 "아무것도 존재하지 않는다"라는 명제가 참이라면, "당신은 존재하지 않는다", "당신은 생각하지 않는다"라는 명제 역시 참이고 필연입니다. 그런데 당신이 원하는 바와 같이, "아무것도 존재하지 않는다"라는 명제는 참입니다. 그러므로 "당신은 존재하지 않는다", "당신은 생각하지 않는다”라는 명제 역시 참입니다.

당신은 “그것은 지나치게 엄격하다. 어느 정도 느슨해져야 한다”고 합니다.

당신이 청하기 때문에, 나는 기꺼이 그렇게 합니다. 당신은 존재합니다. 나는 이를 허용합니다. 당신은 생각합니다. 나는 인정합니다. 당신은 생각하는 것입니다. 화려한 수식어를 즐기며 당신이 사유실체라는 것을 더 하십시오. 나는 기꺼이 축하를 드립니다. 그러나 그 이상은 아닙니다. 그럼에도 불구하고 당신은 그 이상을 원하고 마지막 남은 힘을 모읍니다.

당신은 이렇게 말합니다. “나는 사유실체이다. 그리고 나는 내가 사유실체로서 존재한다는 것을 안다. 또 나는 사유실체가 존재한다는 것을 안다. 그리고 나는 그 사유실체에 대해 명석판명한 개념을 가지고 있다. 그렇지만 나는 물체가 존재한다는 것을 모른다. 나는 물체 개념에 속하는 것들 중 그 어떤 것도 알지 못한다. 더 나아가(*imo*) 물체는 존재하지 않는다. 어떤 물질적인 것도 존재하지 않는다. 나는 모든 것을 버렸다. 그러므로 존재 혹은 생각하는 것의 존재에 대한 앎은 존재 혹은 존재하는 물체의 존재에 대한 앎에 의존하지 않는다. 따라서 내가 존재하기 때문에, 내가 사유실체로서 존재하고 물체는 존재하지 않기 때문에, 나는 물체가 아니다. 그러므로 나는 정신이다. 이것들이 내게 동의를 강요하는 것들이다. 왜냐하면 그것들은 정합적이지 않은 것을 하나도 가지고 있지 않으며 명백한 원리들로부터 논리법칙에 따라 결론지어진 것이기 때문이다.”

504 오 백조 같은 목소리여! 당신의 버림을 분명히 그리고 명확하게 내쳐버린 다음에, 애당초부터 그렇게 주장하지 그러셨습니까? 단숨에 우리를 목적지로 이끌 수 있었음에도 불구하고,

우리가 여기서 오랫동안 방황하는 것을 감수하며 우리를 이리저리 길 아닌 길로 이끈 당신에 대해 나는 불평할 만한 이유가 있습니다. 또 화를 낼 만한 그리고 만일 당신이 진정 친구가 아니라면, 당신에게 분노를 터트릴 만한 이유도 있습니다. 당신은 이전에 그래왔던 것과는 달리 솔직하고 완전하게 일을 처리하지 않기 때문입니다. 물론 당신은 자신이 비상식량으로 보존하고 있는 그리고 나와 나누지 않는 근거를 가지고 있습니다. 당신은 놀랍니다. 나는 당신을 오래 붙잡지 않을 것입니다. 나의 불평의 원천을 보십시오. 당신은 조금 전에, 채 백 걸음이 되지 않는 곳에서, 당신이 아는 자신이 무엇인지를 몰랐습니다. 지금 당신은 자신이 무엇인지를 알 뿐만 아니라 그것에 대해 명석판명한 개념을 가지고 있습니다. 그렇다면 당신이 적지 않은 것을 숨기고 아주 잘 알고 있던 것을 모른 척했거나 아니면 당신이 숨긴 채 가지고 있는 진리와 확실함의 지하수맥이 있을 것입니다. 그럼에도 불구하고 나는 탄식하기보다는 당신이 자신의 손가락으로 우물을 가리킬 건지 아닌지를 묻고자 합니다. 당신은 사유실체에 대한 명석판명한 개념을 어디서 가져옵니까? 만일 당신이 그것을 말로부터, 사실로부터 가져오는 것이라면, 그것은 명석하고 명백합니다. 나는 당신이 나에게 그 개념을, 그렇게 명석하고 그렇게 판명한 개념을 한 번 보여주기를 반복해서 요청합니다. 특히 우리가 아주 힘들여 탐구하는 진리를 거의 그것 하나로부터만 기대하기 때문에, 내가 그것을 봄으로써 힘이 나도록 말입니다.

당신은 이렇게 말합니다. "물론 나는 내가 존재한다는 것을, 내가 생각한다는 것을, 내가 사유실체로 존재한다는 것을 확실히 안다."

괜찮다면, 내가 그렇게 까다로운 개념을 형성할 때까지 기다려주십시오. 나 역시 내가 존재한다는 것을, 내가 생각한다는 것을, 내가 사유실체로 존재한다는 것을 알고 있을 뿐만 아니라 잘 알고 있었습니다(*scio ego quoque & probe novi*). 자 이제 가시지요.

당신은 이렇게 말합니다. "아니, 이미 다 됐다. 내가 사유실체로 존재한다고 사유하면서, 나는 사유실체에 대해 명석판명한 개념을 형성했다."

505 대단하십니다(*Papae*)! 당신이 실로 얼마나 섬세하고 정확한 사람인지! 당신은 있는 길이든 없는 길이든 갈 수 있는 길이든 갈 수 없는 길이든 일순간에 다 가고 또 다 통과합니다! 당신이 사유실체가 존재한다는 것을 명석판명하게 파악하는 동안 당신은 사유실체에 대한 명석판명한 개념을 형성합니다. 그러므로 만일 당신이, 당신은 실제로 그럴 수 있을 정도로 뛰어난 능력(*felicis ingenii, felix ingenium*)[78]의 소유자인데, 어떤 산도 계곡 없이 존재하지 않는다는 것을 명석하게 인식한다면, 당신은 잇따라 계곡 없는 산에 대한 명석판명한 개념을 소유하게 되는 것입니까? 그러나 나는 그런 기술을 알지 못하기 때문에, 당신이 새롭게 한 일에 대해 놀랍니다. 이 개념이 어떻게 명석판명한 개념인지를 드러내 주시고 보여주십시오.

당신은 이렇게 말합니다. "그것은 간단하다. 나는 사유실체가 존재한다는 것을 명석판명하게 파악한다. 그리고 나는 어떤 물질적인 것도 어떤 정신적인 것도(*nihil spirituale*), 그 밖의 어떤 다른 것도 파악하지 못하고 오로지 사유실체만을 파악할 뿐이다. 그러므로 사유실체에 대한 나의 개념은 명석판명하다."

---

78) 〔역주〕 데카르트는 나중에 이 말을 그대로 되받아친다. 519쪽 참조.

나는 마침내 당신의 설명을 듣고 또 나는, 내가 잘못 생각하는 것이 아니라면, 그것을 이해합니다. 당신이 확실하게 인식하기 때문에, 당신의 그 개념은 명석합니다. 그 밖의 다른 어떤 것도 당신이 인식하지 못하기 때문에, 그 개념은 판명합니다. 제가 핵심을 건드린 것이지요? 나는 그렇게 생각합니다. 왜냐하면 당신이 이렇게 덧붙이기 때문입니다.

"내가 나 자신을 아는 한, 그것은 내가 사유하는 것 이외에는 아무것도 아니라는 것을 확언하도록 하는 데 전적으로 충분하다."

실로 충분합니다. 그리고 만일 내가 당신이 의미하는 바를 제대로 파악했다면, 당신이 형성하는 사유실체에 대한 명석판명한 개념이란 물체나 영혼이나 정신이나 그 밖의 다른 어떤 것에 주의를 기울이지 않고 오로지 존재하는 것에만 주의를 기울임으로써 당신에게 사유실체가 존재한다는 것을 표상하는 데 있습니다.[79] 그리고 당신은, 당신이 자신을 아는 한, 당신이 물체도, 영혼도, 정신도, 그 밖의 다른 어떤 것도 아닌 사유실체라고 주장합니다. 따라서 만일 엄밀하게, 당신이 자신을 아는 한, 당신이 존재하는 것이라면, 당신은 단지 사유실체일 뿐 그 밖의 어떤 것도 아닐 것입니다. 내 생각에 당신은 스스로 만족하고 스스로에게 갈채를 보냅니다. 그리고 당신은 내가 당신의 구불구불한 전선(戰線)을 피하고자 나의 습관과 는 달리 장황한 말을 늘어놓음으로써 시간을 끌고 싸움을 회피한다고 생각합니다. 그러나 나는 달리 생각합니다. 진정 당신은 내가 당신이 결정적인 전투에 대비해 보유하고 있는 그 모

506

79) 〔역주〕 원문은 "in eo est, quod respraesentet tibi substantiam existere cogitantem, nihil attendo ad corpus, ad animum, ad mentem, ad quidquam aliud, sed quod existat"이다.

든 전쟁장비와 쐐기꼴과 톱니자국 형태로 정렬되어 있는 예비 병력을 한마디 말로 뒤흔들기를 원합니까? 나는 전령조차도 살아남지 못하도록 하기 위해서 단지 세마디 말로 그것을 실행할 것입니다.

첫 번째 것을 보시지요. 안다는 것으로부터 존재한다는 것으로의 추론은 타당하지 않습니다. 이를 적어도 15일 정도 성찰해 보십시오. 그러면 성찰의 열매가 나올 것입니다. 만일 당신이 아래에 있는 표를 본다면, 당신은 그렇게 하는 것을 후회하지 않을 것입니다. 사유실체란 이해하고 원하며 후회하고 꿈을 꾸며 상상하고 감각하는 것입니다. 따라서 이해하는, 의지하는, 상상하는, 감각하는 의식작용들은 모두 사유 혹은 지각 혹은 의식이라는 공통개념(*ratione communi*, *ratio communis*)에 귀속되는 것입니다. 그리고 그것들이 내재해 있는 실체를 우리는 사유하는 것이라고 합니다.

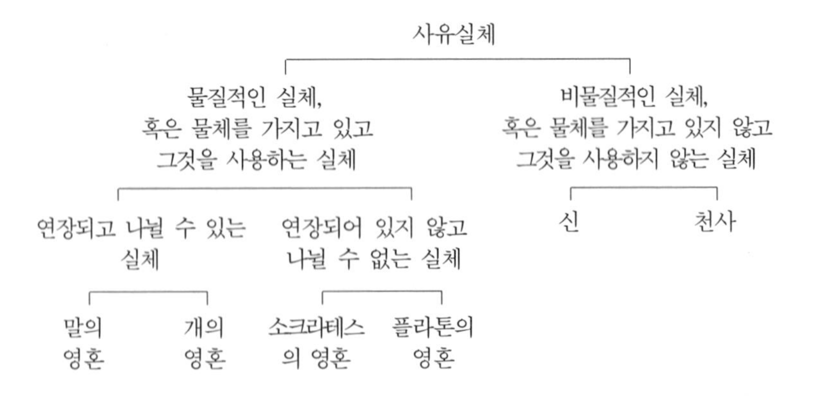

두 번째 것을 보십시오. 이 또한 명확하게, 불명확하게(*Determinate*, *indeterminate*). 판명하게, 애매하게. 명시적으로, 함축적으로 5일 정도 이렇게 저렇게 숙고해 보십시오. 만일 당신이 각각을 당신의 명제들에 알맞게 적용시키고 나누고

구분한다면, 가치 있는 일이 될 것입니다. 내가 지겨움을 두려워하지 않는다면, 나는 그 일을 회피하지 않았을 것입니다. 세 번째 것을 보십시오. 너무 많은 결론을 내리는 것은 아무런 결론도 내리지 않는 것입니다(*Quod nimis concludit, nihil comcludit*). 이를 성찰하는 데 시간을 낭비할 수는 없습니다. 절박하고 급합니다. 당신 것들에 집중하시고 내가 똑같은 방식으로 나가는지 아닌지 보십시오. 나는 생각하는 것이다. 나는 내가 사유실체라는 것을, 사유실체로서 존재한다는 것을 안다. 그럼에도 불구하고 나는 아직 정신이 존재한다는 것을 모른다, 아니 어떤 정신도 존재하지 않는다. 아무것도 존재하지 않는다, 모든 것이 다 버려졌다. 그러므로 존재 혹은 사유실체의 존재에 대한 앎은 존재 혹은 정신의 존재에 대한 앎에 의존해 있지 않다. 나는 존재하기 때문에 그리고 사유존재로서 존재하는 데 정신은 존재하지 않기 때문에, 나는 정신이 아니다. 그러므로 나는 물(신)체이다. 왜 웃으십니까? 왜 발을 빼십니까? 나는 아직 모든 희망을 다 버리지 않았습니다. 이제는 나를 따르십시오. 좋습니다. 대단한 용기입니다. 나는 옛날 사람들이 사유를 규제하는 데 사용한 오래된 형식과 방법을 이끌어 들이겠습니다. 말하자면 모든 사람들에게 일반적으로 익숙한 형식과 방법을 이끌어 들이겠습니다. 나는 당신이 이를 이해해주고 불쾌해 하지 않기를 부탁드립니다. 나는 당신을 잘 감내했습니다. 얽히고 희망이 없는 일들에서 늘상 그렇듯이, 그 방법이 길을 열어주게 될지 모릅니다. 아니면, 즉 만일 그 방법이 실제로 그렇게 하지 못한다면, 적어도 우리가 돌아가는 동안 당신의 방법이 가지고 있는 문제점을 지적해 줄 것입니다. 만일 문제점이 있다면 말입니다. 형식화된 당신의 것을 보십시오.

507

§9. 오래된 형식에로의 안전한 전환

내가 존재하는지 아닌지 의심할 수 있는 그러한 어떤 것도 실제로 존재하지 않는다.

모든 물체는 내가 그것이 존재하는지 아닌지 의심할 수 있는 그런 것이다.

그러므로 어떤 물체도 실제로 존재하지 않는다.

내가 지나간 것들을 다시 반복하지 않기 위해, 대전제는 당신의 것이지요? 소전제 역시 결론과 마찬가지로 당신의 것입니다. 따라서 나는 반복합니다.

어떤 물체도 실제로 존재하지 않는다.

그러므로 실제로 존재하는 어떤 것도 물체가 아니다.

나는 더 나아갑니다: 실제로 존재하는 어떤 것도 물체가 아니다.

나는(사유실체인 나는) 실제로 존재한다.

508 그러므로 나는(사유실체인 나는) 물체가 아니다.

왜 당신 얼굴이 빛나고 생기가 돕니까? 나는 이 형식이 당신〔데카르트〕 마음에 들고 이 형식에 의해 귀결된 결론이 당신 마음에 들기 때문이라고 생각합니다. 그러나 나의 사르도니식 웃음을 보십시오(*risum sardonium, risus sardonius*).[80] 물체에 정신을 대체하십시오. 그러면 당신은 그 훌륭한 형식을 통해 이런 결론을 이끌어 내게 됩니다: 그러므로 나는(사유실체인 나는) 정신이 아니다. 즉:

내가 존재하는지 아닌지 의심할 수 있는 그러한 어떤 것도 존재하지 않는다.

---

80) 〔역주〕 씁쓸한 웃음을 의미함.

모든 정신은 내가 그것이 존재하는지 아닌지 의심할 수 있는 그런 것이다.

그러므로 어떤 정신도 실제로 존재하지 않는다.

어떤 정신도 실제로 존재하지 않는다.

실제로 존재하는 어떤 것도 정신이 아니다.

실제로 존재하는 어떤 것도 정신이 아니다.

나는(사유실체인 나는) 실제로 존재한다.

그러므로 나는(사유실체인 나는) 정신이 아니다.

그러므로 무엇입니까? 형식은 훌륭하고 또 타당합니다. 어디에서도 오류를 저지르지 않고, 어디에서도 거짓된 것이 도출되지 않습니다. 전제가 거짓이 아니라는 조건하에서 말입니다. 그러므로 결론에 동의할 수 없는 잘못이 있다면, 그것은 필시 형식에서 비롯된 것이 아니라 전제들 가운데 잘못 가정된 것에서 기인하는 것입니다. 당신은 해외여행을 위한 이 버팀목이 잘 놓였다고 생각하십니까? 즉, "내가 존재하는지 아닌지 혹은 참인지 거짓인지 의심할 수 있는 그러한 어떤 것도 실제로 존재하지 않는다, 혹은 참된 것이 아니다"라는 버팀목이 잘 놓인 것이라고 생각하십니까? 이 버팀목이 확실한 것입니까? 당신이 확고히 그리고 자유로이 의지할 수 있을 정도로 신뢰할 만한 것입니까? 당신이 무엇 때문에 "나는 신체를 가지고 있다"는 것을 부정하는지 말씀하십시오. 의심할 바 없이 그 이유는 그것이 당신에게 의심스러워 보이기 때문입니다. 그런데 "나는 신체를 가지고 있지 않다"는 것 역시 당신에게 의심스러워 보이지 않습니까? 거짓이라고 믿는 것이 현명한 그런 것으로 자신의 모든 지식과 이론의 토대를 그리고 무엇보다도 다른 사람들에게 길잡이로(*magistram*, *magistra*) 제시하고자 하는 이론의 토대를 세우고자 하는 사람이 있겠습니까? 그러나 이로

써 충분합니다. 이곳이 마지막 경계선이며 오류의 종말입니
509 다. 나는 더 이상 기대할 것이 없습니다. 이 때문에 나는 "모든 의심스러운 것들을 버리면서 철학을 수행하는 것이 좋은 방법인지 아닌지"라는 당신의 물음에 당신이 기대하듯이 솔직하고 자유롭게 그리고 눈속임 없이(*citra verborum involucra*) 답했습니다.

〔데카르트의〕 설명

지금까지 존경하는 신부는 나를 조롱한 것이다. 그런데 뒤따르는 것들에서는, 그가 진지하게 논하고자 하고 또 전혀 다른 인물의 역할을 하고자 하기 때문에, 여기서 나는 단지 그의 조롱 가운데 눈에 띈 것들만을 간단히 제시하고자 한다.

그의 이러한 말, "이전이라뇨?(*olim*?) 이전이라는 것이 있었나요?"[81] 그리고 "나는 내가 생각한다고 꿈을 꾸고 있을 뿐, 내가 생각하는 것은 아닙니다"[82]와 같은 것 등은 그가 맡은 인물의 역할에 어울리는 농이다. "생각한다는 것은 꿈을 꾼다는 것보다 더 넓은 외연을 가지고 있습니까"(*latius patet cogitare quam somniare*)[83]?라는 중요한 질문과 "꿈꾸는 방법"과 관련해서 주장된 논증과 "올바르게 추론하기 위해서는 꿈을 꾸어야 한다"[84]는 것도 마찬가지이다. 그런데 나는 내가 그에게 이런 말들을 할 만한 빌미를 제공한 적이 없다고 생각한다. 왜냐하면 내가

81) 493쪽 21번째 줄 참조.
82) 494쪽 15번째 줄 참조.
83) 494쪽 18번째 줄 참조.
〔역주〕 이 주가 의문부호 앞에 있는 까닭은 지시된 쪽수에 있는 문장은 의문문이 아니기 때문이다.
84) 495쪽 8~10번째 줄 참조.

버린 것들에 대해 이야기하는 동안, 나는 그것들이 존재하지 않는다고 주장하는 것이 아니라 단지 그렇게 보인다는 것을 주장하는 것일 뿐임을 분명하게 밝혔기 때문이다. 따라서 내가 전에 나를 무엇이라고 믿었는지를 물으면서, 나는 단지 내가 전에 나라고 믿었던 것들이 어떻게 보이는지를 물었던 것이었다. 그리고 내가 나는 생각한다고 주장했을 때, 내가 깨어 있는 상태로 생각하는지 아니면 꿈을 꾸면서 생각하는지를 탐구한 것이 아니다. 그를 적잖이 자극한 것 같아 보이는 나의 방법을 그가 "꿈꾸는 방법"이라고 부른 것에 대해 나는 놀라고 있다.

그는 자신이 맡은 인물의 역할에 적합한 사고를 진행한다. 510
내가 전에 나를 무엇이라고 믿었는지 묻도록 하기 위해, 그는 내가 "나는 내가 전에 나라고 믿었던 것들 가운데 어떤 것이다" 혹은 "나는 내가 나라고 믿었던 것이다"[85] 라는 명제를 전제로 삼기를 원한다. 그리고 그후 내가 물체인지 아닌지 묻도록 하기 위해, 그는 이 북극성을, 즉 "나는 전에 물체에 속한 것들에 대해 올바르게 생각했다" 또는 "내가 전에 물체에 속한다고 인식한 것 이외에는 아무것도 물체에 속하지 않는다"[86] 라는 북극성을 전제로 삼기를 원한다. 이로써 그는 웃음을 자아내기에 충분하다, 왜냐하면 명백하게 모순되는 것들을 주장한 것이기 때문이다. 그리고 내가 이전에 믿었던 것들 가운데 어떤 것과 그렇지 않은 것, 또 내가 잘 믿었던 것과 그렇지 않았던 것을 몰랐더라도, 내가 이전에 나를 무엇이라고 믿었는지 그리고 내가 물체인지 아닌지를 나 자신에게 묻는 것이 유용할 수 있었다는 것은 명백하다. 내가 새롭게 지각하게 되는 것들의 도움을 빌어 그런 나를 검토하자면 말이다. 새로운 것이 없다면

85) 495쪽 14~16번째 줄 참조.
86) 496쪽 14~16번째 줄 참조.

(*si nihil aliud*), 최소한 나는 그 길을 통해서는 아무것도 발견할 수 없다는 것을 배울 수 있었을 것이다.

그는 농부에 관한 이야기를 함으로써 다시금 자신의 역할을 뛰어나게 수행한다.[87] 그런데 그는 그 이야기를 나에게 적용시킨다고 생각하지만, 실제로는 자신에게 적용시키고 있다. 이보다 더 우스꽝스러운 일은 없을 것이다. 그는 내가 "나는 전에 물체에 속하는 것들에 대해 올바르게 생각했다" 또는 "내가 전에 물체에 속한다고 인식한 것 이외에는 아무것도 물체에 속하지 않는다"[88]는 것을 전제하지 않았다는 데에 곧바로 비난을 퍼부었다. 그는 내가 이야기하지 않은 것에 대해 불만을 토로하고, 자신이 상상한 것으로부터 이끌어낸 모든 것을 이제는 마치 나의 이야기인 것처럼 비난하고, 농부의 불합리한 사고와 비교한다. 그러나 나는 내가 전에 물체의 본성에 대해 올바르게 생각했다고 가정했기 때문에 사유하는 것이 물체임을 부정한 적이 결코 없다. 나는 "물체"라는 말을 단지 나에게 잘 알려진 것, 즉 연장실체를 의미하기 위해 사용함으로써, 사유실체는 그것과 다르다는 것을 인식했기 때문에 부정했을 뿐이다.

511

이런 식의 고상함은 빈번히 드러났는데, 여기서도 다시 나타난다. "당신은 '나는 생각한다'고 합니다. 나는 그것을 부정합니다, 당신은 꿈을 꾸는 것입니다"[89] 그리고 "당신은 '그것은 확실하고 명백하다'고 합니다. 나는 이를 부정합니다. 당신은 꿈을 꾸고 있을 뿐입니다. 단지 그렇게 보이고 그렇게 나타날 뿐이지, 사실이 그런 것은 아닙니다" 등.[90] 이런 고상함은 진지하게 논

87) 496쪽 16~18번째 줄 참조.

88) 496쪽 16~18번째 줄과 497쪽 19~20번째 줄 참조.

89) 498쪽 4~5번째 줄 참조.

90) 498쪽 11~14번째 줄 참조.

하고자 하는 사람에게는 적합하지 않다. 그래서 실소를 자아낸다. 꿈을 꾸고 있는 것인지 아니면 깨어 있는 것인지 의심하는 사람에게는 어떤 것도 확실하고 명백할 수 없고 단지 그렇게 보이고 그렇게 나타날 뿐이라고 믿음으로써 초보자들이 오류를 범하는 일이 없도록 하기 위해, 나는 그들이 내가 앞에서 지적한 것을[91] 기억하기를 바란다. 즉, 명석판명하게 지각된 것은, 그것이 누구에 의해 지각되든, 단지 참인 것으로 보이고 그런 것으로 나타나는 것이 아니라, 실제로 참임을 기억하기를 바란다. 소수만이 명석판명한 지각에 익숙해있기 때문에, 실제로 지각된 것과 지각된다고 믿는 것을 제대로 구분할 수 있는 사람이 적기는 하지만 말이다.

여기까지 우리의 배우는(*Actor noster*) 거론할 만한 가치를 지닌 전투장면을 하나도 제시하지 않았다. 그는 단지 자신에 대한 허약한 방어막을 구축했을 뿐이다. 얼마 동안 제스처만 취한 후 그는 바로 퇴각나팔을 불었고 다른 전선을 향해 몸을 돌렸다. 여기서[92] 그는 처음으로 자신의 무대에 어울리는 적, 다른 사람에게는 보이지 않지만(않는) 자신의 머리에서 끄집어낸 나의 그림자와 커다란 전투를 시작했다. 아주 터무니없어 보이는 것만도 부족해서, 그는 그것을 무(無) 그 자체로부터 빚어냈다.[93] 그는 나의 그림자와 진지하게 그리고 전력을 다하여 싸우고 논증하며 휴전하고 논리학을 지원군으로 요청하며 다시 전투를 시작하고 각개전투를 하며 자웅을 가린다(*singula excutit, librat, trutinat*).[94] 그런데 감히 그렇게 강력 512

91) 461쪽 17번째 줄 참조.

92) 499쪽 2번째 줄 참조.

93) 〔역주〕 원문은 “ne non satis vana videretur, ex ipso Nihilo conflavit”이다.

94) 500쪽 26~27번째 줄 참조.

한 적의 칼을 방패로 받아 낼 엄두를 못 내기 때문에, 그는 몸을 피하고, 구분하며 결국 "명확하게 그리고 불명확하게"(*Determinate & indeterminate*) 라는 탈선을 통해 도망치듯 달아난다. 이 장면은 실로 장관이다. 무엇보다도 그런 구분을 하는 이유를 이해한다면 말이다. 그가 혹 나의 글에서 다음과 같은 것을 발견했을지 모른다. 우리가 진지하게 철학하기 전에 가지고 있던 참된 의견들이 있다면, 이 의견들은 다른 많은 거짓된 혹은 의심스러운 의견들과 뒤섞여 있다. 따라서 그 중 참된 것들을 거짓된 것들과 구분하기 위해서는, 처음에 모든 것을 다 버리는 것이, 즉 그것들 중 하나도 남기지 않고 다 버리는 것이 최선이다. 이렇게 함으로써 그후 어떤 의견들이 참이었는지를 인식하기가, 새로운 참된 의견들을 발견하기가, 또 오로지 참된 의견만을 받아들이기가 훨씬 용이할 수 있다. 이는 내가 한 다음의 이야기와 일맥상통하는 이야기이다. 사과로 가득한 바구니가 썩은 사과를 담고 있지 않도록 하자면, 처음에 사과들을 모두 쏟아내 바구니를 비운 후 썩지 않은 것들만을 골라 다시 담거나 다른 곳에서 새로운 사과를 가져와 담아야 한다. 그러나 이렇게 수준 높은 고찰(*rem tam altae specualtionis, res tam altae speculationis*) 을 할 능력이 없어서인지 아니면, 자신이 그런 능력이 없는 척하는 것인지, 이것이 사실일 터인데, 그는 "하나도 남기지 않고 다 버려야 한다"(*Nihil non esse abdicandum*) 는 주장에 놀라워했다. 그 무(*Nihilo, nihil*) 에 대해 오랫동안 너무 많은 생각을 해서 그것이 그의 뇌 속에 아주 깊이 각인되어졌다. 그 때문에 그가 비록 그것과 아무리 많은 싸움을 벌이더라도, 그것으로부터 쉽게 자유로워질 수 없는 것이다.

두 번째 전투 이후 이겼다는 생각에 우쭐해서 그는 자신이 다시금 나의 그림자라고 생각하는 새로운 적을 자극한다. 왜

513

냐하면 그 그림자는 끊임없이 그의 상상력 속에 자리를 잡고 있기 때문이다. 그는 그 그림자를 새로운 재료로, 즉 이런 말로 빚는다: "나는 내가 존재한다는 것을 알고 있다. 나는 내가 무엇인지를 묻는다 등."[95] 이 그림자는 이전의 그림자보다 그에게 덜 알려져 있기 때문에, 그는 조심스럽게 단지 멀리서만 공격한다. 그가 날리는 첫 번째 화살은 "만일 당신이 안다면, 무엇 때문에 당신은 묻습니까?"[96] 이다. 적이 이 화살을 "나는 내가 존재한다는 것을 안다, 〔그렇지만〕 나는 내가 무엇인지 모른다"는 방패로 막는다고 생각하기 때문에, 그는 바로 긴 창을 던진다. 즉, "그러나 만일 당신이 이전에 알았던 것 혹은 나중에 알게 될 것들로부터가 아니라면, 당신은 당신이 무엇인지를 어디서 알게 되겠습니까? 내 생각에 당신이 전에 알던 것들로부터 알게 되지는 않을 것입니다. 그것들은 의심스러워서 버려졌습니다. 그러므로 당신이 아직 알지 못하는, 그러나 나중에 알게 될 것들로부터 알게 될 것입니다." 그는 가련한 그림자가 이 공격으로 심한 타격을 받고 거의 바닥에 쓰러져 누운 채 "나는 아직 그런 것들이 존재하는지 알지 못한다"고 소리치는 것을 듣는다고 생각한다. 그리고는 자신의 분노를 동정심으로 바꾸면서 "희망을 가지십시오, 당신은 언젠가 그런 것들을 인식하게 될 것입니다"라는 말로써 그 그림자를 위로한다. 그는 이에 그 그림자가 비탄과 부탁의 목소리로 "그동안 나는 무엇을 해야 하는가?"라고 답하도록 연출한다. 그는 승리한 자에게 걸맞듯 도도하게 "기다리면 될 것입니다"라고 말한다. 그럼에도 불구하고 그는 마음이 따뜻한 사람이기 때문에, 그림자가 불안해하는 것을 오랫동안 견디지 못하고 다시 이 구분으로 피신한다. 즉, "명확

95) 501쪽 17번째 줄 참조.
96) 501쪽 29번째 줄 이하 참조.

하게, 불명확하게; 명석하게, 애매하게"[97] 라는 구분으로 피신한다. 그곳에서 그는 아무도 자기를 뒤쫓아 오지 않는 것을 보고 승리를 자축한다. 실로 이 모든 것은 현명함과 진지함을 약속했던 얼굴과 복장을 한 사람에게 기대하지 않았던 어리석음을 연출하도록 함으로써 얻어지는 탁월한 종류의 조롱이다. 그런데 이것이 더 분명하게 드러나도록 하려면, 우리는 우리의 배우(*Actor noster*)를 진지한 학자로, 모든 것을 불확실한 것으로서 버리고 우리 자신의 존재에 대한 인식(*cognitione propriae existentiae, cognitio propriae existentiae*)에서 출발하여 우리의 본성에 대한 혹은 우리가 이미 그 존재를 인식하는 것

514 에 대한 검토로 나아가는 것을 도와주는 진리탐구 방법을 공격하기 위해, 그 길을 통해서는 그 이상의 인식에 도달할 수 있는 어떤 통로도 열려 있지 않다는 것을 입증하려고 노력하는 진지한 학자로, 그리고 이를 위해 이런 논증을 사용하는 진지한 학자로 인정해야 한다. "당신은 단지 당신이 존재한다는 것을 알 뿐이지, 당신이 무엇인지는 알지 못합니다. 그런데 당신은 자신이 전에 알았던 것들로부터 그것을 배울 수 없습니다. 왜냐하면 당신은 모든 것을 버렸기 때문입니다. 그러므로 당신은 자신이 아직 알지 못하는 것들로부터 그것을 배울 수 있습니다." 이에 대해, 세 살 먹은 소년조차 자신이 전에 알았던 것들로부터 그것을 배우는 데에 아무런 지장이 없다고 답할 수 있을 것이다. 왜냐하면 비록 의심스러웠기 때문에 모든 것을 버렸지만, 그것들이 나중에 참임이 확실해진다면 다시 취해질 수 있을 것이기 때문이다. 그리고 이밖에도, 이전에 알았던 것들로부터 아무것도 배울 수 없더라도, 적어도 자신이 아직은 모르고 있지만 주의를 집중해서 노력하면 인식하게 되는 것들을 통

97) 502쪽 14번째 줄 참조.

해 다른 길이 완전히 열려 있다고 대답할 수 있을 것이다. 그런데 여기서 우리의 저자는 첫 번째 길이 막혀 있다는 것을 인정할 뿐만 아니라 "나는 그런 것들이 존재하는지 모릅니다"라는 말로 두 번째 길을 스스로 막는 적을 상상한다. 마치 존재에 대한 어떠한 새로운 인식도 얻어질 수 없는 듯이, 그리고 마치 그것에 대한 무지가 본질에 대한 모든 인식을 방해하는 듯이. 이는 실로 대단히 어처구니없는 일이다. 그런데 그는 나의 말을 조롱한다. 왜냐하면 나는 내가 이미 존재한다고 알고 있는 것에 대해 내가 가지고 있는 앎이 내가 아직 모르고 있는 것에 대한 앎에 의존한다는 것은 불가능하다[98] 고 썼기 때문이다. 그는 내가 단지 현재에 관해 이야기한 것을 미래에 관해 한 이야기로 바꾼다. 이는 마치 그가 우리가 아직 태어나지 않았지만 올해에 태어날 아이들을 미리 볼 수 없기 때문에 우리가 그들을 결코 볼 수 없다는 결론을 내리는 것과 매한가지이다. 존재하는 것으로 인식된 것에 대해 이미 가지고 있는 앎이 아직 존재하는 것으로 인식되지 않은 것에 대한 앎에 의존하지 않는다는 것은 아주 분명하다. 어떤 것이 존재하는 것에 속하는 것으로 지각된다면, 그것이 존재한다는 것 또한 필연적으로 지각된다. 미래와 관련해서는 전혀 다르다. 왜냐하면 존재하고 있다고 내가 알고 있는 어떤 대상에 대한 앎이, 지금 존재하는지 아닌지 아직 모르고 있는 것들에 의해, 내가 언젠가 그것들이 그 대상에 속한다는 것을 지각하여 그것들이 존재한다는 것을 인식하게 되는 그런 것들에 의해 증가되는 것을 막는 것은 아무것도 없기 때문이다. 그러나 저자는 "희망을 가지십시오. 당신은 언젠가 그런 것들을 인식하게 될 것입니다"[99] 라고 그리

515

98) 27쪽 29번째 줄~28쪽 첫 번째 줄 참조.

99) 502쪽 6~15번째 줄 참조.

고 "나는 당신이 불안해하는 것을 오랫동안 구경만 하고 있지는 않을 것입니다"라고 말하면서 계속 나아간다. 이로써 그는 우리로 하여금, 제시된 길을 통해서는 그 밖의 어떤 인식에도 도달할 수 없다는 것을 그가 증명하리라는 기대를 갖도록, 혹은 만일 그가 그 길이 적에 의해 막혀 있다고 가정한다면(이는 공허한 짓인데), 다른 길이 열려 있다는 것을 그가 증명하리라는 기대를 갖도록 명한다. 그런데 그는 단지 "당신은 자신이 무엇인지 명확하게 그리고 명석하게 아는 것이 아니라 불명확하게, 애매하게 알 뿐입니다"라는 것을 덧붙인다. 이로부터 가장 자연스러운 것은 다음과 같은 결론을 내리는 것이다. 즉, 그러므로 주의 깊게 성찰함으로써 우리는 우리가 지금 단지 불명확하고 애매하게 인식하는 것을 나중에 명석하고 명확하게 인식하도록 할 수 있기 때문에, 우리에게 인식에 이르는 그 밖의 길이 열려 있다는 결론을 내리는 것보다 더 자연스러운 것은 없다. 그럼에도 불구하고 그는 "명확하게, 불명확하게라는 말이 나를 100년 동안 지체하게 만들 섬게"라는 그리고 그 때문에 다른 길을 찾아야 한다는 결론을 내린다. 나는 그가 자신의 능력의 허약함과 어리석음을 가장 잘 연출하기 위해 이보다 더 적합한 것을 생각해낼(고안해낼) 수 없었을 것이라고 생각한다.

"당신은 '나는 존재한다'고 합니다. 나는 이를 부정합니다. 당신은 '나는 생각한다'는 것을 덧붙입니다. 나는 이를 부정합니다 등."[100] 여기서 저자는 다시 첫 번째 그림자와 싸운다. 그리고 (516) 그는 그것을 첫 번째 전투에서 바로 때려 눕혔다고 생각함으로써 승리에 도취되어 이렇게 소리를 지른다. "나는 심상치 않은 일(짓)을 한 것입니다: 나는 단번에 모든 것을 잘라 낸 것입니다." 그러나 이 그림자는 그의 머리에서 탄생한 것이라서 그의

---

100) 502쪽 26~29번째 줄과 503쪽 3번째 줄 참조.

머리와 함께 죽지 않는다면 죽을 수 없기 때문에, 때려눕혀졌음에도 불구하고 다시 살아 있다. 그는 자신의 가슴에 손을 얹고 자신이 존재한다고 그리고 자신이 생각한다고 맹세한다. 이 새로운 종류의 간청에 의해 마음이 약해져서 그는 그 그림자에게 삶의 묘약을 줄 뿐만 아니라 마지막 남은 정기(*spiritibus*, *spiritus*)를 모아[101] 많은 것을 아주 헛되이 재잘거릴 수 있는 약을 준다. 그는 이것들을 반박하지 않고, 오히려 그림자와 우정을 나눈다. 그리고는 다른 오락거리로(*delicias*, *deliciae*) 넘어간다.

처음에 그는 그 그림자를 이렇게 꾸짖는다. "당신은 조금 전에, 채 백 걸음이 되지 않는 곳에서, 당신이 아는 자신이 무엇인지를 몰랐습니다. 지금 당신은 자신이 무엇인지를 알 뿐만 아니라 그것에 대해 명석판명한 개념을 가지고 있습니다."[102] 그리고 그는 "그 개념을, 그렇게 명석하고 그렇게 판명한 개념을 한 번 보여주기를, 그것을 봄으로써 힘이 나도록 해주기를"[103] 부탁한다. 이후 그는 그 개념이 자신의 이 말 속에서 나타난다고 상상한다. "나는 내가 존재한다는 것을, 내가 생각한다는 것을, 내가 사유실체로 존재한다는 것을 확실히 안다. 이미 다 됐다."[104] 그는 이것이 충분하지 않다는 것을 다음의 예로써 입증한다. "당신은 계곡 없는 산이 존재하지 않는다는 것을 인식합니다. 그러므로 당신은 계곡 없는 산에 대한 명석판명한 개념을 가지고 있습니다."[105] 그리고 그는 이를 다음과 같이 해석한다. "당신

101) 503쪽 18번째 줄 이하 참조.
102) 504쪽 10~12번째 줄 참조.
103) 504쪽 19~20번째 줄 참조.
104) 504쪽 22번째 줄과 28번째 줄 참조.
105) 505쪽 6~8번째 줄 참조.

이 확실하게 인식하기 때문에, 당신의 그 개념은 명석합니다. 그 밖의 다른 어떤 것도 당신이 인식하지 못하기 때문에, 그 개념은 판명합니다. … 따라서 당신이 형성하는 사유실체에 대한 명석판명한 개념이란 물체나 영혼이나 정신이나 그 밖의 다른 어떤 것에 주의를 기울이지 않고 오로지 존재하는 것에만 주의를 기울임으로써 당신에게 사유실체가 존재한다는 것을 표상하는 데 있습니다".[106] 끝으로, 군인정신으로 무장하면서 그는 자신이 거기서 새로운 피르고 폴리니케스[107]가

517

마치 바람이 나뭇잎들을 또는 지붕의 갈대 다발〔을 그렇게 만드는 것〕처럼[108]

한숨에(*spiritu*, *spiritus*) 뿔뿔이 흩어지게 하는 "대규모의 전쟁장비와 쐐기꼴과 톱니자국 형태로 정렬되어 있는 예비병력을"[109] 본다고 생각한다. 이른바 "전령조차도 살아남지 못하도록." 그는 다음을 첫 번째 숨으로 내쉰다. "안다는 것으로부터 존재한다는 것으로의 추론은 타당하지 않습니다." 그리고 동시에 그는 그가 자기 마음대로 사유실체를 그린 표를 깃발로 내세운다. 두 번째 숨으로 내쉬는 말은 이렇다. "명확하게, 불명확하게(*Determinate*, *indeterminate*). 판명하게, 애매하게. 명시적으로, 함축적으로."[110] 세 번째 숨으로 내쉬는 것은 이 말이

106) 505쪽 16번째 줄과 22번째 줄 참조.

107) 피르고 폴리니케스(Pyrgopolinices)는 플라우투스의 희극 〈영광스러운 보병〉(*Miles Gloriosus*)에 등장하는 어리석고 허풍을 잘 치는 장교이다.

108) 플라우투스(Plautus), 〈밀레스〉(*Miles Glorisus*), I. I, 17. 원래는 aut paniculam tectoriam인데 데카르트는 aut panicula tectoria로 잘못 인용함.

109) 506쪽 3~5번째 줄 참조.

110) 506쪽 23~24번째 줄 참조.

다. "너무 많은 결론을 내리는 것은 아무런 결론도 내리지 않는 것입니다"(*Quod nimis concludit, nihil comclodit*).[111] 그는 이 마지막 말을 다음과 같이 설명한다. "나는 내가 사유실체로서 존재한다는 것을 안다. 그럼에도 불구하고 나는 아직 정신이 존재한다는 것을 모른다, 아니 어떤 정신도 존재하지 않는다. 아무것도 존재하지 않는다, 모든 것이 다 버려졌다. 그러므로 존재 혹은 사유실체의 존재에 대한 앎은 존재 혹은 정신의 존재에 대한 앎에 의존해 있지 않다. 그러므로 나는 존재하기 때문에 그리고 사유존재로서 존재하는 데 정신은 존재하지 않기 때문에, 나는 정신이 아니다. 그러므로 나는 물(신)체이다."[112] 이 말을 들은 후 그림자는 침묵하고 발을 뒤로 빼며 희망을 버리고 그가 개선행렬에서 자신을 포로로 끌고 가는 것을 감수한다. 여기서 나는 배꼽잡을 만한 것들을(*immortali risu digna*) 많이 지적할 수 있다. 그러나 나는 배우의 옷을 소중히 하고 싶다. 그리고 그렇게 하찮은 것들을 오래 비웃는 것도 나답지 않은 행동이라고 생각한다. 나는 단지 여기서 내가 아무 말도 하지 않게 되면, 사실과 다름에도 불구하고 혹 다른 사람들이 내가 인정한 것으로 믿게 될 것들만을 지적하고자 한다.

518

무엇보다도 그가 마치 내가 나 자신에 대한 명석판명한 개념을 어떻게 가지게 되었는지를 충분히 설명하기도 전에 그리고 그가 말하듯 "채 100걸음이 되지 않는 곳에서"[113] 내가 그 개념을 가지고 있다고 주장한 것처럼 불평하는 것은 옳지 않다. 왜냐하면 그 두 과정 사이에 나는 사유하는 것의 모든 고유한 성질들을, 즉 이해한다는 것과 의지한다는 것과 상상한다는

111) 506쪽 28번째 줄 참조.
112) 507쪽 1~7번째 줄 참조.
113) 504쪽 10번째 줄 참조.

것과 기억한다는 것과 감각한다는 것 등의 고유한 성질들을 열거했기 때문이다. 그리고 이 성질들과 구분하기 위해서 일반적으로 알려진 그러나 그 개념에 속하지 않는 다른 모든 고유한 성질들도 함께 열거했다. 이 구분은 오로지 선입견들이 제거된 후에 바랄 수 있는 일이다. 나는 선입견을 벗어 던지지 않는 사람들은 어떤 것에 대해서도 명석판명한 개념을 쉽게 가질 수 없다는 것을 인정한다. 우리가 어렸을 적에 취한 개념들이 명석판명하지 않았다는 것은 명백하다. 그래서 만일 우리가 그 개념들을 버리지 않는다면, 그 개념들이 나중에 우리가 획득하는 개념들을 모호하고 애매하게 만들 것임이 명백하다. 따라서 그가 "그것을 봄으로써 힘이 나도록, 그는 자신에게 명석판명한 개념을"[114] 보여주기를 원할 때, 그는 실없는 짓을 하는 것이다(*nugas agat*). 이는 그가 나로 하여금 "나는 확실하게 내가 존재한다는 것 등을 안다"[115]라는 그의 말로써 그에게 그 개념을 연출하도록 하는 것과 마찬가지이다. 그러나 그는 이 실없는 짓을 다음의 예로써 반박하고자 한다. "당신은 또한 계곡 없는 산이 존재하지 않는다는 것을 확실하게 압니다. 그러므로 당신은 계곡 없는 산에 대한 명석판명한 개념을 가지고 있습니다." 이로써 그 자신이 궤변을 통한 잘못을 저지른다. 전제로부터 귀결되는 것은 "그러므로 당신은 계곡 없는 산에 대한 명석판명한 개념을 가졌습니다"가 아니라 단지 "그러므로 당신은 계곡 없는 산이 존재하지 않는다는 것을 명석판명하게 지각합니다"일 뿐이다. 그런 개념은 존재하지도 않거니와, 계곡 없는 산이란 존재하지 않는다는 것을 지각하기 위해서 그 개념을 가지고 있어야만 하는 것도 아니다. 그는 자신이 상상한 무의미

114) 504쪽 19~20번째 줄 참조.
115) 504쪽 22번째 줄 참조.

한 것들을 새로운 무의미한 것들 없이는 반박할 수 없을 정도 519
로 "뛰어난 능력"의(*felicis ingenii, felix ingenium*) 소유자이다.

그런데 그가 나중에 "나는 사유실체가 존재한다는 것을 명석 판명하게 파악한다. 그리고 나는 어떤 물질적인 것도 어떤 정신적인 것도(*nihil spirituale*), 그 밖의 어떤 다른 것도 파악하지 못하고 오로지 사유실체만을 파악할 뿐이다 등"[116]을 이야기할 때, 나는 이를 물체와 관련해서는 인정한다. 왜냐하면 나는 앞에서 물체라는 말 혹은 물질적인 것이라는 말로써 내가 무엇을 이해했는지를, 즉 단지 연장된 것 혹은 그것의 개념이 연장을 포함하는 것을 이해했다는 것을 설명했기 때문이다. 그가 정신적인 것과 관련해서(*de spirituali*) 덧붙인 것은 그가 나를 "나는 물체도, 영혼도, 정신도 그 밖의 다른 어떤 것도 아닌 사유실체이다 등"[117]의 주장을 하도록 연출한 다른 많은 곳에서와 마찬가지의 서툰 방식으로 내게 덮어씌운 것이다. 사유하는 것과 관련해서 나는 단지 이런 것들만, 즉 내가 그것들의 개념이 어떤 생각도(*nullam cogitationem*) 담고 있지 않다는 것을 아는 것들만 부정할 수 있을 뿐이다. 나는 내가 영혼이나 정신과 관련해서 그런 것을 안다고 쓴 적도 생각해 본 적도 없다.

그후 그는 "자신이 내가 의미하는 바를(*meam menttem, mea mens*) 제대로 파악한다고 그리고 내가 나의 개념을 확실하게 인식하기 때문에 내가 나의 개념이 명석하다고 믿는다고 또 내가 그 밖의 다른 어떤 것도 인식하지 못하기 때문에 그 개념이 판명하다고 믿는다"[118]고 주장한다. 이로써 그는 자신을 매우 우둔한 능력의 소유자로 드러낸다. 명석하게 지각하는 것과 확실

116) 505쪽 11~13번째 줄 참조.

117) 505쪽 27~28번째 줄 참조.

118) 같은 쪽 16~18번째 줄 참조.

하게 아는 것은 별개다. 왜냐하면 우리는 신앙을 통해서뿐만 아니라 우리가 전에 명석하게 통찰했기(*perspecimus, perspexisse*) 때문에 우리가 지금 명석하게 지각하지 못함에도 불구하고 많은 것들을 확실하게 알고 있다. 다른 것들에 대한 인식이 우리가 어떤 것에 대해 가지고 있는 인식이 판명하다는 것을 방해하지 않는다. 그리고 나는 그런 핑계거리가 될 만한 말을 결코 한 적이 없다.

그 밖에도 이 명제, 즉 "안다는 것으로부터 존재한다는 것으로의 추론은 타당하지 않다"[119]라는 명제는 완전히 거짓이다. 520 우리가 어떤 것의 본질을 안다는 것으로부터 그것이 존재한다는 것이 귀결되지는 않는다. 그리고 만일 우리가 오류를 범할 가능성이 있다면, 우리가 어떤 것을 인식한다고 믿는 것으로부터 그것이 존재한다는 것이 귀결되지 않는다. 그럼에도 불구하고 "안다는 것으로부터 존재한다는 것으로의 추론은 전적으로 타당하다." 왜냐하면 어떤 것이 실제로 우리가 인식하는 바대로가 아닌 경우에는 우리가 그것을 인식하는 것이 불가능하기 때문이다. 즉, 만일 우리가 그것을 존재하는 것으로 인식한다면, 그것은 존재하는 것이며, 단지 그것의 본성만이 우리에게 알려져 있다면, 그것은 이런저런 본성을 지닌 것이다.

그가 어떤 신탁을 통해 안 것처럼 다양한 종류의 사유실체를 제시한 그의 표에 있는 "어떤 사유실체는 나뉠 수 있다"[120]는 것 또한 거짓이거나 혹은 최소한의 근거도 없이 주장된 것이다. 우리는 사유의 연장 혹은 가분성을 이해할 수 없고, 또 신이 계시하지 않거나 지성에 의해 획득되지 않은 것을 한마디로(*verbo*) 참이라고 주장하는 것은 전혀 합리적이지 않다. 그

---

119) 506쪽 7번째 줄 참조.

120) 506쪽 20번째 줄 참조.

리고 나는 여기서, 사유실체의 가분성에 대한 그의 입장은 내가 보기에 매우 위험할 뿐만 아니라 기독교에 대단히 적대적임을 이야기하지 않을 수 없다. 왜냐하면 그런 입장을 인정하는 한, 어떤 사람도 인간 영혼과 육체의 상이함을 이성의 힘을 통해 인식하게 될 수 없기 때문이다.

"명확하게, 불명하게. 판명하게, 애매하게. 명시적으로, 함축적으로"[121] 라는 말들이 여기서처럼 단독으로 제시되면, 그것들은 아무런 의미도 가지지 못한다. 그리고 그것들은 우리의 저자가 자신의 제자들에게 하는 말이 가치가 없음에도 불구하고 자신이 가치 있는 것을 생각한다는 확신을 주기 위해 이용 521 하는 속임수처럼 생각된다.

또한 "너무 많은 결론을 내리는 것은 아무런 결론도 내리지 않는 것입니다"[122] (*Quod nimis concludit, nihil comcludit*) 라는 문장도 아무런 구분 없이 인정되어서는 안 된다. 그는 아래에서 내가 신의 존재를 증명하기 위해 사용한 논증들이 현명함의 법칙들이(*leges prudentiae*) 요구하는 것보다 혹은 멸하는 존재가(*quiaquam mortalium*) 갈망하는 것보다 더 많은 결론을 내린다고 생각하기 때문에, 그 논증들을 비난한다. 만일 그가 "너무 많은"이라는 말로써 단지 물어진 것보다 더 많은 것을 의미한다면, 그 말은 전혀 잘못된 것이며 또한 불합리하다. 왜냐하면 올바른 결론이 내려지기만 한다면, 더 많은 결론이 내려지면 질수록 그것은 그만큼 더 좋은 일이며 또 어떤 현명함의 규칙도 그러한 일을 반대할 수 없기 때문이다. 그러나 만일 그가 "너무 많은"이라는 말로써 물어진 것보다 더 많은 것을 의미하는 것이 아니라 이견 없이(*sine controversia*) 거짓인 것을 의미

121) 506쪽 23~24번째 줄 참조.
122) 530쪽 4번째 답변 참조.

한다면, 그 말은 참이다. 그러나 존경하는 신부는 그러한 것을 내게 뒤집어씌우려함으로써 명백하게 잘못을 저지르고 있다. 왜냐하면 내가 "존재한다는 것을 내가 아는 것들에 대한 앎은 내가 아직 존재하는지 모르는 것들에 대한 앎에 의존하지 않는다. 나는 사유하는 것이 존재한다는 것을 알지만 물체가 존재한다는 것은 아직 모른다. 그러므로 사유하는 것에 대한 앎은 물체에 대한 앎에 의존해 있지 않다"[123] 고 썼을 때, 나는 더 많은 결론을 내리지도 또 결론을 잘못 내리지도 않았기 때문이다. 그러나 그가 "나는 사유하는 것이 존재한다는 것을 안다. 나는 아직 정신이 존재한다는 것을 모른다, 아니 어떤 정신도 존재하지 않는다, 아무것도 존재하지 않는다, 모든 것이 다 버려졌다"[124] 고 가정함으로써, 그는 명백하게 무의미하고 거

522 짓된 것을 가정한다. 왜냐하면 만일 내가 "정신"(*Mens*)이라는 이름으로써 무엇을 의미하는지 모른다면, 나는 그것에 대해 어떤 것도 긍정하거나 부정할 수 없기 때문이다. 그리고 그 이름은 사유가 포함되지 않은 채 이해되곤 하는데, 나는 그렇게 이해되는 것들 가운데 그 어떤 것도 이해할 수가 없기 때문이다. 따라서 사유하는 것이 존재한다는 것을 인식하는 사람이 정신 혹은 정신이라는 말이 의미하는 것의 일부가 존재한다는 것을 인식하지 못한다는 것은 모순이다. 그리고 그가 덧붙인 것, 즉 "아니 어떤 정신도 존재하지 않는다, 아무것도 존재하지 않는다, 모든 것이 다 버려졌다"는 것은 답변할 가치가 없을 정도로 불합리하다. 왜냐하면 버림이 행해진 다음에 사유하는 것의 존재가 인식됨으로써 정신의 존재(적어도 정신이라는 말이 사유하는 것을 의미하는 한)가 동시에 인식된 것이며 따라서 그

123) 27쪽 28번째 줄 이하 참조.

124) 507쪽 1~4번째 줄 참조.

것은 더 이상 버려진 것이 아니기 때문이다.

끝으로 형식화에서 나의 방법과 대비되는 삼단논법을 사용하고자 하면서, 그는 그것을 마치 "사유를 규제하는 형식"[125] 이라고 추켜세운다. 그는 내가 삼단논법의 형식들을 인정하지 않을 뿐더러 내가 아주 불합리한 방법을 가지고 있다는 것을 확신시키고자 하는 듯이 보인다. 그러나 이것이 사실이 아니라는 것은 나의 글로부터 명백하게 드러난다. 삼단논법의 사용이 요구된 곳에서 내가 삼단논법을 사용하지 않은 적은 없다.

여기서[126] 그는 그가 나의 것들이라고 주장하는 거짓 전제들로 이루어진 삼단논법을 제시하는데, 나는 그것들을 부정하고 또 철저하게 부정한다. 이 대전제, 즉 "내가 존재하는지 아닌지 의심할 수 있는 그러한 어떤 것도 실제로 존재하지 않는다"라는 대전제는 너무나 불합리하다. 그가 사람들에게 그 전제가 나의 것임을 설득할 수 있으면 어떻게 하나 하는 두려움을 전혀 가지고 있지 않을 정도로 말이다. 그가 내가 이성을 가지고 있지 않다는 것을 함께 설득하지 않는 한, 그것은 불가능하기 때문이다. 그가 무슨 의도로, 무슨 집념으로(*qua fide*), 무슨 기대로, 무슨 확신으로 그것을 감행했는지 아무리 놀라더라도 충분하지 않다. 나는 〈제일성찰〉에서 진리에 대해 어떤 결정을 내려야 하는지에 대해서가 아니라 단지 모든 선입견을 버려야 한다는 것을 논했을 뿐이다. 그곳에서 나는 내가 습관적으로 신뢰하던 의견들이 의심될 수 있다는 것을 보였고 또 그에 따라 명백하게 거짓인 의견들에 그랬듯이 그것들에 동의하지 않아야 한다는 것을 보였다. 이렇게 한 이유는 그것들이 내가 진리를 탐구하는 데 있어서 방해물이 되지 않도록 하기

523

125) 507쪽 10번째 줄 참조.
126) 507쪽 10번째 줄 참조.

위해서였다. 그리고 나는 다음을 덧붙였다. "그러나 이런 사실들을 그저 한 번 깨닫는 것만으로는 충분치 않고, 항상 그것을 염두에 두어야 한다. 왜냐하면 타성화된 '의견들'은 집요하게 나에게 되돌아오고, 또 이런 의견들은 경솔하게 믿어버리는 내 마음에 이를테면 오랫동안 친숙한 습관처럼 붙어 있어서 내 의지와는 상관없이 내 마음을 점령해버리기 때문이다. 그래서 내가 이런 의견들을 사실 있는 그대로, 즉 앞에서 말했듯이, '조금은 의심스럽지만'(*aliquo modo dubias, aliquo modo duabiae*) 그래도 아주 그럴듯한 것으로 간주해서, 그것을 부정하기보다는 믿어버리는 편이 보다 합당하다고 생각하는 동안은, 이런 의견들에 동의하고 신뢰하는 습관에서 벗어나지 못할 것이다. 그러므로 양쪽 편견이 마침내 균형이 잡혀 삐뚤어진 습관이 나의 판단을 사물에 대한 올바른 인식에 이르는 길에서 벗어나게 하지 않게 될 때까지 나는 여기서 '정반대로 하기로 다짐하고'(*voluntate plane in contrarium versa*), 나 자신을 속여 잠깐이라도 '이런 의견들을 완전히 거짓되고 공상적인 것으로 상상한다'(*omnino falsas imaginariasque esse fingam*)고, 내가 부당한 짓을 하는 것이라고 생각하지 않는다."[127] 이로부터 우리의 저자는 다른 말들은 다 내버리고 이 말들만 골라낸다. 즉, "이런 의견들이 조금은 의심스럽지만(*aliquo modo dubias, aliquo modo duabiae*), 정반대로 하기로 다짐하고, 이런 의견들을 완전히 거짓되고 공상적인 것으로 상상한다"(*omnino falsas imaginariasque esse fingam*). 그리고 그 밖에도 상상한다(*fingam, fingere*)라는 말을 "가정한다(*ponam, ponere*), 믿는다(*credam, credere*)라는 말로 바꾸어 내가 의심스러운 것의 역을 믿어 그것을 참인 것으로 주장한다"는 말로 바꾸었다. 그는 이것이 선입견을 제거하기 위한 것이 아니라 최고

127) 22쪽 3~18번째 줄 참조.

로 확실하고 엄밀한 형이상학의 토대를 구축하기 위해 내가 항 524
상 사용하는 확실한 규칙이나 명제이었으면 한 것 같다. 그럼에도 불구하고 그는 이를 첫 번째 질문의 §2와 §3에서[128] 주저하면서 애매하게 제기했을 뿐이다. 뿐만 아니라 그는 §3에서 자신이 그 규칙에 따라 2 더하기 3이 5가 아니라고 믿어야 한다고 가정한 후, 그는〔부르댕〕 "그가 그것이 달리 될 수 없고 또 확실하다고 확신할 정도로 그것을 계속 믿어야 하는지"[129] 묻는다. 그는 애매하고 불필요한 말들을 한 후 결국 나로 하여금 "당신은 긍정도 부정도 하지 않을 것이라고, 그 중 어느 하나도 취하지 않게 될 것이라고, 그 둘 다 거짓인 것으로 간주하게 될 것입니다"[130] 라는 답을 하도록 연출한다. 그가 나의 것이라고 치부한 이 말로부터 내가 의심스러운 것의 역을 참인 것으로 믿지 않는다는 것과 내 견해를 따르는 사람이라면 누구도 그것을 확실한 결론을 기대하는 삼단논법의 대전제로 사용할 수 없다는 것을 그가 잘 알고 있었음이 명백하다. 왜냐하면 긍정도 부정도 하지 않고 그 중 어느 하나도 취하지 않는 것과 그것들 가운데 어느 하나를 참인 것으로 주장하고 사용하는 것은 모순이기 때문이다. 그런데 그는 그후 자신이 나의 것이라면서 이끌어 들인 것들을 점차적으로 잊은 채 그 역을 주장했을 뿐만 아니라, 그가 자신의 논문에서 비난하는 것은 거의 그것 하나뿐일 만큼 이후 논문 끝에 이르기까지 나에게 덮어씌우는 12개의 다른 모든 잘못들이 그 하나로부터 구성될 수 있을 정도로 그는 그것을 자주 각인시켰다.

이로부터, 만일 내가 "거짓말"이라는 말의 의미를 정확하게

---

128) 456쪽 7번째 줄과 458쪽 첫 번째 줄 참조.
129) 458쪽 4~5번째 줄 참조.
130) 458쪽 28~29번째 줄 참조.

525 모르는 것이 아니라면, 여기서, 즉 "내가 존재하는지 아닌지 의심할 수 있는 그러한 어떤 것도 실제로 존재하지 않는다"는 대전제를 나의 것이라고 주장하는 여기서, 그리고 그가 그런 종류의 것을 나에게 귀속시키는 다른 많은 곳에서, 그가 용서받지 못할 거짓말을 하고 있다는 것 혹은 자신의 생각과 양심에 어긋나는 말을 하고 있다는 것이 여실히 증명된다. 비록 내가 그런 점잖지 못한 말을 사용하는 것이 나의 의지에 반하는 것임에도 불구하고, 내가 착수한 진리의 수호가 그것을 필요로 한다. 따라서 적어도 나는 그가 한 점 부끄러운 기색도 없이 드러내 놓고 하는 짓을 그것에 걸맞은 말로 칭하지 않을 수가 없다. 그가 이 글 전체에서 하는 짓이라고는 셀 수 없이 많은 다양한 방식으로 표현된 아주 불합리한 똑같은 거짓말을 독자에게 확신시키고 각인시키고자 하는 것 외에는 거의 없다. 이 때문에 나는 그 자신이 점차 그것이 참임을 확신하게 됐을 정도로 그리고 그것을 더 이상 자신의 거짓말로 인식하지 못할 정도로 그렇게 자주 자신에게 각인시켰기 때문이라는 것 외에는 그가 달리 용서받을 길이 없다고 생각한다. "모든 물체는 내가 그것이 존재하는지 아닌지 의심할 수 있는 그런 것이다"[131) 라는 혹은 "모든 정신은 내가 그것이 존재하는지 아닌지 의심할 수 있는 그런 것이다"라는 소전제와 관련해서는 이렇다. 그것이 그 결론이 그래야 하듯이 때와 상관없이 부정(不定)적으로(*indefinite*) 이해되면, 역시 거짓이다. 그리고 나는 그것이 나의 것임을 부정한다. 왜냐하면 내가 일반적으로 "정신"이라고 불리는 사유하는 것을 확실하게 지각한(*perspexi*, *perspexisse*) 곳인 〈제 2성찰〉이 시작된 직후 나는 더 이상 정신이 존재한다는 것을 의심

131) 507쪽 20번째 줄과 508쪽 9번째 줄 참조.

할 수 없었다. 내가 물체의 존재를 인식한 〈제 6성찰〉 이후 물체의 존재에 대해 더 이상 의심할 수 없었듯이 말이다. 훌륭한 형식화를 통해 2개의 거짓 전제로부터 거짓 결론이 나올 정도로 그 전제들을 아주 절묘하게 생각해 낼 수 있었던 우리의 저자는 얼마나 놀랄 만한 능력의 소유자란 말인가! 그러나 나는 무엇 때문에 그가 나에게 "사르도니식 웃음"(*risum sardonium, risus sardonius*)[132]을 돌리는지 그 이유를 알지 못한다. 왜냐하면 나는 그의 논문에서 그리 크지는 않지만 참되고 확실한 즐거움의 근거를 분명하게 발견했기 때문이다. 나의 것이 아님에도 불구하고 그곳에서 나의 것이라고 그가 덮어씌운 많은 것을 비난함으로써, 그가 나의 글에서 어떤 비난거리를 발견하기 위해 조그만 돌 하나 움직이지 못했다는 것과 아무것도 발견하지 못했다는 것을 분명하게 보여주는 것이 바로 그것이다.

526

한편으로는 그가 이 부분을 마치는 진지한 꾸짖음과,[133] 다른 한편으로는 그에 뒤따르는 불친절하고도 혹독할 뿐만 아니라 실로 잔인한 그의 답변들이[134] 그가 지금까지 진심으로 웃은 것이 아니었음을 잘 보여준다. 또 그가 의도적으로 영리하게 내게 덮어씌운, 그리고 내가 조금 전에 "그의 거짓말"이라고 부르는 것보다 더 잘 표현할 수 없었던 그것 하나 외에 그가 〔나를〕 미워할 근거는 하나도 없으며, 그는 어떠한 비난거리도 찾지 못했다. 그럼에도 불구하고 그는 자신이 그것을 독자에게 분명하게 확신시켰다고 믿는다(당연히 근거를 통해서가 아니

---

132) 508쪽 4번째 줄 참조.

133) 508쪽 19번째 줄 이하 참조.

134) 527쪽 이하 참조.
〔역주〕 원문은 "eius responsiones, in quibus non modo tristis & severus, sed etiam profecto crudelis"이다.

다. 왜냐하면 그는 아무런 근거도 가지고 있지 않기 때문이다. 첫째로, 거짓된 것에 대한 아주 커다랗고 전혀 부끄럼 없는 신념, 특히 거짓된 것과 관련해서 기독교적 신앙심과 자애심을 고백한 사람에게 있을 수 있으리라고는 믿어지지 않을 정도로 커다랗고 전혀 부끄럼 없는 놀라운 신념을 통해서. 둘째로, 고집스러운 지속된 반복을 통해서. 우리가 거짓이라고 알고 있는 것들을 반복해서 듣는 습관을 통해 그것들을 참인 것으로 간주하는 습관이 얻어지는 경우가 종종 일어날 수 있다. 이 두 가지 수단은 일반 사람들이나 사실을 엄밀하게 검토하지 않는 사람들에게서 근거들이 지니는 모든 무게를 압도한다). 이 때문에 그는 의기양양하게 패자를 조롱하

527 고, 근엄한 선생님처럼 나를 꾸짖으며, 뒤따르는 12개의 답변에서 10계명보다 더 많은 죄를 저지르는 죄인으로 만든다. 그럼에도 불구하고 존경하는 그 신부는 용서를 받아야 한다. 왜냐하면 그는 더 이상 제정신이 아닌 것처럼 보이기 때문이다. 사람들이 술이 취하면 2개를 하나로 보는 반면에, 그는 자신의 생각과 양심에 어긋난 하나의 말에서 내게 귀속시키고자 하는 잘못을 12개나 발견할 정도로 자애심에 대한 지나친 욕망에 사로잡혀 있다. 만일 내가 여기서 솔직하게 그리고 꾸밈없이 말하는 것을 부끄러워하지 않는다면, 나는 그것들을 시끄러운 불평이라고 그리고 악의적 비방이라고 부르는 것 이외에는 달리 방도가 없을 것이다. 그러나 나는 이제 내가 농을 할 차례라고 믿고 있기 때문에, 그것들을 단지 환상이라고 하고자 하며 독자가 다음을 주목하기를 바란다. 즉, 뒤따르는 부분에서 그가 나를 반박하기 위해 제시하는 그 어떤 말도 그가 환각상태가 아닌 상태에서 제시하는 것은 없다는 것을 주목하기 바란다.

답 변[135)]

답변 1. 방법은 원리들과 관련해서 오류를 범합니다. 그것은 어떤 원리도 가지고 있지 않으면서도 무한히 많은 원리들을 가지고 있습니다.[136)] 그리고 다른 학문들은(*facultates*) 확실한 것들로부터 확실한 것들을 이끌어내기 위하여, 명석하고 명백하며 본유적인 원리들을 세웁니다. "전체는 자신의 부분보다 더 크다." "무로부터는 무가 나온다"와 이와 유사한 수많은 것들을 전제로 삼습니다. 그 학문들은 이것들을 기반으로 더 높이 오르고 또 확실하게 진리를 추구합니다. 그러나 방법은 이와는 달리 어떤 것으로부터 어떤 것을 만드는 것이 아니라, 무로부터 어떤 것을 만들기 위해 모든 옛 원리들을 하나도 남김없이 잘라내고 버리고 또 이를 맹세합니다. 그리고 정반대로 하기로 다짐하고, 날개가 하나도 없는 것처럼 보이지 않기 위해, 방법은 밀랍으로부터 날개를 상상해 내어 자신에게 갖추고 또 옛것들과 완전히 반대되는 새로운 원리들을 세웁니다. 이런 식으로 방법은 새로운 선입견을 취하기 위해 옛 선입견들을 벗어버립니다. 의심스러운 것들을 받아들이기 위해 확실한 것들을 내던집니다. 자신에게 날개를 달지만 밀랍으로 만들어진 날개를 답니다. 하늘로 날아가지만 추락하기 위해 날아갑니다. 끝으로, 무로부터 어떤 것을 만들지만, 아무것도 만들지 않기 위해서입니다. 528

답변 2. 방법은 수단들과 관련해서 오류를 범합니다. 옛 수단들을 버리는 동안 그것은 어떤 수단도 가지고 있지 않으며 또한 새로운 수단도 갖추지 않습니다. 나머지 학문들은 논리

---

135) 두 번째 질문에 대한 부르댕 자신의 답변, 466쪽 17번째 줄 참조.
136) 〔역주〕 원문은 "Nempe nulla habet, & infinita habet"이다.

적 형식과 삼단논법과 확실한 논증형태들을 가지고 있습니다. 즉, 아리아드나의 실과 같이 그것들의 도움을 빌어 미로를 빠져나갈 그리고 얽혀있는 것들을 쉽고 안전하게 풀 수단들을 가지고 있습니다. 방법은, 악령을 기원으로 자신에게 꾸며대는 새로운 두려움으로 인해 새파랗게 질려, 자신이 꿈을 꾸고 있는 것이 아닐까 걱정하면서, 자신이 미쳤는지 아닌지 의심하면서 옛 형식들을 손상시킵니다. 삼단논법을 제시해 보십시오. 대전제가 무엇이든, 방법은 새파랗게 질릴 것입니다. 그것은 아마도 악령이 자신을 속인다고 할 것입니다. 소전제와 관련해서는 어떨까요? 부들부들 떨 것이며 의심을 이야기할 것입니다. "만일 내가 꿈을 꾸는 것이라면 어떻게 하나?" "나중에 꿈을 깬 후 거짓된 것으로 알려진 얼마나 많은 것들이 꿈을 꾸는 사람에게 확실하고 명석하게 보였는가?" 끝으로 결론과 관련해서 방법은 어떻게 할까요? 그것은 모든 것을 덫이나 올가미처럼 생각하고 피할 것입니다. "모든 사고와 판단을(*omni mente & judicio, omnis mens & judicium*) 결하고 있음에도 불구하고, 미친 사람과 어린이와 정신없는 사람도 자신들이 명석하게 사유(*ratiocinari*)한다고 믿지 않는가?" "만일 내게도 같은 일이 일어나는 것이라면 어떻게 하나?" "악령이 환상을 일으켜 속이는 것이라면 어떻게 하나?" "악령은 나쁜 자이다. 나는 아직 신이 존재한다는 것도 또 그가 그 사기꾼을 막는다는 것도 모른다." 이때 당신은 어떻게 할 것입니까? 즉, 당신이 꿈을 꾸고 있지 않으며 미치지도 않았으며 신이 존재하고 선하며 악령을 묶어놓는다는 것을 미리 확실하게 알지 못한다면 결론이 의심스럽다고 방법이 완고하게 주장한다면 어떻게 할 것입니까? 방법이 그 삼단논법의 내용과 형식을(*materiam & formam, materia & forma*) 거부한다면 어떻게 할 것입니까?

"어떤 것이 어떤 것의 본성이나 개념 속에 들어 있다고 하는 것과 전자가 후자와 관련해서 참이라고 하는 것은 같은 말이다. 그러나 존재 등." 이런 종류에 속하는 다른 것들은 어떤 것들인가요? 만일 당신이 이것들을 강요한다면, 방법은 "내가 신의 존재를 알 때까지 그리고 신이 악령을 묶어놓는 것을 볼 때까지 기다리시오"라고 할 것입니다. 당신은 "그렇지만 그것은 적어도 이런 장점을 가지고 있다. 어떤 삼단논법도 사용하지 않는 한, 안전하게 오류를 피할 수 있다"고 말합니다. 어린 아이가 코를 흘리지 않도록 코를 잘라낸다니 얼마나 대단한 일인가요! 다른 엄마들은 코를 닦아주지 않을까요? 이 때문에 내가 할 말은 오직 이 하나뿐입니다. 모든 형식이 배제된 후 남는 것은 오로지 형식 없는 것뿐이다라는 말 하나뿐입니다. 529

답변 3. 방법이 어떤 확실한 것도 획득하지 못하는 한, 그 방법은 목적과 관련해서 오류를 범하는 것입니다. 진리에 이르는 모든 길을 스스로 막아버렸기 때문에, 방법은 확실한 것을 획득할 수 없습니다. 당신 자신과 당신의 동반자로서의 나를 지치게 만든 당신의 오디세이적 방황 속에서 당신은 이를 보고 경험했습니다. 당신은 자신이 정신이라고 혹은 정신을 가지고 있다고 주장했습니다. 그러나 당신은 그것을 전혀 증명할 수 없었고 평탄치 못한 가시밭길에, 그것도 내가 거의 기억할 수조차 없을 만큼 자주 봉착했습니다. 그럼에도 불구하고 나의 이 답변에 버팀목이 되는 데에는, 그것을 기억하는 것만이라도 도움이 될 것입니다. 따라서 방법이 자신의 신경을 잘라내는 데 그리고 진리의 빛에 이르는 모든 희망을 꺾는 데 사용한 최고의 원천들을(*summa capita*) 보십시오. (1) 당신은 당신이 꿈을 꾸고 있는지 깨어 있는지 모릅니다. 이에 따라 당신은 당신의 생각이나 추론에(당신이 이것들을 가지고 있다고 꿈을 꾸는 것이 아니라 실제로 가지고 있다면) 꿈을 꾸고 있는 자로서의 당신이 부여할 수 있는 것보다 더 많은 것을 부여해서는 안 됩니다. 이로부터 모든 것들이 의심스럽고 미심쩍으며 결론들이 불확실하게 됩니다. 나는 예를 들지 않으렵니다. 당신 스스로 자신의 기억의 창고로 들어가서 뒤져보십시오. 만일 당신이 이 병에 감염되지 않은 어떤 것을 발견하면, 그것을 제시하십시오. 나는 축하를 드릴 것입니다. (2) 악령을 구속하는 신이 존재한다는 것을 알기 전에는, 나는 모든 것에 대해 의심해야 하며 모든 명제를 의심스러운 것으로 간주해야 합니다. 혹은 실제로 철학과 옛 추론방식이 일반적으로 그렇게 하듯이,[137] 면역된, 그리고 초보자들이 보존하도록 주의를 주어야 하는 명제들이 존재하는지 그리고 그것들이 어떤 것들인지를 먼저 규정해야 합니다. 이로써 앞의 경우와 마찬가지로 모든 것들이 의심스러워지고, 진리탐구에 전혀 유용하지 않게 됩니다. (3) 만일 아주 작은 의심의 근거(*minimum dubitationis*)를 가지고 있는 것이 있다면, 정반대로 하리라 다짐하고 그것이 거짓이라고 믿으십시오. 그것의 역을 믿고 이를 원리로 사용하십시오. 이로써 나는 진리에 이르는 모든 입구를 닫은 것입니다. 당신은 다음으로부터 무엇을 기대합니까? "나는 머리를 가지고 있지 않다." "어떤 물체도 존재하지 않는다." "어떤 정신도 존재하지 않는다"와 같은 것들로부터 무엇을 기대합니까? 그런 버림이 영원히 지속되는 것이 아니라, 누구나 커다란 집중력을 가지고 그것에 충실할 수 있도록 법정의 정회(停會)처럼 한 달 혹은 15일 정도의 일시적인 것일 뿐이라고 하지 마십시오. 좋습니다. 그럴 수 있다고 하지요. 그러나 그것은

530

137) 〔역주〕 원문은 "aut sane, quae vulgaris est philosophia & vetus ratiocinandi methodus"이다.

바로 당신이 진리를 탐구하는, 마치 모든 진리가 버려진 것들에 의존해 있는 것처럼 그리고 마치 필연적인 토대마냥 그것들 위에 서 있는 것처럼 당신이 그것들을 사용하고 악용하는 기간 동안 만입니다. 당신은 "그러나 나는 건축가들이 그러하듯이 기둥뿌리와 기둥을 탄탄하게 하기 위해서 버림을 사용한다. 기둥들을 제 위치에 세우고 고정시키기 위하여 건축가들은 임시 구조물을 사용하며, 그 구조물이 충실히 자신들의 역할을 다하게 되면 그후 그것들을 분해하여 제거하지 않는가? 내가 그들을 따라하지 못 할 이유가 있는가?"라고 합니다. 그들을 따라 하십시오. 나는 상관없습니다. 그러나 기둥뿌리와 기둥이 그 한시적인 구조물에 너무 많이 의존해 있어서 나중에 그 구조물을 제거했을 때 함께 무너지지 않도록 주의하십시오. 이것이 바로 방법과 관련해서 비난받을 만하다고 내가 믿는 것입니다. 방법은 잘못된 기초를 세우고 또 기초가 제거되면 자신도 제거될 수밖에 없게끔 그것에 의존해 있습니다.

답변 4. 방법은 지나침에 의한(*excessu*, *excessus*) 오류를 범합니다. 다시 말해서, 그것은 현명함의 법칙들이(*prudentiae leges*) 요구하는 것보다 또 인간이 (*quisquam mortalium*) 요구하는 것보다 더 많은 시도를 합니다. 적지 않은 사람들이 신의 존재와 인간 정신의 불멸이 증명되기를 갈망합니다. 만일 자신이 신의 존재와 신이 세계를 주재한다는 것과 인간의 영혼이 정신적인 것이며 또 불멸한다는 것을 "2 더하기 3은 5라는 것이나 자신이 머리를 가지고 있다는 것이나 자신이 육체를 가지고 있다는 것"을 아는 것처럼 확실하게 안다면, 이로써 충분하지 그 이상의 확실성에 대한 탐구에 대한 생각은(*cura*) 지나친 것이라고 생각하지 않았던 사람은 지금까지 하나도 없었습니다. 이밖에도, 일상생활을 하는 데 있어서는 확실성의 한계가, 즉 누구나 531

자신을 현명하게 그리고 안전하게 이끌어 가는 데 충분한 확실성의 특정한 한계가 있습니다. 이와 마찬가지로 성찰이나 사색을 하는 데 있어서도 한계는, 누군가 그것에 도달하게 되면 확실하게 되는 한계가 분명히 존재합니다. 그 이상을 원하는 사람은 그 이상의 것들에 대해 실망하고 원망하는 반면에, 그 안에서 현명하게 그리고 흔들림 없이 평화를 찾을 정도로 확실하게 되는 온당한 한계가 있습니다. 너무 많은 것을 요구하지 마십시오. 너무 지나치지 마십시오. 당신은 "그러나 경계를 확장하고 지난 어떤 세기(世紀)에도 시도된 적이 없는 바다를 항해하는 것은 통상적인 공적(功績) (*laus*)이 아니다"라고 합니다. 그것은 실로 대단한 공적입니다. 그러나 배를 침몰시키지 않으면서 하는 한에서만 그렇습니다. 이 때문에 ⋯.

답변 5. 방법은 결함 때문에 오류를 범합니다. 다시 말해서, 적절한 정도 이상의 것까지 다루려고 애쓰는 동안, 방법은 아무 결론도 내리지 못합니다. 나는 유일하게 당신만을 증인으로, 당신만을 재판관으로 세우고자 합니다. 그 대단한 버림으로써 당신은 대체 무엇을 이루었습니까? 닳고 닳은 이것, 즉 "나는 생각한다, 나는 존재한다, 나는 사유하는 것이다"라는 것 외에는 당신 자신조차 보존하지 못할 정도의 장엄하고 고귀한 버림 일반을 통하여 당신은 대체 무엇을 이루었습니까? 그것은 세계가 창조된 이래(*ab orbe condito*), 그것에 관해 하찮은 의혹이라도 가졌던 사람은 하나도 없었을 정도로 일반사람들에게 친숙한 것입니다. 하물며 자신이 있다는 것과 자신이 존재한다는 것과 자신이 생각한다는 것과 자신이 사유하는 것이라는 점을 자신에게 입증해주기를 진지하게 요구한 사람은 더더욱 없었습니다. 따라서 누구도 당신에게 고마움을 표하지 않게 될 터인데, 이는 당연한 일입니다. 당신에 대한 나의 우정과 당신에 대한 나의 특별한 호의에 입각해서, 인류에 대한 당신의 애틋한 호의를 입증하기 위해 그리고 당신의 시도를 칭찬하기 위해 내가 하는 일 이외에는 말입니다.

답변 6. 방법은 자신이 다른 것들과 관련해서 일반적으로 제기하는 오류를 스스로 범합니다. 왜냐하면 방법은 "나는 머리를 가지고 있다, 나는 눈을 가지고 있다" 등을 일반적으로 모든 사람들이 말하고 또 확신을 가지고 주장한다는 것에 놀라기 때문입니다. 그런데 방법은 자신이 동일한 확신을 가지고 "나는 머리를 가지고 있지 않다" 등을 말하는 동안에 자신에 대해서는 놀라지 않습니다.

답변 7. 방법은 자신만의 독특한 오류를 범합니다. 다른 사람들이 어느 정도 그리고 충분한 정도로 확실한 것으로서 알고 있는 것, 즉 "나는 머리를 가지고 있다, 물체는 존재한다, 정신은 존재한다"는 것과 관련해서, 방법은 자신만의 특별한 의도 때문에 그 역을, 즉 "나는 머리를 가지고 있지 않다, 물체는 존재하지 않는다, 정신은 존재하지 않는다"를 확실한 것으로서뿐만 아니라 엄격한 형이상학이 그것에 의해 정초될 수 있을 정도로 확실한 것으로 세웁니다. 그리고 버팀목이 제거되면, 얼굴이 땅에 부딪치게 될 정도로 그것에 의존합니다. 532

답변 8. 방법은 현명하지 못해서 오류를 범하는데, 이는 의심이 칼의 양날과 같다는 것을 주목하지 못하기 때문입니다. 한쪽 날을 피하는 동안 다른 쪽 날로 인해 상처를 입습니다. "물체가 존재하는지"는 방법에게 의심스러운 것입니다. 그것이 의심스럽기 때문에, 방법은 그것을 제거하고 그 역을, 즉 "어떤 물체도 존재하지 않는다"를 세웁니다. 현명하지 못하게, 마치 확실한 것인 마냥 이 의심스러운 것에 의존하는 동안, 방법은 상처를 입습니다.

답변 9. 방법은 현명해서 오류를 범합니다. 알면서, 원해서, 주의를 받았으면서도 방법은 자기 자신을 흐려놓습니다. 그리고 진리탐구에 필요한 모든 것들을 자발적으로 버림으로써 자신의 분석을 통해 스스로를 조롱하는 것으로서 막을 내립니다. 자신이 의도하지 않은 것뿐만 아니라 자신이 가장 두려워하는 것을 이루면서 말입니다.

답변 10. 방법은 미사여구를 통해(*commisione*, *commisio*) 오류를 범합니다. 자신이 장엄한 명령으로써 금하는 것임에도 불구하고 방법은 옛것들로 되돌아가고 또 이미 버려진 것들을 버림의 법칙을(*leges abdicationis*) 위반하며 다시 취함으로써 말입니다. 당신은 이를 잘 기억하실 것입니다.

답변 11. 방법은 생략에 의한 오류를 범합니다. 자신이 방어막으로서(*firmamentum*) 지시한 것, 즉 "참임을 입증할 수 없는 것을 참인 것으로 받아들이지 않도록 최선의 노력을 해야 한다"는 것을 단순히 한번 지나치는 것뿐만 아니라, "감각은 때때로 우리를 속인다. 우리는 모두 꿈을 꾸고 있다. 상당한 사람들은 미쳤다 등과 같은 것들"을 어떤 대가도 치르지 않고(*impune*) 입증하지도 않은 채 최고로 참인 것으로 그리고 최고로 확실한 것으로 간주하면서 말입니다.

답변 12. 방법은 좋은 것을 전혀 가지고 있지 않거나 새로운 것을 전혀 가지고 있지 않습니다. 그것이 가지고 있는 것들은 대부분 쓸데없는 것들입니다(*plurimum vero superflui*).

만일 의심스러운 것들을 버린다는 것으로써 방법이 이른바 형이상학적인 추상화(*abstractionem Metaphysicam*, *abstractio Metaphysica*)

533 를 의미하는 것이라고, 즉 의심스러운 것을 오로지 의심스러운 것으로 고찰하고 또 그에 따라 어떤 확실한 것을 찾는 한 정신을 그것들로부터 떼어놓고, 거짓된 것들에게 부여하는 지

위 이상을 그것들에게 부여하지 않는 형이상학적 추상화를 의미하는 것이라고 한다면, 그것은 어떤 "좋은" 것을 주장하게 되는 것입니다. 하지만 어떤 "새로운 것"을 주장하게 되는 것은 전혀 아닙니다. 그런 추상화는 새로운 것이 될 수 없으며 최후의 하나에 이르기까지 모든 철학자들에게 오래된 것입니다.

만일 방법이 의심스러운 것들을 버림으로써 의심스러운 것들을 거짓된 것이라고 가정하고 주장할 만큼, 그리고 그것들을 마치 거짓된 것 또는 그것들의 역을 참인 것으로 사용할 정도로 그것들을 거부하기를 원한다면, 방법은 어떤 "새로운" 것을 주장하게 되는 것이기는 하지만 "좋은 것"을 주장하게 되는 것은 아닙니다. 그리고 그 버림이 새로운 것이 되기는 하겠지만 쓸데없는 것이 되고 맙니다.

만일 방법이 자신이 논리적인 힘과 근거로써(*vi & momento rationum, vis & momentum rationum*) "나는 사유하는 것이다. 그리고 사유하는 것으로서(*qua cogitans*) 나는 정신도 아니고 영혼도 아니고 물체도 아니다. 나는 내가 아직 이것들을 인식하고 있지 못함에도 불구하고 나를 인식할 수는 있을 정도로 그것들과 분리된 것이다. 이는 우는 것, 포효하는 것이 이해되지 않은 상태에서 동물 혹은 감각할 수 있는 것이 인식될 수 있는 것과 매한가지이다 등"을 확실하게 그리고 명백하게 이끌어낸다고 주장한다면, 방법이 어떤 "좋은 것"을 주장하게 되는 것이기는 하지만 어떤 "새로운" 것을 주장하게 되는 것은 아닙니다. 그것은 강단 어디서에서나 울려 퍼지는 소리이며 또 영혼을 가진 어떤 것들은 생각을 한다고 여기는 사람들이 분명한 말로 항상 가르치는 것입니다. 그리고 만일 생각이 감각 또한 포함하는 것이라면, 따라서 감각하고 보고 듣는 것은 생각도 하는 것이라면, 그것은 동물이 감각한다고 믿는 사람들 가운데 마지막 한 사람까지 가르치는 것입니다.

만일 방법이 숙고된(*meditatis, maditata*) 타당한 근거들을 통해 자신이 실제로 사유하는 것으로서 그리고 사유실체로서 존재한다는 것과 자신이 존재하는 동안 실제로 정신도 물체도 영혼도 존재하지 않는다는 것을 입증했다고 주장한다면, 어떤 "새로운" 것을 주장하게 되는 것이기는 하지만 "좋은" 것을 주장하게 되는 것은 아닙니다. 동물이 존재하지만 사자나 늑대 등은 존재하지 않는다고 주장하는 것 이상을 주장하게 되는 것이 아닙니다.

만일 방법이 자신이 생각한다고, 다시 말해서 이해하고 원하며 상상하고 감각한다고 주장한다면, 자신의 그런 생각을 반성적 행위를 통해 직관하고 고찰할 수 있을 정도로 따라서 자신이 생각한다는 것을(이는 실로 의식한다는 것이며 또 어떤 534 행위에 대한 의식을 가지고 있다는 것을 의미하는데) 생각하거나 알거나 고찰할 정도로 생각한다고, 그러나 이러한 것이 순수하게 정신적인 것(*spiritualis*)으로서 물질에 덧붙여진 것 혹은 능력에 고유한 것이며 또 자신이 이러한 식으로 정신(*mentem, spiritum*; *mens, spiritus*)이라고 주장한다면, 방법은 자신이 아직 말하지 않은 것, 말을 했어야 한 것 그리고 내가 그것이 주장하기를 기대했던 것을 주장하게 되는 것입니다. 즉, 그것은 방법이 공허한 시도를 통해 낳고자 하는 것을 볼 때마다, 그가 낳기를 내가 기대했던 것입니다. 이 경우 방법이, 말하자면 어떤 "좋은" 것을 주장하게 되는 것이긴 하지만 "새로운" 것을 주장하게 되는 것은 아닙니다. 왜냐하면 우리는 그것을 예전에 우리의 선생님들로부터 받아들였고 또 그들은 그들의 선생님들로부터 그리고 이런 식으로 계속해서 결국 아담으로부터 받아들인 것이기 때문입니다.

만일 방법이 이를 주장한다면, 무엇이 남게 되고 또 얼마나 남게 될까요? 무엇이 쓸모없게 될까요? 얼마나 헛된 반복이 될까요? 공허한 말치장 혹은 말잔치를 위한 무슨 장치입니까? 감각의 속임, 꿈꾸는 자의 환영, 미친 자의 환각상태는 무엇을 위한 것입니까? 아주 하찮은 것 이외에는 아무것도 남겨지지 않는 것을 감수할 정도의 저 진지한 버림의 목적은 진정 무엇입니까? 무엇 때문에 이국땅으로의, 즉 감각으로부터 멀리 떨어진 그림자와 환영들 사이로의 멀고 긴 망명? 도대체 이것들이 신의 존재를 확립하는 데 무슨 기여를 하는 것입니까? 마치 모든 것들이 전복되지 않으면 신의 존재가 확립될 수 없는 것처럼 말입니다. 그런데 무엇 때문에 의견들에 대해 그렇게 빈번히 커다란 변화를 주어서 옛 의견들은 제쳐지고, 새 의견들이 받아들여지며, 또 새 의견들이 버려진 후 다시 옛 의견들이 받아들여지게끔 합니까? 일찍이 생산을 주관하는 여신(Bonae Deae, Bona Dea)이나 콘스키우스(Conscii, Conscius)나 그 밖의 다른 신들의 신전들이 각각의 고유한 의식을 가지고 있듯이, 새로운 비밀들에도 새로운 의식이(*ceremoniae*) 있는 것입니까? 그러나 왜 방법은, 방황을 일찌감치 집어치운 후에 진리를 분명하고 명석하며 간단하게 이 한마디 말로, 즉 "나는 생각한다, 나는 생각에 대한 의식을 가지고 있다, 그러므로 나는 정신이다"라는 말로 드러내지 않았습니까?

끝으로, 만일 방법이 이해한다는 것과 의지한다는 것과 감각한다는 것이, 즉 생각한다는 것이 정신에 고유한 것이어서 인간 이외의 동물은 전혀 생각하지도, 상상하지도, 보지도, 듣지도 못한다고 주장한다면, 방법이 어떤 "새로운" 것을 주장 535 하는 것이기는 하지만 "좋은 것"을 주장하는 것은 아닙니다. 방법이 고마움을 바라고 행하든 그렇지 않든, 어안이 벙벙한 사람들에게 적절한 때에 통에서 꺼내 보내주기 위해, 어떤 것을 감추어 보관하고 (이것이 유일하게 남아있는 피난처인데) 있는 것이 아닌 한에서는 말입니다. 그러나 이를 기대한지가 벌써 얼마나 오래되었습니까? 희망을 완전히 잃은 상태입니다.

마지막 답변. 내 생각에 이제 당신은 당신이 사랑하는 그리고 포옹하는, 나는 이를 이해하는데, 그리고 당신의 딸에게처럼 키스하는 당신의 방법을 염려합니다. 내가 방법을 아주 많은 오류를 저지른 죄인으로 만들었고, 당신 자신도 보듯이, 그것이 곳곳에서 틈을 보이며 새고 있기 때문에, 내가 수명이 다된 그릇들 가운데로 그것을 내동댕이치지 않을까 두려워합니다. 두려워 마십시오, 나는 당신의 친구입니다. 나는 당신의 기대를 충족시키거나 〔당신을〕 속일 것입니다.[138] 〔당신은 말하길〕 "나는 침묵한 채 기대할 것이다." 나는 당신을 잘 알고 있습니다. 나는 당신 능력의 번득이는 예리함과 통찰력을 잘 알고 있습니다. 당신이 성찰을 위한 약간의 시간을 갖고 은둔 상태에서 당신이 신뢰하는 그 분석적 방법에 의견을 구하자마자, 당신은 먼지를 털어내고 더러움을 씻어내어 깨끗해지고 매끄러워진 방법을 우리 앞에 제시하게 될 것입니다. 그동안에는 이곳에 머물면서(*hoc habe*) 내가 계속 당신의 질문에 답하는 동안 내 이야기를 들으십시오. 나는 내가 간단하게 하고픈 마음에(*breviatis studio, brevitatis studium*) 가볍게 다루었던 많은 것들을 그것에 모두 포함시킬 것입니다. 예를 들어 정신에 관련된 것들, 명석판명한 관념에 관련된 것들, 참과 거짓에 관련된 것들 등. 그러나 당신 자신은 현명한 사람들이 잊은 것들을 다시 읽습니다.

---

138) 〔역주〕 원문은 "Vincam expectationem tuam, aut sane fallam"이다.

세 번째 질문
방법이 새롭게 정립될 수 있는지

"당신은 세 번째로 … 인지 아닌지를 묻습니다." 여기까지가 존경하는 신부가 보내 온 것이다. 내가〔데카르트〕 그에게 나머지를 부탁했을 때, 그는 더 이상 쓸 시간이 없다고 답을 보내왔다. 내가 그의 글에서 한 자라도 빠뜨리는 것은, 나의 종교적 양심에 어긋나는 것이었다.

〔데카르트의〕 설명 536

진리탐구를 위한 나의 방법이 어떤 종류의 것이든 간에, 만일 그것에 대한 비범한 판단이 잘 알려지지 않은 사람에 의한 것이었다면, 나는 그 판단을 있는 그대로 제시하는 것만으로도 그것의 거짓됨과 불합리성을 분명하게 드러내는 데 충분하다고 생각했을 것이다. 그러나 저자〔부르댕〕는 그 누구도 쉽사리 그가 제정신이 아니라거나 새빨간 거짓말쟁이라거나 남을 헐뜯기 좋아하는 사람이라거나 현명하지 못한 사람이라고 생각하기 어려운 지위에 있는 자이다. 이 때문에 나는 그의 권위가 명백한 진리에 반하는 영향력을 지나치게 행사하지 않도록 하기 위해서, 독자들이 다음을 기억했으면 하는 바람이 있다. 즉, 그가 위 답변들에 앞서 그 전에 위에서 내게 반하는 어떤 것도 더 나아가 아주 작은 것도 입증하지 못했을 뿐만 아니라 전혀 반박할 가치가 없을 정도의 어리석은 견해를 내게 뒤집어씌우기 위해 단지 공허한 빈정거림만을 일삼았다는 것을 기억했으면 하는 바람이 있다. 또 위의 답변들에서조차 아무것도 입증하고자 하지 않으며, 내게 뒤집어씌우는 것들을 이미 자신이 그 전에 입증했다고 잘못 생각하고 있다는 것을 기억했으면 하는 바람이 있다. 그리고 자신의 판단이 더 공정하게 비추어지도록 하기 위해, 처음에 나를 비방할 때에는 단지 조롱만을 일삼았지만 나중에 판단을 내릴 때에는 그가 아주 진지하고 엄격했다는 것을 기억했으면 하는 바람이 있다. 처음 11개의 답변에서는 그가 의심할 바 없이 단호하게 나를 비난한다는 것을, 그리고 마침내 열두 번째 답변에서 숙고하고 구분한다는 것을 기억했으면 하는 바람이 있다. "만일 방법이 이를 주장한다면, 방법은 새로운 것이라고는 아무것도 가지고 있지 않은 것이며, 만일 방법이 이를 주장한다면, 좋은 것이라고는 아무것도 가지고 있지 않으며 등이다"라고 하면서 말이다(이 모든 것들과 관련해서 여러 가지 입장에서 바라본 동일한 하나의 것을 논하고 있을 뿐임에도 불구하고). 그는 단지 자신이 상상한 것에 관해 논하는 것인데, 나는 여기서 그것이 지닌 불합리성과 무미건조함을 비유를 통해 밝히고자 한다.

나는 나의 글 도처에서 내가 건축가들을 흉내 내고 있다는 점을 분명히 했다. 튼튼한 건물을 짓기 위해서, 건축가들은 돌이나 도토(陶土)나 모래가 덮여 있는 땅을 파서 모래와 모래가 지탱하고 있거나 모래와 뒤섞여 있는 것들을 모두 제거하는데, 이는 단단한 지반에 기초를 세우기 위해서이다. 이와 마찬가지로 나는 먼저 모든 의심스러운 것들을 모래처럼 제거했다. 그후 나는 적어도 의심하는 혹은 사유하는 실체가 존재한다는 것을 의심할 수 없다는 것을 주목했기 때문에, 이것을 암반처럼 사용하여 그 위에 나의 철학의 기초를(*fundamenta*) 세웠다. 그러나 우리의 저자는 어떤 석공과(*Caementario, caementatius*) 유사하다. 즉, 자신이 사는 도시에서 위대한 석공으로(*artifex*) 평가되기를 바라기 때문에 그곳에서 성당을 짓는 건축가를 매

537

우 시샘하여 그 건축가의 능력을 깎아내리기 위한 기회를 찾기 위해 전력투구하는 석공과 유사하다. 그러나 그 석공은 너무 무지해서 건축가가 하는 것들을 전혀 이해할 수 없었기 때문에, 가장 명백한 첫 번째 과정을 제외한 다른 과정들은 다룰 엄두조차 내지 못했다. 그는 건축가가 단단한 지반에 도달하기 위해 그리고 그곳에 성당의 기초를 세우기 위해 처음에 땅을 파 모래와 무른 흙뿐만 아니라 나무와 바위 그리고 모래와 섞여 있는 것은 그것이 무엇이든 제거해버리는 것을 보았다. 그 밖에도 그는 언젠가 무엇 때문에 땅을 파느냐고 묻는 사람들에게 건축가가 우리가 서 있는 땅 표면이 큰 건물을 충분히 지탱할 정도로 항상 단단하지는 않다고 답하는 것을 들었다. 모래에 커다란 중량이 실리면 모래가 주저앉을 뿐만 아니라 모래 속을 흐르는 물이 가끔 모래를 휩쓸고 지나가기 때문에 모래는 대단히 불안정하고 따라서 모래가 지탱하는 것들이 갑자기 붕괴되는 일이 일어날 수 있다고 답하는 것을 들었다. 끝으로, 갱 안에서 가끔 그런 붕괴가 일어나면, 갱을 파는 사람들은 그 원인을 땅 속에 사는 귀신이나 악령의 탓으로 돌리곤 한다고 답하는 것을 들었다. 이것은 그 석공에게 건축가의 기초 538 (땅 파는) 작업을 교회 건축작업으로 상상하게 하는 빌미를 제공했다. 그리고 건축가가 구덩이나 구덩이 바닥에서 발견된 돌 혹은 때때로 구덩이 위에 아래가 비어 있는 상태로 구축된 것을 교회를 건축하는 것으로 상상하게 하는 빌미를 제공했다. 또 건축물을 지탱하는 땅이 건축물의 하중을 견뎌낼지 혹은 귀신들이 건축물을 전복시키지 않을지 두려워할 정도로 건축가가 고지식하다고 상상하는 빌미를 제공했다. 석공이 이 모든 것을 어린 아이들 혹은 건축물의 기초를 다지기 위해 땅을 파는 것이 새롭고 놀라운 작업으로 느껴질 만큼 건축에 대해 전혀 아는 바가 없는 사람들에게 확신시키려고 했을 때, 그들은 자신들이 아는 석공, 즉 그의 기술을 충분히 경험했을 뿐만 아니라 믿을 만한 사람이라고 생각하는 석공이 자신들은 알지 못하는 건축가에 대해 이야기하는 것, 즉 그가 지금까지 아무것도 짓지 않고 단지 구덩이만 팠을 뿐이라는 이야기를 쉽게 믿었다. 자신이 꾸며낸 이야기에 너무 도취된 나머지 석공은 자신이 그것을 온 세상에 확신시키게 될 것이라는 희망을 가질 정도로 기고만장해졌다. 건축가가 이미 자신이 처음에 파낸 구덩이들을 모두 석재로 채우고 그곳에 아주 단단한 재료로 성당을 매우 튼튼하게 지어 모든 사람들이 볼 수 있도록 했음에도 불구하고, 석공은 자신의 어리석은 생각을 모든 사람들에게 확신시킬 수 있다는 희망과 기도를 버리지 않았다. 그리고 이를 위해 그는 매일 길에 서서 지나가는 사람들에게 건축가를 조롱해댔다. 그의 논증은 다음과 같았다.

첫째로, 석공은 건축가를 다음과 같은 사람으로 무대 위에 세웠다. 건축가는 구덩이를 파서 모래뿐만 아니라 모래와 섞여 있거나 모래 위에 놓여 있는 것들을 무엇보다도 벽돌이나 사각형 모양의 돌까지도, 한마디로 말해서 "하나도 남김없이 모든 것을" 드러낼 것을 명령하는 사람으로 말이다. 그리고 이 말들을, 즉 "하나도 남김없이, 모든 것을, 벽돌까지, 돌까지"라는 말들을 아주 강하게 각인시켰다. 동시에 그는 자신이 그 기술을 건축가에게서 배우기를 원한다고 그래서 그와 함께 구덩이 속으로 내려갔다고 꾸며댔다. 그는 이렇게 말했다. "당신이 나의 안내자가 되십시오. 자 그럼 출발하십시오. 당신은 준비된 동반자 혹은 학생과 함께입니다. 무엇을 명하십니까? 그 길이 어두움에 익숙하지 않은 내게는 새롭고 두려운 길이지만 나는 기꺼이 그 길을 갑니다. 나는 당신의 말을 들을 것입니다."[139]

539

둘째로, 그 구덩이에 있는 귀신들을 두려워하는 체하면서 그는 다음과 같이 구경꾼들의 웃음을 자아내고자 시도했다. "당신이 내가 그것을 두려워하거나 겁내지 않도록 또 악령에 대한 두려움을 갖지 않도록 하렵니까? 당신은 손과 말로써 나를 안심시킬 수 있을 것입니다. 나는 커다란 두려움 없이는[140] 그리로 내려가지 못합니다." 그리고 조금 후, 그는 이렇게 말했다. "나는 얼마나 건망증이 심한 것일까요! 도대체 내가 무슨 짓을 한 것입니까? 애초에 나는 당신에게 나 자신을 동반자로 그리고 학생으로 모두 내맡겼었습니다. 그런데 보십시오, 나는 두려움에 떨면서 고집스럽게 입구에 머물러 있습니다. 용서하십시오. 나는 죄를 많이 지었습니다. 그러나 나는 나의 능력의 허약함(*tenuitatem ingenii*, *tenuitas ingenii*)을 입증했을 뿐입니다. 나는 모든 두려움을 버린 채 주저 없이 버림을 통한 무지의 상태로(*abdicationis caliginem*, *abdicationis caligo*) 돌진했어야 했습니다. 나는 주저했고 또 저항했습니다."[141]

셋째로, 그는 건축가가 건축물 전체를 지탱하도록 하고자 하는 돌이나 바위를 구덩이 바닥에서 그에게 가리키는 상황을 연출했다. 그리고 그는 이를 이렇게 웃음거리로 삼았다. "존경하는 분이시여 훌륭합니다! 당신은 아르키메데스적인 지레 점을 차지했습니다. 원한다면 당신은 의심할 여지없이 세계를 들어 올릴 것입니다. 보십시오. 이미 모든 것들이 들썩거립니다. 그러나 나는 당신에게(내 생각에 당신은 당신의 기술에 적합하지 않은 것은 없도록, 그리고 정합적이지 않은 것은 없도록 또한 필연적이지 않은 것은 없도록, 모든 것들을 글자 그대로 엄격하게 받아들이기를 원하기 때문에) 무엇 때문에 당신이 여기서 돌을 간직하는지

139) 467쪽 25~31번째 줄 참조.

140) 471쪽 26~29번째 줄 참조.

141) 472쪽 16~21번째 줄 참조.

540 묻고 싶습니다. 당신은 돌을 모래와 함께 귀향 보내지 않았나요? 아마 당신은 그것을 잊었나 봅니다. 어렸을 때부터 익숙해진 것들을 완전히 잊는다는 것은 아주 어려운 일이며, 이는 전문가들에게도 마찬가지입니다. 따라서 미친한 내가, 혹 흔들리는 경우에도, 희망을 가져야 한다는 것은 그리 잘못된 것이 아닙니다"[142] 등. 건축가는 구덩이에서 파낸 것들 가운데 모래와 돌조각들을 자신의 건축물에 사용하기 위해 골라냈다. 석공은 다음과 같이 이를 조롱했다. "나는 당신이 걸음을 내딛기 전에 당신에게서 다음을 알고자 합니다. 즉, 엄숙한 의식을 통해 돌조각들을 충분히 단단하지 않은 것으로서 내버린 당신이 무슨 의도로 그것들을 재검토하고자 하는지를 알고 싶습니다. 당신은 마치 그 파편조각들로부터 어떤 확실한 것을 기대하는 듯합니다"[143] 등. 그리고 "당신이 좀 전에 엄숙하게 내던진 것들은 당연히 모두 불안정하고 단단하지 않은 것들입니다(그렇지 않다면 무엇 때문에 당신이 그것들을 버렸겠습니까?). 그렇다면 어떻게 그것들이 안정되고 단단하게 되는 일이 일어나게 될까요?" 등. 그리고 조금 뒤에. "여기서 또한 당신은 내가 당신의 기술에, 단단한 것을 세우기 위해 단단하지 않은 많은 것을 이용하는 당신의 기술에 감탄하는 것을 감내할 것입니다. 우리를 빛으로 인도하기 위해 당신은 우리에게 어둠 속으로 들어갈 것을 명합니다"[144] 등. 여기서 그는 건축가와 석공이라는 명칭과 그들의 작업에 대해 아주 불합리한 이야기를 많이 했다. 그 명칭들의 의미를 혼란스럽게 만들어 그 둘을 더욱더 구분할 수 없도록 하기 위함이 아니라면 그 어떤 것에도 도움이 되지 않는 아주 불합리한 이야기를.

---

142) 478쪽 3~11번째 줄 참조.

143) 478쪽 19~22번째 줄 참조.

144) 478쪽 23~26번째 줄과 479쪽 7~9번째 줄 참조.

네 번째 막(*Quarto actu, quartus actus*). 그 둘은 구덩이 바닥에 서 있었다. 그리고 그곳에서 건축가는 성당 건축을 시작하려고 했지만, 이는 덧없는 일이었다. 왜냐하면 그가 처음에 그곳에 사각형 모양의 석재를 놓고자 했을 때, 석공이 즉시 건축가에게 그가 돌을 모두 버리라고 명령했었다는 것과 이 때문에 그것은 그의 기술에 위배된다는 것을 상기시켰기 때문이다. 마치 아르키메데스의 증명에 승복하듯, 건축가는 이 말에 일을 중단할 것을 강요받았다. 그리고 건축가가 석재, 벽돌, 물과 물감으로 갠 석회, 그리고 그 밖의 어떤 것을 사용하려고 할 때마다, 항상 석공이 "당신은 모든 것을 버렸습니다. 아무 541 것도 남아있지 않습니다"라고 압박을 가했으며 또 마치 주문(呪文)처럼 오로지 "하나도 남김없이, 모든 것" 등의 말로써 그의 모든 작업을 중단시켰다. 그는 여기서 인용할 필요가 없는 §5~§9에 있는 말과 유사한 말을 사용했다.[145)]

마지막으로 다섯 번째 막. 주변에 아주 많은 사람들이 모여 있다는 것을 보자, 석공은 새로운 방식을 통해 자신의 희극의 즐거움을 비극적인 가혹함으로 전환시켰고 얼굴의 분장을 지우고 심각한 표정을 지은 후 검열관의 목소리로 건축가의 모든 잘못들을(당연히 자신이 이전 막들에서 증명했다고 가정한) 나열하고 유죄판결을 내렸다. 우리의 저자가 석공의 판단을 얼마나 정확하게 따라 하는지 알게 하기 위해서, 나는 석공이 사람들에게 공개적으로 보여주는 연극의 최후의 장면에서 어떤 판결을 내리는지 그 석공의 판결을 끝까지 인용하고자 한다. 석공은 건축가가 자신에게 건축가의 기술에 대해 판단을 내려달라는 부탁을 했다고 상상하고 그에게 이런 식으로 답을 했다.

145) 488~509쪽 참조.

“첫 번째로, 그 기술은 토대들(*fundamantum*)과 관련해서 오류를 범합니다. 그것은 어떤 토대도 가지고 있지 않으며 또 무한히 많은 토대들을 가지고 있습니다(*Nempe nulla habet, & infinita habet*). 집을 짓는 것과 관련된 다른 기술들은 아주 단단한 기초를, 예를 들자면 사각형의 돌과 벽돌과 석재 그리고 그 밖의 수많은 그런 종류의 것들을 놓습니다. 이에 기초하여 건축물들이 위로 올라가는 것입니다. 그러나 어떤 것으로부터 어떤 것을 만드는 것이 아니라 무로부터 어떤 것을 세우기 위해, 그 기술은 이와는 달리 모든 옛 기초들을 하나도 남김없이 잘라내버립니다. 그리고 정반대로 하기로 다짐하고 다른 모든 날개들을 완전히 결하고 있지 않는 것처럼 보이기 위해, 기술은 밀랍으로부터 어떤 것을 상상해 내어 그것을 자신에게 갖추고 또 옛것들과 완전히 반대되는 새로운 기초들을 세웁니다. 새로운 안정성을 추구하기 542 위해 옛 토대들의 불안정성을 피합니다. 단단하지 않은 것들을 받아들이기 위해 단단한 것들을 전복시킵니다. 자신에게 날개를 달지만 밀랍으로 만들어진 날개를 답니다. 하늘로 날아가지만 추락하기 위해서입니다. 끝으로 무로부터 어떤 것을 만들지만, 아무것도 만들지 않기 위해서입니다.”[146]

건축가가 이미 세워 놓은 성당이 이 모든 것들이 우스운 거짓말임을 명백하게 보여준다. 왜냐하면 성당은 건축가가 아주 단단한 기초를 놓았고 파괴해서는 안 되는 것은 전혀 파괴하지 않았다는 것을, 그 자신이 더 나은 지침을 가지고 있지 않는 한 결코 다른 사람들의 지침을 어기지 않았다는 것을, 그 건축물이 붕괴될 위험 없이 높이 솟아올랐다는 것을, 마지막으로 무(無)로부터가 아니라 아주 단단한 자재로, 무가 아니라 신의 영광을 위해 튼튼하고 수명이 긴 성당이 세워졌다는 것을

146) 527쪽 15번째 줄~528쪽 2번째 줄 참조.

명백하게 해주기 때문이다. 우리의 저자 역시 이와 유사한 환각상태에 빠져있다는 것은 내가 쓴 《성찰》 하나로부터 잘 드러난다. 그러나 내가 석공의 말을 취해 온 저술가를, 그가 석공을 건축술에 날개를 다는 그리고 건축술에 합당하지 않은 많은 것들을 건축술에 귀속시키는 사람으로 이끌어 들였다는 이유로, 비난해서는 안 된다. 왜냐하면 그런 것들을 이야기하는 영혼의 혼돈을 표현하기 위해 그는 아마도 무진 애를 썼을 것이기 때문이다. 물론 이와 같은 것들이 진리를 탐구하는 방법에 어울릴 수는 없다. 그럼에도 불구하고 우리의 저자는 방법에 그와 같은 것들을 귀속시킨다.

그는 두 번째로 이렇게 답했다. 그 건축술은 "수단들과 관련해서 오류를 범합니다. 옛 수단들을(*vetera*) 버리는 동안 그것은 어떤 수단도 가지고 있지 않으며 또한 새로운 수단도 적용하지 않습니다. 같은 종류의 나머지 기술들은 기준과(*normam*, *norma*) 저울과 측량추를 가지고 있습니다. 즉, 아리아드나의 실과 같이 그것들의 도움을 빌어 미로를 빠져나갈 그리고 형태가 잡혀있지 않은 석재일지라도 용이하고 바르게 배치할 수단들을 가지고 있습니다. 그 건축술은, 악령을 기원으로 자신에게 꾸며대는 새로운 두려움으로 인해 새파랗게 질려있는 동안, 모래가 흩어지지 않을까 의심하는 동안, 땅이 꺼질까봐 두려워하는 동안 옛 형식들을 손상시킵니다. 기둥을 세우십시오. 받침대와 바닥이 무엇이든 기둥은 새파랗게 질릴 것입니다. 그 건축술은 아마도 악령이 기둥을 쓰러트릴 것이라고 할 것입니다. 지주와 관련해서는 어떨까요? 부들부들 떨며 그것이 단단하지 않다고 할 것입니다. '만일 그것이 대리석이 아니라 석고로 된 것이라면 어떻게 하나?' '실험을 해보면 잘 깨지는 것으로 드러나는 얼마나 많은 것들이 우리에게 딱딱하고 단단하게 보였는가?' 끝으로 대들보와 관련해

543

서 그 건축술은 어떻게 할까요? 그것은 모든 것을 덫이나 올가미처럼 생각하고 피할 것입니다. '능력 없는 건축가들이 자신들은 튼튼하다고 믿었지만 저절로 무너진 건축물들을 자주 짓지 않았는가?' '만일 내게도 같은 일이 일어나는 것이라면 어떻게 하나?' '악령이 바닥을 뒤흔들면 어떻게 하나?' '악령은 나쁜 자이다. 나는 아직 악령이 어떻게 할 수 없을 정도로 바닥이 아주 단단한 돌에 의지하고 있는지 모른다.' 이때 당신은 어떻게 할 것입니까? 즉, 그 건축술이 당신이 기둥이 부서질 수 있는 재료로 만들어지지 않았고 모래가 아니라 단단한 돌에, 악령이 뒤흔들 수 없는 단단한 돌에 의지해 있다는 것을 미리 확실하게 알지 못한다면 대들보의 튼튼함이 의심스럽다고 완고하게 주장한다면 어떻게 할 것입니까? 그 대들보가 기둥의 재질과 형태를 거부한다면 어떻게 할 것입니까(여기에서 그는 조롱섞인 건방짐으로 건축가가 성당에 세워놓은 기둥들 가운데 하나의 그림을 제시했다)? 이런 종류의 다른 것들에 대해서는 어떨까요(*Quid alia id genus?*)? 만일 당신이 이것들을 강요한다면, 그 건축술은 '내가 그 밑에 놓여 있는 돌을 알 때까지 그리고 그곳에 악령이 거주하지 않는다는 것을 알 때까지 기다리시오'라고 할 것입니다. 당신은 '그렇지만 그것은 적어도 이런 장점을 가지고 있다. 어떤 기둥도 세우지 않는 한, 나쁜 것을 세우는 짓을 안전하게 피할 수 있다'고 말합니다. 어린아이가 코를 흘리지 않도록 코를 베어낸다니 얼마나 대단한 일인가요!" 등.[147] 이를 다시 반복한다는 것은 실로 너무 염치없는 짓이다. 나는 독자들이 이 답변들을 우리의 저자의 답변들과 일일이 비교하기를 부탁한다.

앞선 답변과 마찬가지로 이 답변은 성당 하나만으로도 아주 몰염치한 거짓말로 판가름난다. 왜냐하면 성당에는 아주 튼튼

544

147) 528쪽 3번째 줄~529쪽 4번째 줄 비교 참조.

한 기둥들이 많이 세워져 있고 무엇보다도 석공이 건축가가 퇴짜 놓은 기둥이라는 것을 보여주기 위해 그린 그림이 담고 있는 바로 그 기둥들이 포함되어 있기 때문이다. 같은 식으로 나의 글들은 내가 삼단논법들을 비난하지도 또 그것들의 옛 형식을 손상시키지도 않고 있다는 것을 판가름해 줄 것이다. 나는 나의 글들에서 삼단논법이 필요할 경우 항상 사용했다. 그리고 우리의 저자는 특히 내가 그 내용과 형식을 거부했다고 상상하는 자신의 삼단논법을 나의 글에서 베껴온 것이다. 나는 그것을 두 번째 반박에 대한 답변[148] 끝부분에 있는 명제 1에서 제시했다.[149] 그곳은 신의 존재를 증명하는 곳이다. 그리고 나는 내가 참인 그리고 확실한 것으로 제시한 모든 것들이 그가 나의 방법이라는 이름하에 유일하게 이해하고자 하는 의심스러운 것들에 대한 버림과 모순된다는 것을 암시하고자 하는 의도가 아니라면, 그가 무슨 의도로 그것을 꾸며대는지 알지 못한다. 이는 건축물의 기초를 세우기 위해, 건축술에 따라 파여진 구덩이와 건축가가 건축하는 모든 것이 모순되는 것처럼 가정하고 비난하는 석공의 상상과 매한가지인 것으로, 아니 그보다 더하면 더하다고 할 정도로 유아기적이고 헛된 것이다.

그는 세 번째로 이렇게 답했다. 그 기술이 "어떤 튼튼한 것도 획득하지 못하는 한, 그 기술은 목적과 관련해서 오류를 범하는 것입니다. 건축물에 이르는 모든 길을 스스로 닫아버렸기 때문에, 기술은 그것을 건축할 수 없습니다. 당신 자신과 당신의 동반자로서의 나를 지치게 만든 당신의 오디세이적인 방황 속에서 당신은 이를 보고 경험했습니다. 당신은 당신이 건축가라고 혹은

148) 두 번째 반박임.

149) 166쪽 19번째 줄과 528쪽 26~28번째 줄 참조.

건축술을 지니고 있다고 주장했습니다. 그러나 당신은 그것을 전혀 증명할 수 없었고 평탄치 못한 가시밭길에, 그것도 내가 거의 기억할 수조차 없을 만큼 자주 봉착했습니다. 그럼에도 불구하고 나의 이 답변에 버팀목이 되는 데에는, 그것을 기억하는 것만이

545 라도 도움이 될 것입니다. 따라서 기술이 자신의 신경을 잘라내는 데 그리고 작업을 진척시키고자 하는 희망을 모두 꺾는 데 사용한 최고의 원천들을(*summa capita*) 보십시오. (1) 당신은 땅 표면 아래가 모래인지 돌인지 모릅니다. 이에 따라 당신은 돌에(당신이 돌 위에 서 있을지라도) 당신이 모래에 지을 수 있는 것보다 더 많은 것을 지어서는 안 됩니다. 따라서 모든 것들이 의심스럽고 불안정하며, 구조물들 그 자체가 튼튼하지 않게 됩니다. 나는 예를 들지 않으렵니다. 당신 자신이 당신의(당신 스스로 자신의) 기억의 창고들로 들어가서 뒤져보십시오. 만일 당신이 이 병에 감염되지 않은 어떤 것을 발견하면, 그것을 제시하십시오. 나는 이를 축하드릴 것입니다. (2) 튼튼한 바닥을 발견하기 전에는, 즉 그 밑에 흩어질 수 있는 모래가 없다는 것과 모래를 뒤흔들 악령이 없다는 것을 알기 전에는, 나는 모든 것을 버려야 하며 모든 재료를(*materiam*, *materia*) 전적으로 의심스러운 것으로 간주해야 합니다. 또는 실제로 옛 건축술이 일반적으로 그렇게 하듯이,[150] 버려서는 안 되는 그래서 구덩이에 보존하도록 주의시켜야 할 재료들이 존재하는지 그리고 그것들이 어떤 것들인지를 먼저 규정해야 합니다. 이로써 앞의 경우와 마찬가지로 모든 것들이 튼튼하지 않은 것이 되고 건축에(*constructionem aedificatorum*, *constructio aedificatorum*) 전혀 유용하지 않게 됩니다. (3) 만일 조금이라도 흔들릴 수 있는 것이 있다면, 정반대로 하기로 다짐하고 그것이 이미 무너졌다고 믿으십시오. 빈 구덩이를 기초로 사용하십시오. 이로써 나는 건축을(*aedificationem*, *aedificatio*) 위

150) 〔역주〕 원문은 "aut sane, quae vulagris est Architectura & vetus"이다.

한 모든 입구를 닫은 것입니다. 당신은 '이곳에는 땅도, 모래도 돌도 존재하지 않는다'와 같은 것들로부터 무엇을 기대합니까? 구덩이를 파는 일이 영원히 지속되는 것이 아니라 법정의 정회(停會)처럼 일시적으로 그리고 모래의 깊이에 따라 일정한 깊이까지일 뿐이라고 하지 마십시오. 좋습니다. 그럴 수 있다고 하지요. 그러나 그 기간은 바로 당신이 건축한다고 믿는 그리고 구덩이의 빈 공간을(*vacutate fossae*) 마치 모든 건축이 그것에 의존해 있는 것처럼 사용하고 악용하는 기간입니다. 당신은 '그러나 나는 건축가들이 그러하듯이 기둥뿌리와 기둥을 튼튼하게 하기 위해서 버림을 사용한다. 기둥들을 제 위치에 세우고 고정시키기 위하여 건축가들은 임시 구조물을 사용하며, 그 구조물들이 충실히 자신들의 역할을 다하게 되면 그후 그것들을 분해하여 제거하지 않는가?' 등."151) 546

우리의 저자가 생각해 낸 것은 석공이 생각해 낸 것과 마찬가지로 웃음거리에 불과하다. 건축가가 구덩이를 팜으로써 성당 건축의 길을 막은 것이 아니듯이, 내가 의심스러운 것들을 버림으로써 진리 인식에 이르는 길을 막은 것이 아니라는 것은 내가 그 후에 증명한 것들이 여실히 보여준다. 그는 오히려 그것들에 어떤 거짓된 것이나 불확실한 것이 있다는 것을 지적했어야만 했다. 그러나 그가 그것을 하지도 또 할 수도 없었기 때문에, 그가 변명의 여지없이 환각상태에 빠져 있다는 것이 확실하다. 내가 나 자신이 혹은 사유하는 것이 정신이라는 것을 입증하기 위해 한 번도 노력하지 않았던 것처럼, 그는 자신이 건축가임을 입증하고자 노력하지 않았다. 그러나 실상 우리의 저자는 자신이 정신을, 적어도 좋은 정신을(*bonam mentem*, *bona mens*, 상식을) 가지고 있지 않다는 것 외에는 아무것도

151) 529쪽 5번째 줄~530쪽 20번째 줄 비교 참조.

증명하려고 시도하거나 애쓰지 않았다. 형이상학적 의심이 누군가로 하여금 자신이 꿈을 꾸고 있는지 깨어 있는지 알지 못한다고 가정하도록 하게까지 진행된다는 것으로부터 그가 확실한 것을 전혀 발견할 수 없다는 것이 귀결되지 않듯이, 땅을 파기 시작하는 동안 건축가가 모래 밑에서 암반을(*saxum*, *saxsus*) 발견하게 될지, 점토를 발견하게 될지 아니면 다른 어떤 것을 발견하게 될지 미리 알지 못한다는 것으로부터 그가 그곳에서 암반을 발견할 수 없다는 것 혹은 발견된 암반을 신뢰해서는 안 된다는 것이 귀결되는 것은 아니다. 누군가 신이 존재한다는 것을 알기 전에는 모든 것에 대해(내가 여러 번 설명했듯이, 이른바 자신의 영혼에 현존하는 명석판명한 지각을 가지지 못한 모든 것에 대해) 의심할 계기를 가진다는 것으로부터 모든 것이 진리탐구에 무용하다는 것이 귀결되지 않는 것처럼, 건축가가 단단한 바닥이 드러나기 전까지 모든 것을 파내어버리려고 애썼다는 것으로부터 나중에 기초를 놓는 데 사용하게 될 것으로 판단하는 돌이나 다른 어떤 것들이 구덩이 안에 없었다는 것이 547 귀결되지 않는다. 일반적인 옛 건축술에 따라 그것들을 구덩이 밖으로 내던져버려서는 안 된다고, 구덩이를 파는 사람들에게 그것들을 보존하라고 주의를 주어야 한다고 주장함으로써 석공이 허황한 오류를 범했듯이, 우리의 저자는 "의심으로부터 면역된, 그리고 초보자들에게 보존하도록 주의시켜야 할 명제들이 존재하는지 그리고 그것들이 어떤 것들인지를 먼저 규정해야 합니다"(지금까지 어떤 명제도 알지 못한다고 우리가 가정한 사람이 그런 명제들을 어떻게 가정할 수 있는가?)라고 주장함으로써 또 이것이 일반적인 그리고 옛 철학의 지침이라고(옛 철학에 그런 지침은 존재하지 않는데) 주장함으로써 오류를 범한다. 건축가가 빈 구덩이를 기초로 사용하고자 하며 그의 모든 건축을 그것에 의존하게 하고자 한다는 석공의 상상이 상스럽듯이, 우리의 저자가 앞에서 나의 말이라고 스스로 인용한 것을, 즉 "당신은 긍정도 부정도 하지 않을 것이라고, 그 중 어느 하나도 취하지 않게 될 것이라고, 그 둘 다 거짓인 것으로 간주하게 될 것입니다"[152] 라는 것을 기억하지 못한 채 "내가 마치 모든 진리가 버려진 것들에 의존해 있는 것처럼 그리고 마치 필연적 토대마냥 그것들 위에 서 있는 것처럼 내가 의심스러운 것의 역을 원리로 사용하고 또 버려진 것들을 악용한다"[153] 고 주장함으로써 명백하게 환각상태에 빠지는 것은 상스러운 일이다. 끝으로 기초를 놓기 위해 판 구덩이를 기둥을 세우기 위해 임시로 설치한 시설과 비교함으로써 석공이 자신의 무지함을 분명하게 드러내듯이, 우리의 저자는 의심스러운 것들의 버림을 그와 같은 시설과 비교하면서 자신의 무지함을 분명하게 드러낸다.

그는 네 번째로 이렇게 답했다. 그 기술은 "지나침에 의한(*excessu*) 오류를 범합니다. 다시 말해서, 그것은 현명함의 법칙들이(*prudentiae leges*) 요구하는 것보다 또 인간이(*quisquam mortalium*) 요구하는 것보다 더 많은 시도를 합니다. 적지 않은 사람들이 튼튼한 건축물이 세워지기를 갈망합니다. 만일 살게 될 집들이 우리를 지탱하는 땅만큼 튼튼하다면, 이로써 충분하지 그보다 더 튼튼한 것을 찾아야 한다는 생각은(*cura*) 지나친 것이라고 생각하지 않았던 사람은 지금까지 하나도 없었습니다. 이밖에도, 산책하는 데 있어서 땅의 단단함의 한계, 즉 누구나 그 위를 안전하게 걷기에 아주 충분한 단단함의 한계가 있습니다(*certi fines certitudnis*). 이와 마찬가지로 집을 짓는 데에도 한계는 분 548

152) 524쪽 11~12번째 줄과 458쪽 28번째 줄 참조.
153) 530쪽 1~2번째 줄과 8~10번째 줄 참조.

명히 있습니다. 또한 마찬가지로 누군가 그것에 도달하면 확실하게 되는 한계가 있습니다" 등.[154]

여기서 석공은 건축가에게 잘못된 비난을 가하지만, 우리의 저자는 그보다 훨씬 더 잘못된 비난을 내게 가한다. 집을 짓는 데에 바닥의 이상적인 단단함에 한계가 있다는 것은 사실이며, 그 한계 이상의 단단함은 가치가 없다. 물론 그 한계는 건축물의 크기에 따라 다르다. 오두막은 모래 위에조차 안전하게 지어질 수 있다. 암반이 높은 탑을 지탱하듯이, 모래는 오두막을 지탱할 수 있다. 그러나 철학의 토대를 정립하는 데 있어서, 최고의 확실성 아래에 어떤 의심의 한계가 있다는 것은, 즉 그 정도면 우리가 현명하게 그리고 아무런 걱정 없이 안심할 수 있는 어떤 한계가 있다는 것은 아주 큰 잘못이다. 진리란 그 본성상 나뉠 수 없는 것이기 때문에(*cum veritas in indivisibili consistat*), 우리가 최고로 확실한 것으로 인식하지 못한 것은 그것이 제아무리 그럴듯하게 보이더라도 거짓일 수 있는 일이 일어날 수 있기 때문이다. 거짓된 것으로 인식될지도 모르는 것들을 자신의 모든 철학의 토대로 삼는 자는 실로 현명하게 철학을 수행하는 자가 아니다. 의심의 모든 한계를 뛰어넘는 회의주의자들에게 과연 그가 어떻게 답할 것인가? 무엇을 근거로 회의주의자들을 반박할 것인가? 그는 그들을 희망을 잃은 저주받은 자들로 치부할 것이다. 실로 대단하다. 그렇다면 회의주의자들은 그를 어떤 사람으로 치부하게 될까? 회의주의학파(*eorum sectam, eorum secta*)가 이미 오래전에 소멸되었다고 믿어서는 안 된다. 회의주의학파는 오늘날 그 어느 때보다도 융성하다. 그리고 다른 사람들보다 뛰어난 능력

---

154) 530쪽 21번째 줄~531쪽 10번째 줄 참조.

을 가지고 있다고 믿는 사람들 거의 다가 일반철학에서 자신들 549
을 만족시키는 것들을 발견하지 못하기 때문에 그리고 그보다
더 참된 철학을 보지 못하고 있기 때문에, 회의주의를 자신들
의 피난처로 삼는다. 신의 존재와 인간 정신의 불멸이 증명되
기를 요구하는 사람들은 더더욱 그러하다. 따라서 우리의 저
자가 여기서 이야기하는 예들은 매우 부적절하다. 무엇보다도
그가 유명한 학자이기 때문에 더욱더 그렇다. 그 예들은 그가
무신론적 회의주의자들의 오류가 반박될 수 있음을 믿지 않는
다는 것을 보여준다. 그는 그런 식으로 자신의 역량이 닿는 한
도 내에서 그들을 뒷받침해 주고 또 확증해 준다. 물론 오늘날
모든 회의주의자들이 일상적인 삶에서(*in praxi*) 자신들이 머리
를 가지고 있다는 것에 대해, 2 더하기 3은 5라는 것 등과 같
은 것에 대해 의심을 품지는 않는다. 그러나 그들은 단지 이것
들이 참인 것으로 보이기 때문에 그것들을 사용할 뿐, 확실하
게 믿는 것은 아니라고 주장한다. 어떤 확실한 근거도 그들을
그렇게 믿도록 강요하지 않기 때문이다. 그리고 그들에게 신
이 존재한다는 것과 인간의 정신이 불멸하다는 것이 참인 것으
로 보이지 않기 때문에, 그들은 자신들이 그렇게 보이는 것들
을 받아들이는 근거보다 더 확실한 근거로 그것들이 입증되지
않는 한, 삶에서 그것들을 결코 참인 것으로 사용해서는 안 된
다고 믿는다. 내가 이 둘을 입증했음에도 불구하고, 그리고
적어도 내가 아는 한 나에 앞서 그 누구도 그것들을 입증하지
못했음에도 불구하고, 나에게는 우리의 저자가 자신의 논문
전체에서 회의주의학파의 본질을 이루는 유일한 오류, 즉 지
나친 의심을, 내게 지속적으로 덮어씌우고 수없이 각인시키면
서 해대는 비방보다 더 심하고 무례한 비방을 생각해낼 수는
없다고 생각된다. 나의 오류들을 일일이 세어나가는 데 있어

서 그는 실로 인색함이 없다. 그는 "경계를 확장하고 지난 어떤 세기(世紀)에도 시도된 적이 없는 바다를 지나가는 것은 통상적 공적이 아닙니다"[155] 라고 한다. 그리고 내가 곧 보이게 되듯 550 이, 그는 내가 그것을 그가 논의하는 것과 관련해서 수행하지 않았다고 생각할 어떤 근거도 가지고 있지 않다. 그럼에도 불구하고 그는 그것을 나의 오류로 치부한다. 왜냐하면 그가 "그것은 실로 대단한 공적입니다. 그러나 배를 침몰시키지 않으면서 하는 한에서만 그렇습니다"[156] 라고 말하기 때문이다. 그는 내가 그곳에서 배를 침몰시켰다고, 어떤 오류를 범했다고 독자들이 믿기를 바란다. 그럼에도 불구하고 자신은 그것을 믿지 않으며 또 그렇게 생각할 어떤 근거도 가지고 있지 않다. 실제로 만일 내가 정신의 존재에 대한 인식으로부터 신 존재에 대한 인식과 육체와 정신의 구분으로 정신을 이끌고 간 긴 여정에서 어떤 오류를 저질렀다고 의심할 만한 아주 조그마한 근거라도 그가 생각해 낼 수 있었다면, 그의 길고 다변적이며 근거가 전무한(*rationum vacua*) 자신의 논문에서 그것을 생략했을 까닭이 전혀 없기 때문이다. 논증이 그로 하여금 그 주제에 관해 이야기할 것을 요구할 때마다 그가 항상 그랬듯이 질문을 바꾸고 생각하는 것이 정신인지 아닌지를 설명하는 자로서 나를 연출하기보다는, 그 근거를 제시하고자 했을 것이기 때문이다. 따라서 그는 내가 논한 것들, 내가 최초로 그것들을 근거로 회의주의자들의 모든 의심을 제거한 것들에서 내가 어떤 오류를 범했다고 의심을 품을 만한 어떤 근거도 가지고 있지 않은 것이다. 그는 이것이 대단한 칭송을 받을 만한 가치가 있는 것임을 고백한다. 그럼에도 불구하고 그는 이를 근거로 나

155) 531쪽 7~9번째 줄 참조.

156) 같은 쪽 9~10번째 줄 참조.

를 비난할 수 있을 정도로, 그리고 의심, 즉 나에게보다는 그 의심을 결코 반박하지 못하는 사람들에게 귀속시키는 것이 더 정당할 수 있는 의심을, 내게 뒤집어씌울 정도로 낯 두꺼운 사람이다. 그러나 그는 석공이다.

그는 다섯 번째로 이렇게 답했다. "그 기술은 결함 때문에 오류를 범합니다. 다시 말해서, 적절한 정도 이상의 것까지 다루려고 애쓰는 동안, 아무것도 완성하지 못합니다. 나는 유일하게 당신만을 증인으로, 당신만을 재판관으로 세우고자 합니다. 그 대단한 도구로써 당신은 대체 무엇을 이루었습니까? 즉, 닳고 닳은 이것, 즉 '모든 모래 아래 있는 암반은 굳고 단단하다'라는 것 이외에는 아주 단단한 돌들조차도 결코 보존하지 못할 정도로 장엄하고 고귀한 땅 파는 일을 통하여 당신은 대체 무엇을 이루었습니까? 그것은, 나는 말하는 데, 일반사람들에게 친숙한 것입니다" 등.157) 551

나는 여기서, 석공에 의해서든 우리의 저자에 의해서든, 어떤 것이 입증되기를 바랐다. 그런데 건축가가 암반 위에 자신의 성당을 지었다는 것은 외면한 채 석공이 건축가가 땅을 파서 암반을 발견한 것 외에 무엇을 이루었는지만을 물었던 것처럼, 우리의 저자는 내가 닳고 닳은 이것, 즉 "나는 생각한다, 나는 존재한다"는 것 외에 무엇을 이루었는지만을 물었을 뿐이다. 왜냐하면 그는 내가 그것들로부터 신의 존재와 그 밖의 다른 많은 것들을 증명했다는 것을 무로 간주하기 때문이다. 그는 오로지 나만을 증인으로 세우고자 하는데, 이는 실로 무례함의 극치이다. 그가 역시 사실과 다른 것들을 이야기하는 다른 곳들에서, 즉 "우리는 마지막 한 사람까지 모두 그것을 믿습니다. 그것은 강단 어디서에서나 울려 퍼지는 소리입니다. 우리

---

157) 531쪽 11~23번째 줄 참조.

는 그것을 예전에 우리의 선생님들로부터 받아들였고 또 그들은 그들의 선생님들로부터 그리고 이런 식으로 계속해서 결국 아담으로부터 받아들인 것입니다" 등[158]이라고 하는 곳들에서처럼 말이다. 일반적으로 자신들이 남들에게 확신시키고자 하는 것이 믿을 수 없는 것이거나 거짓인 것이라고 생각하면 생각할수록, 그만큼 더 많은 맹세를 하는 사람들의 맹세처럼, 그 말을 신뢰해서는 안 된다. 그 다음 답변.

그는 여섯 번째로 이렇게 답했다. "그 기술은 자신이 다른 것들과 관련해서 제기하는 일반적 오류를 스스로 범합니다. 왜냐하면 기술은 '우리를 지탱해주는 모래가 충분히 굳건하다. 우리가 서 있는 바닥은 요동치지 않는다 등'을 모든 사람들이 일반적으로 말하고 또 확신을 가지고 주장한다는 것에 놀라기 때문입니다. 그런데 기술은 자신이 동일한 확신을 가지고 '모래는 내 버려져야 한다 등'을 주장하는 동안에 자신에 대해서는 놀라지 않습니다."[159]

이는 우리의 저자가 비슷한 사항과 관련해서 하는 주장과 매한가지로 실없는 것이다.

그는 일곱 번째로 이렇게 답했다. "기술은 자신만의 독특한 552 오류를 범합니다. 다른 사람들이 어느 정도 그리고 충분한 정도로 든든한 것으로서 가지고 있는 것, 즉 우리가 서 있는 땅과 모래와 돌과 관련해서, 그 기술은 자신만의 특별한 의도 때문에 그 역을, 즉 모래와 돌 등이 제거되는 구덩이를 단순히 단단한 것으로뿐만 아니라 아주 튼튼한 성당이 그것 위에 정초될 수 있을 정도로 확실한 것으로서 간주합니다. 그리고 만일 버팀목이 제거되면, 얼굴이 땅에 부딪치게 될 정도로 그것에 의존합니다."[160]

여기서 석공은, 우리의 저자가 "당신은 긍정하게도 부정하게

158) 533쪽 17과 21번째 줄 그리고 534쪽 7~9번째 줄 참조.

159) 531쪽 24번째 줄 참조.

160) 531쪽 29번째 줄~532쪽 5번째 줄 참조.

도 되지 않습니다 등"의 말을 기억하지 못하면서 환각상태에 빠져 있는 것과 매한가지로, 환각상태에 빠져 있는 것이다.

그는 여덟 번째로 이렇게 답했다. "그 기술은 현명하지 못해서 오류를 범하는데, 이는 바닥의 불안정성이 칼의 양날과 같다는 것을 주목하지 못하기 때문입니다. 한쪽 날을 피하는 동안 다른 쪽 날로 인해 상처를 입습니다. 모래는 기술에게 충분히 안정된 바닥이 아닙니다. 모래를 제거하고 그 반대의 것을, 즉 모래가 없는 구덩이를 놓고 그것을 마치 확실한 것인 양 의존하는 동안, 기술은 상처를 입습니다."[161]

여기서 필요한 것은 단지 "당신은 긍정도 부정도 하지 않습니다"라는 말을 기억하는 일뿐이다. 칼과 관련된 이야기는 우리의 저자보다는 석공에 더 잘 어울리는 지혜이다.

그는 아홉 번째로 이렇게 답했다. "그 기술은 현명해서 오류를 범합니다. 알면서, 원해서, 주의를 받았으면서도 기술은 자기 자신을 흐려놓습니다. 그리고 집을 짓는 데 필요한 모든 것들을 자발적으로 버림으로써 자신의 규칙을 통해 스스로를 조롱하는 것으로 막을 내립니다. 자신이 의도하지 않은 것뿐만 아니라 자신이 가장 두려워하는 것을 이루면서 말입니다."[162]

이것이 건축가와 관련해서 어느 정도 진실인지는 건축된 성당이, 마찬가지로 그것이 나와 관련해서 어느 정도 진실인지는 내가 증명한 것들이 분명하게 보여준다.

553

그는 열 번째로 이렇게 답했다. "기술은 미사여구를 통해 오류를 범합니다. 자신이 장엄한 명령으로써 금하는 것임에도 불구하고 방법은 옛것들로 되돌아가고 또 이미 버려진 것들을 구덩이를 파는 법칙(*leges abdicationis*)에 반하여 다시 취하면서 말입니

161) 532쪽 6~11번째 줄 참조.
162) 532쪽 12~16번째 줄 참조.

다. 당신은 이를 잘 기억하실 것입니다."[163]

우리의 저자는 이를 흉내 냄으로써, "당신은 긍정도 부정도 하지 않습니다" 등의 말을 기억하지 못한다. 그렇지 않다면 그가 무슨 낯으로 자신이 앞서 결코 부정해서는 안 된다고 주장한 것이 장엄한 명령에 의해 금지된 것이라고 상상할 수가 있었을까?

그는 열한 번째로 이렇게 답했다. "기술은 생략에 의한 오류를 범합니다. 자신이 방어막으로서(*firmamentum*) 지시한 것, 즉 '참임을 입증할 수 없는 것을 참인 것으로 받아들이지 않도록 최선의 노력을 해야 한다'는 것을 단순히 한 번 지나치는 것뿐만 아니라, 어떤 대가도 치르지 않고(*impine*) '모래바닥은 건물을 지탱할 수 있을 정도로 충분히 단단하지 않다' 등과 같은 것들을 최고로 확실하고 참인 것으로 입증하지 않은 채 그런 것으로 간주하면서 말입니다."[164]

우리의 저자가 단지 철학의 건축에 속하는 것을 의심스러운 것들의 버림에만 적용시키면서 환각상태에 빠졌던 것과 똑같이, 여기서 그는 단지 건물의 건축에 속하는 것을 땅 파는 일에만 적용시키면서 환각상태에 빠졌다. 어떤 것을 긍정하느냐 부정하느냐가 문제일 때, 우리가 참임을 입증할 수 없는 것을 참인 것으로 받아들여서는 안 된다는 것은 너무나 당연한 일이다(*verissimum est*). 그러나 단지 땅을 파거나 버리는 일이 문제일 때는, 우리가 의심한다는 것만으로도 충분하다.

그는 열두 번째로 이렇게 답했다. "그 기술은 좋은 것을 전혀 가지고 있지 않거나 새로운 것을 전혀 가지고 있지 않습니다. 그것이 가지고 있는 것은 대부분 쓸데없는 것들입니다(*plurimum*

163) 532쪽 17~19번째 줄 참조.

164) 532쪽 20~26번째 줄 참조.

vero superflui). 1. 만일 기술이 모래를 제거함으로써 이른바 다른 건축가들도 사용하는 땅 파는 작업을, 즉 건축물의 무게를 감당하기에 충분할 정도로 단단하지 않은 한에서만 모래를 제거하는 작업을 의미하는 것이라고 한다면, 그것은 어떤 좋은 것을 주장하게 되는 것입니다. 하지만 새로운 것을 주장하게 되는 것은 전혀 아닙니다. 그런 땅 파는 작업은 새로운 것이 될 수 없으며 최후의 하나에 이르기까지 모든 건축가에게 오래된 것입니다.165)

2. 만일 기술이 땅 파는 작업으로서 모래가 모두 제거되어 아무것도 남아있지 않게끔 모래를 버리는 것을 원하는 것이라면, 그래서 우리가 모래가 없는 혹은 모래로 꽉 차있었던 빈 공간을 굳고 단단한 것으로 사용하게끔 모래를 모두 내버리는 것을 원하는 것이라면, 기술은 어떤 새로운 것을 주장하게 되는 것이기는 하지만 좋은 것을 주장하게 되는 것은 아닙니다. 그리고 그 땅 파는 작업이 새로운 것이 되기는 하지만 쓸데없는 것이 됩니다.166) 554

3. 만일 기술이 자신이 논리적 힘과 근거로써(*vi & momento rationum, vis & momentum rationum*) '나는 건축술을 잘 알고 있고(*peritus*) 건축술을 연마하고 있다. 그렇지만 그런 자로서 나는 건축가도 석공도 인부도 아니다. 내가 아직 그것들을 인식하지 못함에도 불구하고 나는 나를 인식할 수는 있을 정도로 그것들과 분리된 것이다. 이는 우는 것, 포효하는 것이 인식되지 않은 상태에서 동물 혹은 감각할 수 있는 것이 인식될 수 있는 것과 매한가지이다 등'을 확실하고 명백하게 이끌어낸다고 주장한다면, 기술이 어떤 좋은 것을 주장하게 되는 것이기는 하지만 어떤 새로운

165) 532쪽 27번째 줄~533쪽 5번째 줄 참조.
166) 533쪽 6~10번째 줄 참조.

것을 주장하게 되는 것은 아닙니다. 그것은 강단 어디서에서나 울려 퍼지는 소리이며 또 자신들이 건축술의 전문가라고 생각하는 사람들이 명확한 말로 항상 가르치는 것입니다. 그리고 만일 건축술이 벽을 짓는 것을 포함하는 것이라면, 따라서 자신들이 벽을 짓는 데 필요한 사람이라고 믿는 사람들은 그 누구라도, 즉 물로 석회를 개는 사람들이나, 돌을 깎는 사람들이나, 재료를 운반하는 사람들은 건축술을 아는 것이라면, 그것은 이들 중 최후의 한 사람까지 항상 가르치는 것입니다.[167)]

4. 만일 기술이 숙고된 타당한(*meditatis, maditata*) 근거들을 통해 자신이 존재한다는 것과 건축술을 잘 알고 있다는 것과 자신이 존재하는 동안 실제로 건축가도 석공도 인부도 존재하지 않는다는 것을 입증했다고 주장한다면, 기술이 어떤 새로운 것을 주장하게 되는 것이기는 하지만 좋은 것을 주장하게 되는 것은 아닙니다. 동물이 존재하지만 사자나 늑대 등은 존재하지 않는다고 주장하는 것 이상을 주장하게 되는 것이 아닙니다.[168)]

5. 만일 기술이 건물을 짓는다고, 다시 말해서 건물을 짓는 데 건축술을 사용한다고, 또 자신의 그런 행위를 반성적 행위를 통해 직관하고 고찰할 수 있을 정도로 따라서 자신이 건물을 짓는

555 다는 것을(이는 실로 의식한다는 것이며 또 어떤 행위에 대한 의식을 가지고 있다는 것을 의미하는 데) 알고 고찰할 수 있을 정도로 짓는다는 것이라고, 그러나 이러한 것이 건축술에 혹은 인부들의 경험에 축적된 기술에 고유한 것이라고 주장하고 또 이러한 식으로 자신이 건축가라고 주장한다면, 기술은 자신이 아직 주장하지 않은 것, 주장했어야 하는 것, 그리고 내가 그것이 주장하기를 기대했던 것을 주장하게 되는 것입니다. 즉, 기술이 공허한 시도를 통해 낳고자 하는 것을 볼 때마다, 그것은 그가 낳기를

167) 533쪽 11~21번째 줄 참조.

168) 533쪽 22~27번째 줄 참조.

내가 기대했던 것입니다. 말하자면, 어떤 좋은 것을 주장하게 되는 것이긴 하지만 새로운 것을 주장하게 되는 것은 아닙니다. 왜냐하면 우리는 그것을 예전에 우리의 선생님들로부터 받아들였고 또 그들은 그들의 선생님들로부터 그리고 이런 식으로 계속해서 결국 아담으로부터 받아들인 것이기 때문입니다.[169)]

만일 기술이 이를 주장한다면, 무엇이 남게 되고 또 얼마나 남게 될까요? 무엇이 쓸모없게 될까요? 얼마나 헛된 반복이 될까요? 그것은 공허한 말치장 혹은 말잔치를 위한 어떤 종류의 장치입니까? 모래의 불안정성, 땅의 흔들림, 귀신 혹은 공포를 자아내기 위한 수단들은 무엇을 위한 것입니까? 아주 하찮은 것 이외에는 아무것도 남겨지지 않는 것을 감수할 정도의 깊게 땅을 파는 목적은 진정 무엇입니까? 무엇 때문에 이국땅으로의, 즉 감각으로부터 멀리 떨어진 그림자와 환영들 사이로의 멀고 긴 망명? 이것들이 교회를 튼튼하게 만드는 데 무슨 기여를 하는 것입니까? 마치 모든 것들이 전복되지 않으면 그것이 가능할 수 없는 것처럼 말입니다. 그런데 무엇 때문에 건축자재들에 그렇게 빈번히 그리고 커다란 변화를 주어 옛것들은 제쳐지고, 새것들이 선택되고, 또 새것들이 버려진 후 다시 옛것들이 받아들여지게끔 합니까?" 우리가 성당에 있을 때나 지도자들 앞에 있을 때(*magnatibus*, *magnates*)는 여관이나 술집에 있을 때와는 달리 행동해야 하는 것처럼, "혹 새로운 비밀들에도 새로운 의식이(*ceremoniae*) 있는 것입니까? 그러나 기술은 왜 방황을 일찌감치 집어치운 후에 진리를 분명하고 명석하며 간단하게 이 한마디 말로, 즉 '나는 건물을 짓는다. 나는 건축에 대한 의식을 가지고 있다, 그러므로 나는 건축가이다'라는 말로 드러내지 않았습니까?"[170)]

6. "끝으로, 만일 기술이 집을 짓는 것이, 즉 그것의 방과 창고 556

169) 533쪽 28번째 줄~534쪽 9번째 줄 참조.
170) 534쪽 10~27번째 줄 참조.

와 거실과 문과 창과 기둥 등을 미리 머릿속으로 계획하고 배치하며 또 그것들을 짓기 위한 자재를 공급하는 자와 채석공과 석공과 지붕을 만드는 사람과 인부 그리고 그 밖의 일꾼들의 장으로서 그들의 일을 지도 지휘하는 것이 건축가의 본분이기 때문에 그것은 결코 어떤 다른 기술자가 할 수 있는 일이 아니라고 주장한다면, 기술이 어떤 새로운 것을 주장하는 것이기는 하지만, 좋은 것을 주장하는 것은 아닙니다. 바라고 행하든 그렇지 않든, 어안이 벙벙한 사람들에게 적절한 때에 통에서 꺼내 보내주기 위해 기술이 어떤 것을 감추어 보관하고 (이것이 유일하게 남아있는 피난처인데) 있는 것이 아닌 한에서는 말입니다. 그러나 이를 기대한 지가 벌써 얼마나 오래되었습니까? 희망을 완전히 잃은 상태입니다."[171]

마지막으로 그는 이렇게 답했다. "내 생각에 당신은 당신이 사랑하는 그리고 포옹하는, 나는 이를 이해하는데, 그리고 당신의 딸에게처럼 키스하는 당신의 기술을 염려합니다. 내가 방법을 아주 많은 오류를 저지른 죄인으로 만들었고, 당신 자신도 보듯이, 그것이 틈을 보이며 새고 있어, 내가 수명이 다된 그릇들 가운데로 그것을 내 동댕이치지 않을까 두려워합니다. 두려워 마십시오, 나는 당신의 친구입니다. 나는 당신의 기대를 충족시키거나 〔당신을〕 속일 것입니다. 〔당신은 말하길〕 "나는 침묵한 채 기대할 것이다." 나는 당신을 잘 알고 있습니다. 나는 당신 능력의 번득이는 예리함과 통찰력을 잘 알고 있습니다. 당신이 성찰을 위해 약간의 시간을 갖고 또 은둔상태에서 당신이 신뢰하는 규칙에 의견을 구하자마자, 당신은 먼지를 털게 되고 또 더러움을 씻어내게 되며 또 깨끗해지고 매끄러워진 건축술을 우리 앞에 제시하게 될 것입니다. 그동안에는 이곳에 머물면서(*hoc habe*) 내가 계속 당신의 질문에 답하는 동안 그리고 내 이야기를 들으십시

171) 534쪽 28번째 줄~535쪽 5번째 줄 참조.

오. 이 안에 나는 내가 간단하게 하고픈 마음에(*breviatis studio, brevitatis studium*) 가볍게 다루었던 많은 것들을 모두 포함시킬 것입니다. 예를 들어 궁륭(穹窿)에 관련된 것들, 창을 내는 것과 관련된 것들, 기둥과 관련된 것들, 홀과 관련된 것 등을."[172] 그러나 이는 새로운 코미디 프로그램이다.

건축술이 새로이 정립될 수 있는지

557

"당신은 세 번째로 … 인지 묻습니다."[173] 이 말에 이르자, 그의 친구들 몇몇은 그를 삼켜버린(*percellebatur, percelleri*) 지나친 질투와 적의가 이미 병이 되어버린 것을 보고, 그가 길에서 소리를 질러대는 것을 더 이상 견딜 수가 없어서 그를 즉시 의사에게 데리고 갔다.

우리의 저자와 관련해서 물론 나는 그러한 것을 추정할 엄두가 나지 않는다. 그래서 나는 단지 그가 모든 면에서 얼마나 정확하게 석공을 따라했는지를 계속해서 지적해 나가고자 한다. 그는 석공이 한 것과 완전히 똑같은 방식으로 판사의 역할, 이른바 천박한 말을 하지 않으려고 조심하는 아주 사려 깊고 경건한 판사의 역할을 수행한다. 마치 내가 건물의 기초를 세우기 위해 땅을 팠듯이, 확실한 것을 정립하기 위해 의심스러운 것들을 버렸다는 이유 하나 때문에 나를 11번 비방하고 12번째 검토를 하면서 다음과 같이 주장한다.

1. 만일 내가 그것을 그가 실제로 내가 그것을 이해했다고 알고 있는 방식으로, 그리고 그가 내게 돌린 말로부터, 즉 "당신은 긍정하지도 부정하지도 않게 될 것입니다 등"이라는 말로부

172) 535쪽 6~20번째 줄 참조.

173) 〔역주〕 535쪽 참조.

터 분명하게 드러나는 방식으로 이해했다면, 나는 어떤 "좋은" 것을 가지고 있지만 "새로운" 것은 전혀 가지고 있지 않다.

2. 그러나 만일 내가 그것을 다른 방식으로, 즉 그가 앞선 11개의 오류를 끄집어 낸 방식으로 이해했다면, 그럼에도 불구하고 그가 첫 번째 질문의 §3에서 나로 하여금 놀라움과 비웃음을 동반한 채 "이것이 진정 건전한 사람이 할 수 있는 생각인가?"[174] 라고 말하도록 연출한 것처럼 그 방식이 나의 의도와는 전혀(*ab omni sensu meo*) 동떨어진 것임을 그 스스로가 잘 알고 있는 그런 방식으로 이해했다면, 나는 당연히 어떤 "새로운" 것을 가지고 있지만, "좋은" 것을 가지고 있지 않다. 자신이 숙고하고 노력을 들인 논문에서 남을 비방하는 데 있어서 —나는 몰염치하거나 거짓말을 하거나 모든 진리와 그럴듯한 것들을 폄하하는 사람을 말하고자 하는 것이 아닌데, —어떤 사람의 동일한 하나의 견해에 대해 그처럼 수없이 많은 비난을 퍼부을 정도로 그렇게 우둔하고 기억력이 딸린 사람이 있었던가? 더욱이 논문 서두에서 자신이 비난하는 사람조차 어떤 건전한 사람도 생각할 수 없는 것이라고 놀랄 정도로 그 견해에 대해 부정적이라는 것을 고백했던 바로 그 견해에 대해.

558

아래 질문들(3, 4, 5)은 사안과 전혀 관련이 없는 것들로서, 나나 건축가를 결코 동요시키지 못했다. 석공이 처음에 그것들을 생각해낸 이유는 이런 것 같다. 건축가가 한 것들 가운데 어느 하나 감히 손댈 것이 없었음에도 불구하고, 석공은 자신의 미숙함이 확연히 드러나지 않도록 하자면 건축가의 땅 파는 작업을 필요 이상으로 비난해야 한다고 생각했기 때문이라고 말이다. 우리의 작가 또한 그 점에서 석공을 흉내 낸 것처럼

174) 458쪽 12번째 줄 참조.

보인다.

3. 정신과 영혼과 육체가 무엇인지 모르더라도 사유하는 것이 인식될 수 있다고 주장함으로써 철학을 하는 데 있어서 우리의 저자는, 건축술에 대해 잘 알고 있는 자는 석공이나 인부가 아니 듯이 건축가도 아니기 때문에 자신이 이들 중 하나가 아니더라도 건축술을 이해할 수 있다고 주장하는 석공보다 더 나을 것이 없다.

4. 이는 건축술을 잘 아는 자는 존재하지만 건축가는 존재하지 않는다고 주장하는 것이나 사유하는 것은 존재하지만 정신은 존재하지 않는다고 주장하는 것이 실상 똑같은 허튼 소리인 것과 매한가지이다(적어도 내가 정신이라는 말을 그 말이 일상적으로 사용되는 방식에 따라 사용하는 것처럼 그 말이 사용될 경우이다). 사유하는 것이 육체 없이 존재한다는 것은 건축술을 잘 아는 자가 석공이나 인부가 없어도 존재한다는 것과 매한가지로 모순이 아니다. 559

5. 우리의 저자가 유일하게 정신이라고 부르고자 하는 것이 물질에 부가되기 위해서는 그리고 완전히 정신적인 것이기(*spiritualis*) 위해서는 어떤 실체가 생각한다는 것만으로는 부족하며 그 이외에도 반성적 행위를 통해 자신이 생각한다는 것을 생각한다는 것 혹은 자신의 생각에 대한 의식을 가져야 한다는 것이 요구된다고 주장하는 것은, 석공이 건축술을 잘 아는 자가 건축가가 될 수 있으려면 반성적 행위를 통해 자신이 건축술에 대한 지식을 가지고 있다는 것을 고찰해야 한다고 주장하는 것과 매한가지로 망상을 하는 것이다. 물론 자신이 집짓는 일에 대한 지식을 가지고 있다는 것을 자주 고찰하지 않았거나 아니면 적어도 고찰할 수 없었던 사람은 건축가가 아니지만, 그럼에도 불구하고 그가 건축가가 되는 데 있어 그러한 고찰이

요구되는 것은 아니다. 마찬가지로 사유실체가 물질에 부가되는 데 있어 그와 유사한 고찰이나 반성이 요구되는 것은 아니다. 그 밖에도 우리가 어떤 것을 주목하는 첫 번째 의식은(*prima quaevis cogitatio*) 그것이 무엇이든 우리가 그것을 주목했다는 것을 주목하는 두 번째 의식과 다르지 않으며, 이는 이 두 번째 의식이 우리가 그것을 주목했었다는 것을 우리가 주목했다는 것을 주목하는 세 번째 의식과 다르지 않은 것과 마찬가지다. 만일 첫 번째 의식이 물질적인 것에(*rei corporeae, res corporea*) 인정된다면, 무엇 때문에 두 번째 의식 또한 인정될 수 없는지 아무런 근거도, 혹은 최소한의 근거도 없다. 이 때문에 우리의 저자는 그 점에서 석공보다 훨씬 더 위험한 오류를 범하고 있다는 것이 지적되어야 한다. 물질적인 것과 비물질적인 것들 간의 참된 그리고 아주 알기 쉬운 차이, 즉 비물질적인 것은 생각을 하지만 물질적인 것은 그렇지 않다는 차이를 제거하고 그 자리를, 결코 본질적인 차이로 볼 수 없는 차이, 즉 비물질적인 것은 자신이 생각한다는 것을 고찰하지만 물질적인 것은 그것을 고찰하지 못한다는 차이로 대체시킴으로써, 우리의 저자는 인간 영혼과 육체 간의 실제적 구분에 대한 이해를 막기 위해 자신이 가지고 있는 모든 역량을 발휘한다.

560

6. 또한 그가 동물의 원인을(*brutorum animalium causae, brutorum animalium causa*) 옹호하고 동물에게 인간과 마찬가지로 생각(*cogitationem, cogitatio*)을 귀속시키고자 하는 것은, 석공이 자기 자신이나 자신과 유사한 사람들에게 건축가들과 마찬가지로 건축술에 대한 지식을 귀속시키고자 하는 것보다 더 용서할 수 없는 일이다.

끝으로, 그 둘 다 사실이 무엇이고 사실에 가까운 것이 무엇인지를 생각한 것이 아니라 단지 적을 헐뜯기 위해, 그리고 그를 모르는 한편 진지하게 사실을(*rei veritate, rei veritas*) 탐구하고자 주의를 기울이지 않는 사람들에게 그를 아무것도 모르는 바보로 그리기 위해 상상할 수 있는 모든 것을 생각해 냈음이 이 모든 것들에서 잘 드러난다. 석공에 대한 이야기의 저술가는 그의 비정상적 질투심을 드러내기 위해 석공이 건축가의 땅 파는 작업을 거대한 작업으로 평가하고 그 작업을 통해 발견된 암반과 그 위에 지어진 성당을 전혀 가치 없는 것으로 비하했지만, 그에 대한 우정과 유례없는 호의에 걸맞게 감사를 표했다고 노련하게 기술한다. 그리고 결론부분에서 그 저술가는 석공으로 하여금 이렇게 대단한 감탄사를 하게 한다. "만일 기술이 이를 주장한다면, 무엇이 남게 되고 또 얼마나 남게 될까요? 무엇이 쓸모없게 될까요? 얼마나 헛된 반복이 될까요? 그것은 공허한 말치장 혹은 말잔치를 위한 어떤 종류의 장치입니까?"[175] 등. 그리고 조금 후에 "내 생각에 당신은 당신이 사랑하는 그리고 포옹하는 당신의 기술을 염려합니다. 나는 이를 이해하는데"[176] 등. 그리고 또 이렇게. "두려워 마십시오, 나는 당신의 친구입니다"[177] 등. 이 모든 것은 석공의 병을, 그 어떤 시인도 그 이상 걸맞은 것을 상상할 수 없었을 것처럼 보일 만큼, 생생하게 재현해준다. 그러나 우리의 저자가 이 모든 것을, 자신이 무엇을 하는지도 모를 정도로, 그리고 자신이 금방 인간과 동물을 구분해주는 것으로 주장한 의식의 반성적 행위를 사용하지 못할 정도로, 흉내 낸다는 것은 놀라운 일이다. 왜냐하면 그가 만일 내가 다룬 의심 하나에 덤벼들기 위해, 나는 그가 논증적으로 공격하는 것이 아니기 때문에 공격하기 위해서 561

175) 555쪽 11~13번째 줄 참조.

176) 556쪽 12~13번째 줄 참조.

177) 556쪽 16번째 줄 참조.

라고 하고 싶지 않은데(내가 거친 표현을 사용하는 것을 이해해주기 바란다. 사실을 그것에 걸맞게 표현하는 데 적합한 다른 어떤 표현도 떠오르지 않는다), 내가 그것을 제시하기 위해 한 말보다 그 자신이 얼마나 더 많은 말을 했는지를 고려한다면, 그는 내 글에 지나친 말잔치가 열리고 있다고 하지 않을 것이다. 그리고 만일 그가 자신이 간단하게 연구한 것이라고 자신의 논문 끝에서 주장한 자신의 논문에서 얼마나 길고 불필요한 그리고 의미 없는 잡담을 늘어놓았는지를 주목했다면, 그는 "헛된 반복"(*battologiae*)이라는 말을 거론치 않았을 것이다. 그러나 바로 그곳에서 자신이 나의 친구라고 하기 때문에, 그를 아주 친한 친구처럼 대하기 위해 나는 석공이 친구들에 의해 의사에게 이끌려갔듯이 그를 그의 윗사람에게 넘기고자 한다.[178]

178) 이 말은 뒤따르는 일명 디네 신부에게 보내는 편지를 염두에 둔 표현인 것 같다.

563

지극히 존경하는 예수회의 프랑스 지역 수장이신 디네 신부님께 르네 데카르트가 인사를 드립니다[1]

저는 최근, 존경하는 신부가[2] 저에 대하여 썼다고 들은 논문과 관련해서, 저자로 하여금 직접 출판하도록 하거나, 그것이 여의치 않다면 제가 그 논문을 다른 분들께서 보낸 반박들과 함께 출판할 수 있도록 저에게 보내주길 간절히 바라는 편지를 존경하는 메르센 신부에게 썼습니다.[3] 그리고 아울러 저는 이것이 아주 공정할 것 같다는 판단에서 메르센 신부에게 그 논문을 그 신부, 더 나아가 저하(*Reverentia tua*)로부터, 얻어달라고 부탁했습니다. 그는 저의 편지를 저하께서 읽으실 수 있도록 전해드렸다는 또 저의 편지가 저하의 마음에 들었을 뿐만 아니라 저하께서 그에게 저에 대한 저하의 특별한 배려와 친절함과 호의를 많이 표하여 주셨다는 답장을 제게 했습니다. 저는 이 같은 저하의 배려와 친절함과 호의를 실제로 경험했습니다. 왜냐하면 그 논문이 즉시 제게 보내졌기 때문입니다.[4] 저는 이러한

1) AT III 564쪽과 565쪽 참조. 또한 523쪽 6번째 줄과 568쪽 참조.
2) 〔역주〕 일곱 번째 반론가인 부르댕 신부를 의미함.
3) AT III 464~465쪽과 469~470쪽 참조.

까닭으로 저하께 커다란 감사를 드리지 않으면 아니 되며, 뿐만 아니라 그 논문에 대한 저의 견해들을 자유롭게 표현하는 것을 허락하여 주시기를, 그리고 동시에 저의 연구계획에 대해 저하께서 조언해 주시기를 간청하지 않을 수 없습니다.

564

그 논문이 제 손에 들어왔을 때, 당연히 저는 마치 커다란 보물을 얻은 것처럼 기뻐했습니다. 뛰어난 학자들이 저의 견해들을 검토했음에도 불구하고 그 어디에서도 틀린 것이 발견되지 않는다면, 제가 경험할 수 있는 저의 견해들의 확실성이 이보다 더한 경우란 없을 것이기 때문입니다. 아니면 적어도 제가 수정할 수 있도록 오류들이 지적된다면, 그 이상 바랄 것이 없을 것이기 때문입니다. 잘 구성된 육체에서 모든 부분들 간의 교통과 합의란 각각의 부분들이 각각 자신들의 고유한 힘을 사용하는 데 있는 것뿐만이 아니라, 특히 각 부분이 작용하는 동안 그 부분에 전체가 지닌 공동의 힘이 보태지는 것에 있는 것입니다. 저는 저하의 동료들간의 영적 관계가 항상 위와 같이 긴밀하다는 것을 잘 알기 때문에, 그 논문이 저의 견해들에 대한 존경하는 신부 혼자만의 판단이 아니라 예수회 전체의 공정하고 정확한 판단을 담고 있다고 생각했습니다.

그러나 그 논문을 읽고 난 후, 저는 정신이 완전히 멍해졌고, 그 논문에 대해 전혀 다르게 생각해야 한다는 것을 깨달았습니다. 만일 그 논문이 실제로 저하의 예수회 전체를 지배하는 정신과 똑같은 정신이 지배하는 저자로부터 나온 것이라면, 동일한 주제에 관한 일반인들의 글들에서 보다 더 커다란, 아니면 적어도 같은 정도의 친절함과 온화함과 겸손함이 그곳에서 드러났을 것입니다. 그런데 그것을 저의 《성찰》에[5] 대한

4) 1642년 1월자 편지. AT III 481쪽 16번째 줄과 523쪽 6번째 줄 참조.

5) 〔역주〕《성찰》 본문과 6개의 반박과 이에 대한 데카르트의 답변을 담고 있는

다른 사람들의 반박들과 비교한다면, 아무도 그 논문이 신앙심을 가진 사람들에(*Religiosis*, *Religiosi*) 의해 쓰여진 것이라고 믿지 않을 것입니다. 오히려 그 반박들이 신앙심을 가진 사람들에 의해 쓰인 것이라고 믿을 것입니다. 그 논문은 어떤 개인에게, 특히 서약을 통해 다른 사람들보다 더 덕을 쌓도록 요구받은 이에게는 어울릴 수 없을 정도로 비열하게 쓰여졌습니다. 〔만일 실제로 그 논문이 저하의 예수회 전체를 지배하는 정신과 똑같은 정신이 지배하는 저자로부터 나온 것이라면, 동일한 주제에 관한 일반인들의 글들에서 보다 더 커다란, 아니면 적어도 같은 정도의〕 신에 대한 사랑과 신의 영광을 기리는 불타는 간구가 드러났을 것입니다. 그러나 이와는 반대로, 제가 신의 존재와 육체와 인간 영혼의 구분을 이끌어낸 원리들이 그곳에서는 이성과 진리에 반하는 잘못된 권위와 조작을 통해 아주 처절하게 공격받고 있습니다. 〔만일 실제로 그 논문이 저하의 예수회 전체를 지배하는 정신과 똑같은 정신이 지배하는 저자로부터 나온 것이라면, 같은 주제에 관한 개인들의 글들에 보다 더 커다란, 아니면 적어도 같은 정도의〕 가르침(*doctrina*)과 논증과 재능(*ingenium*)이 드러났을 것입니다. 그러나 〔이와는 반대로〕, 만일 우리가 한때 천박한 로마 민중들이 사용한 라틴어에 대한 지식을 가르침으로 간주하지 않는다면, 저는 그곳에서 그 어떤 가르침도, 그 어떤 부당하거나 잘못되지 않은 논증도, 예수회의 석공에게보다는 예수회의 신부에게 더 잘 어울리는 그 어떤 예리한 재능도 발견하지 못했습니다. 저는 저하의 예수회를 빛내는 현명함이나 그와 같은 덕들은 언급하지 않겠습니다. 그럼에도 불구하고 그러한 덕들이 그 논문에서 드러나기는커녕, 자신들의 향을 조금도, 아니 전혀 그 논문에 불어넣

565

《성찰》 1판을 의미하는 것임.

지 않았습니다. 〔만일 실제로 그 논문이 저하의 예수회 전체를 지배하는 정신과 똑같은 정신이 지배하는 저자로부터 나온 것이라면, 동일한 주제에 관한 개인들의 글들에 보다 더 커다란, 아니면 적어도 같은 정도의〕 진리에 대한 존경과 정직함과 공정함이 드러났을 것입니다. 그러나 이와는 반대로, 제가 그 논문에 첨부한 〔저자의〕 설명으로부터[6] 분명하게 드러나듯이, 그가 그 논문에서 제게 가한 일체의 비방은 모순으로 가득 찬 상상가능한 모든 아우성보다도 더 진리의 모습으로부터 떨어져 있습니다. 육체 전체가 따르는 공동의 법을 육체의 일부가 크게 이탈하는 것은 그 부분이 위험한 병을 앓고 있음을 보여주는 것이듯, 그의 논문은 존경하는 신부가 저하의 예수회(*vestro corpore, vestrum corpus*)에 존재하는 건강을 향유하지 못하고 있다는 것을 명백하게 보여줍니다. 우리는 나쁜 체액이 인간의 잘못 없이 혹은 인간의 의지에 반하여 발이나 손가락으로 흘러 들어갔다는 이유로, 인간의 머리나 인간 전체를 평가절하하지는 않습니다. 그가 치료에 쓰이는 칼에 의해 발생하는 통증을 거부하지 않을 경우, 우리는 오히려 그의 용기와(*constantiam, conrantia*) 덕을 높게 평가합니다. 정강이에 정맥류가 생겼다고, 누구도 가이우스 마리우스(C. Marium, C. Marius)를 비난하지 않았습니다.

566 다. 그는 일곱 번이나 집정관을 지냈으며 적들로부터 아주 많은 승리를 쟁취했다고 전해졌기 때문이라기보다는, 오히려 그가 강인한 정신력으로 정강이 하나를 자르도록 했다는 사실 때문에 더 자주 칭송을 받는 것입니다. 이와 같이, 저는 저하께서 저하의 사람들을 아버지 같은 마음으로 얼마나 경건하게 돌보시는지를 잘 알고 있습니다. 이러한 까닭에, 제게 그 논문

---

6) 451, 459, 464, 472, 479쪽 등 참조.

의 질이 떨어져 보이면 보일수록, 저는 그만큼 더 저하의 현명함과 고결함(*integritatem*, *intergritas*)을 높이 사게 됩니다. 왜냐하면 저하께서는 그 논문이 제게 전달되기를 바라셨기 때문입니다. 그 이유로 저는 또한 예수회 전체를 그만큼 더 깊이 받아들이고 존중합니다. 그러나 존경하는 신부가 직접 자신의 논문을 제게 보내도록 주었기 때문에, 그가 그것을 자발적으로 한 것이 아니었다는 저의 판단이 섣부른 판단처럼 보일 수 있습니다. 그러나 저의 판단이 섣부른 판단이 아니라는 것을 보이기 위해, 저는 저로 하여금 그렇게 판단하게끔 하는 것이 무엇인지를 그리고 지금까지 그와 저 사이에 일어났던 일들을 모두 설명드리려고 합니다.

그는 이미 전에, 즉 1640년에 광학과 관련해서 저를 반박하는 글들을 써서 그것을 가지고 학생들에게 강의를 했으며, 또 그것들을 학생들에게, 모든 학생들은 아닐 것입니다만 적어도 몇몇에게는(물론 그가 아주 사랑하고 믿는 학생들에게 주었다는 것이 믿을 만할 것입니다. 왜냐하면 제가 그것들을 가지고 있는 한 학생에게서 필사본 하나를 얻으려고 노력했지만, 그것을 얻을 수 없었기 때문입니다) 옮겨 쓸 수 있도록 주었다고 저는 듣고 있었습니다. 그후 그는 3일에 걸쳐 저하의 파리 대학(*Collegio*, *Collegium*)에서 유례없이 많은 사람들이 참석한 가운데 성황리에 진행된 논쟁에서 자신이 공격한 광학에 관한 테제들을 출간했습니다.[7] 다른 몇몇 견해들에 대해서도 논쟁을 벌였지만,

7) 〔역주〕 중세 대학의 수업방식에는 크게 두 가지가 있다. 하나는 강의(*lectio*)이고 다른 하나는 논쟁(*disputatio*)이다. 강의는 일반강의와 특별강의가 있었는데, 이 중 일반강의가 수업프로그램의 핵이었다. 이 때문에 일반강의는 항상 오전에 개설됐고, 진행은 지정된 현직 담당교수가 맡았다. 그리고 일반강

그는 주로 저의 견해들에 대해 논쟁을 벌였고 또 그가 거둔 많은 승리들을 전했습니다(그 자리에 없는 사람에게 승리를 거두는 것은 전혀 어려운 일이 아니지요).[8] 당연히 저는 존경하는 신부가 논쟁의 시작부분에서 읽은 조롱 혹은 서문을 보았습니다. 서문에서 그는 저를 공격하는 것 이외에는 아무것도 하지 않았습니다. 567 그럼에도 불구하고 그가 저의 말이라고 하면서 비난한 그 어떤 말도 제가 쓴 것이 아닐 뿐더러, 저로서는 생각조차 해 본적이 없는 것이었습니다. 그 말들은 건강한 사람이라면 생각조차 할 수 없는 것들입니다. 그가 예수회 사람이라는 것을 아직 모르고 있었을 때, 제가 그에게 개인적으로 보낸 그

의가 열리는 시간대에는 다른 강의나 행사가 열리지 않았다. 이에 반해 특별강의는 보통 일반강의가 끝난 오후에 개설됐는데, 일반강의보다 덜 형식적이었고 자유로운 분위기에서 진행되었다. 이 특별강의는 교수들뿐만 아니라 학생들에 의해서도 개설되고 진행될 수 있었다. 일반강의의 목적은 공적인 커리큘럼에 담겨있는 텍스트들을 학생들에게 소개하는 것이었다. 수동적인 강의에서와는 달리 논쟁에서는 학생들에게 보다 적극적인 참가자 역할이 주어졌다. 논쟁에도 일반논쟁(*disputatio ordinaria*)과 특별논쟁(*disputatio de quolibet*)이 있었다. 일반논쟁은 일반강의와 마찬가지의 지위를 누렸다. 일반논쟁의 좌장은 교수가 맡았고, 규칙적으로, 일주일에 한 번 정도 열렸다. 학생들뿐만 아니라 다른 동료교수들도 참석할 수 있었다. 주제는 좌장을 맡은 교수에 의해 제시되었고, 주제가 제시되면 참석자들이 양편으로 갈라져 활발한 논쟁이 벌였다. 그러나 주제에 대한 최종적인 답은 좌장을 맡은 교수가 논쟁에서 제시된 다양한 논증들을 종합해서 내렸다. 특별논쟁은 라틴어 명칭이 말해주듯이, 임의적인 주제에 대한 논쟁이다. 특별논쟁의 좌장은 교수가 맡았고, 1년에 한두 차례 열렸으며, 2일 이상 진행됐다. 특별논쟁은 공개논쟁으로서 누구나 참석할 수 있었고, 주제는 참석자들에 의해 제시됐다. 어떤 주제라도, 제아무리 논란의 여지가 많은 주제라도 허용되었다. 이렇게 볼 때 위의 강의와 논쟁은 특별강의와 특별논쟁이라고 생각된다. 그랜트, Edward Grant, *The foundation of modern science in the middle ages*, Cambridge University Press, 1996, 39~42쪽 참조.

8) AT III 94~95쪽과 96쪽 참조.

의 논문에 대한 설명에서 분명히 했듯이, 그가 논문에서 제게 덮어씌우는 것들 역시 그런 것들이라고 한 것은[9] 전혀 터무니없는 일이 아닙니다.

그런데 테제들에서 그는 저의 어떤 견해들이 거짓이라고 주장하는 데 그치지 않습니다. 그런 주장은 실로 누구에게나 허용되는 것이며, 그것을 입증할 근거를 가지고 있는 경우에는 더더욱 그렇습니다. 그러나 그는 예의 솔직함을 사용하기 위하여(*ut candore solito uteretur*) 말들의 의미를 바꾸었습니다. 예를 들자면, 지금까지 광학자들이 "굴절"(*refractus*)이라고 불러온 각에 "굴절각"(*anglui refractionis*, *angulus refractionis*)이라는 이름을 부여했습니다. 이는 그가 자신의 논문에서 자신이 "육체"라는 말로써 "생각하는 것"을 이해하고, "영혼"이라는 말로써 "연장된 것"을 이해한다고 하는 것과 같은 차원의 예리함입니다. 그리고 이런 조작을 통해서 그는 제가 발견한 몇몇 것들을 저의 말과는 아주 다른 말로 표현하여 마치 자기가 발견한 것인 양 제시했고 또 마치 제가 그것들에 관해 아주 어리석은 생각을 한 것처럼 저를 몰아세웠습니다.

이에 대해 환기된 저는 바로 존경하는 학장에게(*Rectorem Collegii*, *Rector Collegii*)[10] 편지를 보냈습니다. 저는 그 편지에서 "저의 견해들이 그곳에서 공개적으로 반박될 가치가 있다고 생각되었다면, 당신들의 제자 가운데 하나로 간주될 수 있는 저에게 그 반박들을 보내줄 만하다고 판단하기를"[11] 부탁했습니다. 그리고 저는 많은 다른 말들을 덧붙임으로써 그것을 받게 되리라고 생각했습니다. 무엇보다도 저는 다음과 같이 덧붙였습니

9) AT III 106~119쪽 참조.
10) AT III 97쪽 참조.
11) AT III 99쪽 25~30번째 줄 참조.

다. “저는 다른 사람들로부터가 아니라 당신들로부터 가르침을
568 받기를 훨씬 더 원합니다. 왜냐하면 저는 유일하게 당신들을 저의 스승으로 그리고 저의 모든 유년기의 지도자로[12] 지금까지 최선을 다해 존중하고 존경해왔기 때문입니다.[13] 그리고 저는《방법서설》75쪽에서 모든 사람들에게 그들이 저의 글에서 발견하는 오류들을 제게 알려주었으면 하는 당부를 아주 분명하게 표했습니다. 또한 저는 그 오류들을 수정할 준비가 아주 잘되어 있다는 것을 보였기 때문에, 직접 제게 저의 오류들을 지적하기보다는 제가 없는 곳에서 다른 사람들에게 저의 오류를 꾸짖는 것을 더 선호할 사람이, 특히 종교적 삶을 고백한 사람 중에는 그러할 사람이 있으리라고 믿지 않았습니다. 전자의 경우, 저는 적어도 이웃에 대한 그 사람의 사랑을 의심할 수 없었을 것입니다.”[14]

이에 대해, 처음에는 학장 자신이 아니라, 존경하는 신부가 저의 견해들을 공격한 자신의 글을, 달리 말하자면 근거들을 16일 안에 보내겠다는 답을 해왔습니다. 그런데 며칠 후 예수회 소속의 다른 몇몇 신부들이 그것들을 6개월 안에 보내겠다고 그의 이름으로 약속해왔습니다. 아마 그들이 그것들에 동의할 수 없었기 때문에(그들은 그가 내게 무슨 짓을 했는지 모른다고 인정했습니다), 그 기간 동안 그에게 수정을 요구했기 때문일 수 있습니다. 마침내 존경하는 신부 자신이 직접 썼을 뿐만 아니라, 예수회의 공동 인장으로 봉인된 편지를 보내왔습니다.[15] 결국 그는 윗사람들의(*ex Superioum voluntate*) 의지에 따라 그 편지를 쓴 것 같아 보였습니다. 그 편지에는 다음과 같은 내용이 담겨져 있었습니다: (1) “제가〔데카르트〕존경하는

---

12) 〔역주〕 데카르트는 어린 시절 예수회에 소속된 학교를 다녔다.
13) AT III 169쪽 9~13번째 줄 참조.
14) AT III 169쪽 22~30번째 줄 참조.
15) AT III 205쪽 첫 번째 줄~207쪽 7번째 줄과 222쪽 참조.

학장에게 보낸 편지가 누구보다도 자신과〔부르댕〕 관련이 있는 569
것이기 때문에, 학장이 자신에게 그 편지에 대한 답을 할 것과 자신의 의도에 대해(*sui instituti rationem, sui instituti ratio*) 해명할 것을 지시했다. (2) 자신은 어떤 공격도 하고 있지 않으며 또 특별히 저의 견해들을 공격하지도 않을 것이다."[16] (3) "제가 《방법서설》 75쪽에서 제시한 요청에 대해 자신이 아무것도 하지 않은 것은 자신의 무지 탓으로 돌려져야 한다. 왜냐하면 자신은 《방법서설》을 자세히 읽지 않았기 때문이다."[17] (4) "자신의 서론에 대한 저의 지적들에 대해 자신은 자신이 전에 쓴 것 외에 아무것도 덧붙이지 않는다. 만일 자신의 친구들이 자신을 설득하지 않았다면, 자신은 무언가를 덧붙였을 것이다."[18] 결국 앞서 그가 한 것이 아무것도 없기 때문에, 그가 한 것이라고는 저를 반박하기 위해 자신이 가지고 있는 근거들을 제게 보내겠다는 것뿐입니다. 그렇다면 이 편지는 그가 그것들을 결코 보내지 않을 것이라는 선언에 불과합니다. 그의 친구들이 그에게 그것들을 보내지 말라고 설득했기 때문에 말입니다.

이로부터 저를 험담하고자 하는 마음으로 그가 맹렬히 불타올랐었다는 것, 또 그것을 예수회의 다른 신부들의 동의 없이 개인적으로 감행한 것이었다는 것, 따라서 저하의 사람들을 이끄는 정신과는 다른 정신에 의해 그가 이끌리고 있다는 것, 그리고 저에 대해 그가 쓰는 것을 제가 읽기 원한다는 것이 명백합니다. 저와는 한 번도 적대적인 관계를 가진 적이 없었을 뿐만 아니라 결코 어떤 친분관계도 없었던 종교인이 만천하에 공개적으로 저에 대해 그런 지나친 험담을 늘어놓았다는 것에

16) AT III 222쪽 12~14번째 줄 참조.
17) AT III 223쪽 10~14번째 줄 참조.
18) AT III 225쪽 13~14번째 줄 참조.

대해, 그리고 이에 대한 변명거리로서 단지 자신이 저의 《방법서설》을 읽지 않았다는 것밖에는 그가 달리 어떤 것도 가지고 있지 않았다는 사실에 대해 저는 매우 유감스럽게 생각합니다. 그런데 이것이 얼마나 사실일지는 다음으로부터 분명하게 드러납니다. 그가 읽지 않았다고 꾸며댄 《방법서설》을 제외하고는 저는 어디에서도 분석적 방법에 관해 논한 적이 없었고

570 또 분석적 방법이라는 이름을 쓴 적도 없었음에도 불구하고, 그가 저의 분석적 방법을(*Anaysim meam, Anlysis mea*) 때로는 테제들에서 때로는 서문에서 비난했다는 것으로부터 분명하게 드러납니다. 이 모든 것들에도 불구하고, 그가 차후에는 조용히 있을 것을 약속했기 때문에, 저는 지나간 일들은 모르는 척 했습니다.

저는 존경하는 학장이 애당초 좀더 엄하게 대처하지 않고 단지 그〔부르댕 신부〕가 자신이 한 일에 대해 직접 제게 해명하도록 한 결정에 대해, 그리고 그가 자신의 테제들과 논문과 글들에서 저를 반박하기 위해(*contra me*) 아주 거만하게 제시한 것들을 제 앞에서 방어할 수 없다는 것을, 제가 그의 비방에 대항해 쓴 설명들에 대해 어떤 대답도 가지고 있지 않다는 것을 그렇게 솔직하게 고백하도록 한 결정에 대해 조금도 놀라지 않았습니다. 그러나 자신의 첫 번째 비방이 결코 행복한 결말을 맞이하지 못했음에도 불구하고, 또 "자신이 특별히 저의 견해들을 공격하게 될 것도 아님"을 약속한 이래 저와 그 사이에 혹은 저와 저하의 사람들 가운데 어떤 사람 사이에 어떤 새로운 일도 생기지 않았음에도 불구하고, 저를 도발하고자 하는 마음으로 너무나 불타올랐던 나머지 존경하는 신부는 그후 자신의 그 논문을 썼습니다. 만일 그 논문이 "특별히" 저에 대한 "공격"을 담고 있는 것이 아니라면, 저는 어떤 사람의 견해를

공격한다는 것이 무엇인지 전혀 알지 못하는 것입니다. 만일 그가 저의 견해들이 아니라 그가 중상모략을 통해 제게 덮어씌우는, 말도 안 되는(*insanas, insanae*) 견해들을 공격하는 것이라는 변을 늘어놓지 않는다면, 혹은 그것이 언젠가 제 손에 들어가게 되리라고 기대하지 않았다는 변을 늘어놓지 않는다면, 어떤 사람의 견해를 공격한다는 것이 도대체 무엇인지를 제가 알지 못하는 것임이 분명합니다. 그 논문의 스타일을 볼 때, 그 논문이 저의 《성찰》에 대한 반박들에 포함되기 위한 의도로 쓰여진 것이 아님은 분명합니다. 그리고 이는 그가 제가 보기를 원치 않는 그의 다른 글들로부터도 분명합니다(그 글들이 그 논문보다 더 나쁠 수 있었겠습니까?). 그리고 마지막으로 저의 견해들과 전혀 다른 견해들을 제게 덮어씌우는 놀랄 만한 571 그의 방자함을 볼 때 그렇습니다. 왜냐하면 만일 제가 언젠가 그것들을 공개적으로 비난하게 될 것이라고 생각했었다면, 그는 그런 방자함을 보이지 않았었을 것이기 때문입니다. 이 때문에 사실 저는 제가 그 논문을 받은 것에 대해 그가 아니라 예수회와 저하께 커다란 고마움을 느끼며 감사를 드립니다.

저는 이것이 어떤 종류의 기회이든 지금 제게 주어진 이 기회를 그가 제게 행한 불의에 대한 복수의 심정보다는 그것을 개의치 않는 마음으로 저하께 감사를 전하는 기회로 삼을 것입니다. 제가 단지 저의 입장을 위해 이 기회를 사용하는 것처럼 비추어지지 않도록 하기 위해서 말입니다. 만일 예수회와 저하에게 칭송을 드리는 데에, 그리고 알게 되면 아주 유용한 진리를 밝히는 데 도움이 되지 않는다고 생각한다면, 실제로 저는 그렇게 하지 않을 것입니다. 그러나 존경하는 신부는 세계에서 가장 우수한 대학들 가운데 하나로 평가될 수 있는 저하의 파리 대학에서 수학을 가르치고 있고, 또 수학은 제가 특히

나 열심히 하는 것으로 이야기되는 과목이기도 합니다. 이 때문에, 저의 견해들을 공격하는 데 있어서 저하의 예수회 전체에서 그의 권위를 넘어서는 자는 아무도 없습니다. 그래서 만일 제가 침묵한다면, 그 사안과 관련해서 그가 저지른 오류들은 다른 어떤 오류들보다 더 쉽게 저하와 저하의 사람들 모두에게 그 책임이 전가될 것입니다. 왜냐하면 만일 제가 침묵한다면, 많은 사람들이 그가 저의 견해들에 대해 판단을 내리도록 저하의 예수회에서 뽑힌 사람이라는, 또 그 때문에 그 사안과 관련하여 저하와 저하의 사람들 모두에게 보내는 것과 마찬가지의 신뢰를 그에게 보내야 한다는, 그리고 그에 관해 내린 판단과 동일한 판단을 저하와 저하의 사람들에 관해서도 내려야 한다는 확신을 할 것이기 때문입니다.

이밖에도, 그는 진리에 대한 인식을 얼마 동안 저해하고 늦추는 데에는 대단히 효과적이지만, 그것을 완전히 억누르는 데에는 충분치 않은 전략을(*consilium*) 선택했습니다. 그런데 언젠가 그 전략이 드러나게 되면, 그것은 저하와 저하의 사람들에게 결코 명예롭지 못한 일이 될 것입니다. 그는 저의 견해 572 들을 근거를 통해 반박하고자 시도하지 않았습니다. 그는 아주 허황되고 불합리한 견해들을, 그렇지만 거의 저의 말로써 표현된 다른 견해들을 저의 견해들로 제시했고 반박할 가치가 없는 것처럼 비웃었습니다. 그는 이런 술수를 통해 수월하게 저를 알지 못하는 사람들과 저의 글을 읽어보지 않은 사람들로 하여금 제 글을 읽지 않도록 만들었을 것이며, 또 제 글을 전에 읽어보기는 했지만 아직 충분히 이해하지는 못한 사람들로 하여금, 다시 말해서 제 책을 읽어 본 대부분의 사람들로 하여금 제 글을 더 이상 검토하지 않도록 했을 것입니다. 왜냐하면 그들은 결코 어떤 종교인이, 특히 저하의 예수회에 속한 신앙심을 지닌 사람이 그 정도로 뻔뻔하게 저의 것이 아닌 견해들을 저의 것으로 제시하고 조롱한다고 생각하지 않았을 것이기 때문입니다.

그리고 그가 자신의 논문을 모든 사람들 앞에서 공개적으로 읽지 않고 단지 개인적으로 친구들 앞에서만 읽었다는 것이 그의 목적을 이루는 데 커다란 기여를 했을 것입니다. 왜냐하면 그렇게 함으로써 그는 그것이 자신이 지어낸 것임을 인식할 수 있는 사람들이 그 논문을 읽는 것을 막을 수 있었을 것이기 때문입니다. 그리고 다른 사람들은 그가 저의 친구라고 믿었을 것이기 때문에, 그가 저의 명성을 훼손시키지 않기 위해 그 논문을 출판하기를 원하지 않는 것이라고 믿고 그에게 더 커다란 신뢰를 보냈을 것입니다. 그리고 충분하리만큼 많은 사람들이 그 논문을 읽지 않을 위험도 없었을 것입니다. 왜냐하면 만일 그가 자신의 동료들에게, 즉 저하의 파리 대학에 있는 자신의 동료들에게 자신이 희망하는 바를 확신시켰다면, 전 세계에 퍼져 있는 저하의 예수회의 모든 다른 사람들에게도 동일한 견해를 전파시켰을 것이기 때문입니다. 그리고 또한 이들로부터 저하의 예수회의 권위를 신뢰하는 다른 모든 사람들에게로까지 말입니다. 만일 이렇게 되었다면, 저는 실제로 놀라지 않았을 것입니다. 저하와 저하의 사람들은 항상 그것이 무엇이든 각자 자신의 연구에 최대한 열중해 있기 때문에, 저하와 저하의 사람들이 각각 매일 출판되는 많은 새로운 책들을 모두 검토하기란 불가능한 일이기 때문입니다. 따라서 저는 저하와 저하의 사람들이 예수회에서 그가 누구이든 제일 먼저 책을 읽은 사람의 판단을 기대할 것이라고, 그래서 그가 그 책에 관해 내린 판단에 따라 나머지 사람들 또한 나중에 그 책을 읽든지 아니면 안 읽든지 할 것이라고 생각했습니다. 저는 제가 쓴

573

〈기상학〉과 관련해서 그런 사실을 경험했다고 생각됩니다. 그 글은 철학의 일부를 담고 있고, 또 제가 아주 틀린 것이 아니라면 그것은 다른 사람들의 어떤 글에서보다[19] 그곳에서 더 정확하게 그리고 더 사실에 적합하게(*verius*) 설명되어 있기 때문에, 저는 저하의 각 대학에서 매년 기상학을 가르치는 철학자들이 저의 글을 다루지 않을 이유가 전혀 없다고 생각합니다. 혹 존경하는 신부가 저에 대해 내린 잘못된 판단에 의거해서, 그 글을 전혀 읽지 않았기 때문이 아니라면 말입니다.

그러나 그가 저의 글 가운데 자연학이나 수학과 관련된 것만을 반박하는 한, 저는 거의 개의치 않았습니다. 그런데 그가 자신의 논문에서 형이상학적 원리들을, 즉 제가 신의 존재와 정신과 육체의 실재적 구분을 증명하는 데 사용한 형이상학적 원리들을 근거를 통해서가 아니라 험담을 통해서 전복시키고자 했기 때문에, 합리적인 사람이라면 누구나 제가 그것들에 관해 쓴 것을 전력을 다해 옹호하는 것을 긍정적으로 바라볼 것입니다. 그 진리들에 대한 인식은 그만큼 중요하기 때문에 말입니다. 그리고 그렇게 하는 것은 실로 제게 어려운 일이 아닙니다. 그가 제게 이의를 제기하는 것은 단지 지나친 의심과 관련된 것일 뿐입니다.[20] 따라서 그가 제게 얼마나 공정치 못한 의심을 뒤집어씌우는가를 보이기 위해, 제가 저의 《성찰》 어디에서 의심을 자세하게, 그리고 만일 제가 틀리지 않았다면, 우리가 가지고 있는 책들의 그 어떤 저자보다도 더 정확하게 반박하고 제거했는지를 일일이 지적할 필요는 없습니다. 단지 제가 세 번째 반박에 대한 저의 답변 시작부분에 분명하게 써놓은 것을 상기시키기만 한다면 그것으로 충분합니

19) AT VI 233쪽 3번째 줄 참조.

20) 〔역주〕 〈제일성찰〉을 의미함.

다. 저는 의심의 어떤 근거도 그것을 확신시킬 목적으로 제시 574 한 것이 아니라 그것을 반박하기 위해 제시한 것입니다. 이는 "의서를 쓰는 사람들이 병을 치유하는 방법을 가르치고자 병을 기술하는 것과 똑같은 것"[21] 입니다. 남을 험담하는 데 있어서, 히포크라테스나 갈레노스가 병이 발생하는 원인들을 제시하기 때문에 그들을 비난하고 또 이로부터 그들이 병을 앓는 방법만을 가르쳤다고 결론지을 정도로 뻔뻔하고 부끄러움을 모르는 자가 있었던가요?

그가 저에 대해 이전에 쓴 것들이 어떻게 저하와 저하의 사람들에 의해 인정되지 않았으며 또 그의 마지막 논문이 저하의 명령으로 제게 보내졌음을 제가 증언하거나 알리지 않는다면, 존경하는 신부에게 그렇게 커다란 뻔뻔함이 있었다는 것을 모르는 사람들은 당연히 이 사안과 관련해서 그가 단지 자신의 개인적 이해에만 얽매어 있었다는 것을 쉽게 확신하지 못할 것입니다. 제가 이를 이 편지에서 보다 더 적절하게 할 수 있는 곳이 없기에, 저는 이 편지를 그 논문에 대한 저의 설명과 함께 실리도록 하는 것이 이치에 어긋나는 일이 아니라고 믿고 있습니다.[22]

저 또한 이로부터 결실을 맺기 위해, 저는 여기서 제가 지금 쓰고 있는 그리고 별다른 문제가 없을 경우 일이 년 후에 출간하기로 결심한 철학에[23] 관해 약간 설명을 드리고자 합니다. 제가 1637년에 철학에 관한 몇몇 시료들을(*specimina*)[24]

---

21) 172쪽 9~10번째 줄 참조.

22) 일곱 번째 반박에 삽입되어 있는 저자의 설명.

23) 1644년에 출간된 《철학의 원리》를 의미함.

24) 〔역주〕 《방법서설》에 첨부된 3개의 논문인 〈굴절광학〉, 〈기상학〉, 〈해석 기

출간했을 때, 저는 저를 부당하게 위협하는 시기심(猜忌心)을 575 차단하기 위해 많은 노력을 기울였습니다. 제가 그 시료들에 제 이름을 달지 않기로 했던 이유가 바로 그것입니다. 어떤 사람들이 생각하듯이, 제가 그 안에 담겨져 있는 근거들을 신뢰하지 않거나 혹은 부끄럽게 생각해서가 아닙니다. 제가 《방법서설》 66쪽에서 제가 살아있는 동안 저의 철학을[25] 출간할 생각이 없음을 분명한 말로써 공언한 것도 바로 그 때문입니다. 만일 제가 희망했듯이 그리고 이성이 요청했던 바와 같이, 적어도 부분적으로나마 시기심으로부터 해방되지 않았었다면, 저는 여전히 그 생각에 머물러 있었을 것입니다. 그러나 전혀 다른 상황이 벌어졌습니다. 저의 시료들의 운명은 다음과 같았습니다. 많은 사람들이 그것들을 이해할 수는 없었지만, 그것들을 매우 자세하게 검토할 만한 자격을 지닌 아주 뛰어나고 학식을 갖추고 있는 몇몇 사람들은 그것들이 전에 알려지지 않은 많은 진리를 담고 있다는 것을 경험했기 때문에, 그러한 사실이 소문을 타고 많은 사람들에게 전달됐습니다. 그들은 제가 철학에서 어떤 논쟁에도 휘말리지 않을 수 있는 확실한 것을 설명할 수 있다는 데 대해 확신을 가졌습니다. 그 결과는 이랬습니다. 즉, 학교 밖에서 자유로이 철학을 수행하고 가르치는 사람들, 특히 젊은 선생들과 지식에 어울리지 않는 명성보다는 능력에 의지하는 사람들 가운데 대부분은, 한마디로 말해서 진리를 사랑하는 모든 사람들은, 제가 저의 철학을 온전히 출간하기를 바랐습니다. 그러나 다른 사람들은, 즉 학식

하학〉을 의미함. 《방법서설》은 익명으로 출간되었다.

25) 〔역주〕 《세계》를 의미함. 1633년 출간을 앞둔 시점에, 갈릴레이의 유죄판결 소식을 듣고 데카르트는 지동설을 담고 있는 《세계》의 출간을 포기함. 《세계》는 결국 사후(1644년)에 출간됨.

이 있다기보다는 있는 것처럼 보이기를 원하는 사람들 그리고 논쟁점들에 관해서 신랄하게 논쟁하는 방법을 학교에서 배웠기 때문에 학식 있는 사람들에게 어느 정도 자신들의 이름이 알려져 있다고 믿는 사람들은, 진리가 드러나게 되면 그런 논쟁점들이 제거되는 동시에 그들의 가르침이(*doctrina*) 모두 멸시받게 될 것을 두려워했으며 저의 철학이 출간되면 진리가 드러나게 될 것이라고 생각했습니다. 그렇지만 그들은 감히 자신들이 저의 철학이 출간되는 것을 원하지 않는다는 것을 드러내지는 못하고, 단지 저에 대한 극도의 시기심으로 마음을 불태웠습니다. 이 두 부류의 사람들을 구분하는 것은 제게 아주 쉬운 일이었습니다. 저의 철학을 원하는 사람들은 제가 살아있는 동안 제가 그 철학을 출간하지 않기로 마음을 먹었다는 것을 잘 기억하고 있습니다. 그리고 그 가운데 일부는 제가 저의 철학을 동시대인들에게보다는 후손들에게 제시하고자 하는 것에 대해 불만을 표했습니다. 품위를 지닌 사람들은 제가 무엇 때문에 그렇게 하고자 하는지를, 그리고 공익에 기여하고자 하는 욕구가 저에게 없는 것이 아님을 잘 알고 있었기 때문에, 저에 대한 사랑이 전과 다르지 않았습니다. 그러나 저의 철학을 두려워하는 사람들은 결코 그것을 기억하지 않았습니다. 아니면 적어도 그것을 믿고자 하지 않았습니다. 그들은 오히려 제가 저의 철학의 출간을 약속한 것이라고 가정했습니다. 저는 한편으로는 그들에 의해 "유명한 허풍쟁이"(*celebris promissor*)라고 불렸고, 다른 한편으로는 책을 쓰고 있는 척하며 하염없이 여러 해 동안 책의 출간을 기대하도록 만드는 사람들과 비교가 되곤 했습니다. 이런 연유로, 존경하는 신부는 "오랫동안 저로부터 그 책을 기대했는데 결국 포기해야만 했다"고 말합니다. 만일 그가 나이가 많지 않은 사람이 수세기 동안

576

다른 사람들이 이루지 못한 것을 할 수 있을 것이라는 기대를 오랫동안 가지고 있었다고 〔말할 수 있다고〕 믿는다면, 이는 실로 우스운 일입니다. 그가 저를 꾸짖고자 하는 곳에서, 제가 그에게서는 수세기 안에도 기대할 수 없는 것을, ― 그와 저의 삶이 그렇게 연장되더라도, ― 저에게서는 몇 년 안에 기대하면서도, 몇 년조차 너무 길다고 하는 것은 현명치 못한 일입니다.[26] 이런 부류의 사람들은, 제가 그들이 두려워하는 철학을 완성했다면 즉시 출간하기로 마음을 먹었을 것이라고 확신합니다. 이 때문에 그들은, 저로 하여금 출간을 포기하도록 하기 위하여 혹은 마치 요람에서 어린 아이를 질식사시키듯 그것이 출간된 후 바로 파괴하기 위하여, 제가 이미 출간한 글에서 설명한 견해들뿐만 아니라 무엇보다도 자신들이 아직 모르는 577 저의 철학을 암암리에 그리고 또한 공공연하게 사악한 말로 헐뜯고 비난했습니다. 처음에 저는 그들의 시도를 비웃었습니다. 그리고 그들이 점점 더 심하게 공격해 오는 것을 보면 볼수록, 저는 그들이 그만큼 더 저를 높이 평가하는 것이라고 생각했습니다. 하지만 저는 점점 그들의 수가 하루하루 증가하는 것, 그리고 늘 그렇듯이, 저에게 해를 끼칠 기회만을 노리는 사람들이 저를 보호하고자 하는 좋은 마음을 지닌 사람들보다 훨씬 더 진지하다는 것을 보았습니다. 그래서 저는 혹 그들이 비밀리에 무슨 일을 벌일 수 있을지 모른다는 걱정을 했습니다. 그리고 제가 저의 철학을 출간하지 않기로 한 결정을 계속 유지할 경우, 제가 그들과 직접 맞서는 경우보다 저의 여가시간을(*otium*) 더 많이 빼앗길지 모른다는 걱정을 했습니다.

---

26) 〔역주〕 원어는 "quod, ubi me conatur vituperare, talem ese concedat, ut id a me intra paucos annos diu potuerit expectari, quod ego ab illo intra sexcentos, si tandiu vita utriusque prorogaretur, non expectarem"이다.

그래서 저는 그들이 두려워하는 모든 것을 함으로써, 그들에 대해 더 이상 두려울 것이 없도록 하고자 했습니다. 저는 제가 조금이나마 철학에 대해 생각했던 모든 것들을 대중의 판단에 맡기고자, 그리고 만일 그것들이 진실이라면, 가능한 한 많은 사람들에 의해 받아들여질 수 있도록 노력하고자 결심했습니다. 이 때문에 저는 이미 제가 그것들 가운데 대부분을 제시한 《방법서설》에서[27] 따랐던 순서와 스타일로, — 저는 방법에 관한 서설에서 이를 설명한 바가 있는데,[28] — 제시하려고 하지 않고, 학교에서 사용하기에 더 편한 순서와 스타일로 그것들을 제시하려고 합니다. 각각의 문제들과 관련해서 짧은 단락을 구성하고, 뒤따르는 문제들에 대한 입증이 오로지 앞선 것들에만 의존하는 그리고 모든 문제들이 하나의 체계를(*corpus*) 이루게 되는 순서로 그 문제들을 추구하면서 말입니다. 이런 식으로 해서 저는 제가 철학에서 일반적으로 논의되는 모든 것들에 대한 진리를 아주 명석하게 제시되기를 바랍니다. 따라서 누구든 진리를 추구하는 사람은 그것을 그곳에서 쉽게 찾게 될 것입니다.

실제로 처음 철학을 배우고자 마음먹을 때, 모든 젊은이들이 진리를 추구합니다. 또 어떤 연령대에 속하든, 다른 모든 578 사람들 역시 그들이 홀로 철학적 문제들에 대해 성찰할 때든 실생활과 관련하여(*in proprium usum*) 그것들을 검토할 때든 진리를 추구합니다. 모든 군주들과 행정관들과 대학이나 학교를 건립하는 사람들과 그곳에서 철학이 가르쳐지도록 기부금을 내는 사람들 또한 가능하다면 오로지 참된 진리만 가르쳐지

---

27) 〔역주〕《방법서설》에 첨부된 3개의 논문인 〈굴절광학〉, 〈기상학〉, 〈해석 기하학〉을 의미함.

28) AT VI 41쪽 21번째 줄 참조.

기를 바랍니다. 그들이 그곳에서 의심스럽고 논쟁의 여지가 있는 견해들에 대해 논의하는 것을 허용하는 것은 신민들이 논쟁하는 습관을 통해서 더욱더 논쟁을 일삼게 되고 더욱더 고집스럽고 집요해져서, 결국은 그들의 권위에 복종하지 않고 반란을 도모하는 데 적합하게 만들어지도록 하기 위해서가 아닙니다. 단지 언젠가 그런 논쟁들로부터 출현하게 될 것임을 대부분의 사람들이 확신하는 진리에 대한 희망 때문에 그것을 허용하는 것일 뿐입니다. 그런 방식으로 진리가 발견되는 일이 얼마나 드문지 오랜 경험을 통해 잘 알고 있는 학자들이 그럼에도 불구하고 그것을 허용하는 것은, 아무리 작은 희망이라 할지라도 진리에 대한 희망을 저버려서는 안 된다고 믿을 정도로 진리에 대한 염원이 크기 때문입니다. 인식된 진리와 모순되는 견해들이 가르쳐지길 원할 정도로 거칠고 야만적인 그리고 이성의, 이 하나 때문에 우리가 인간인 것인데, 올바른 사용에 치를 떤 종족은 결코 없었습니다. 이 때문에 제아무리 오래되고 널리 알려졌더라도 진리에 어긋나는 견해들보다는 진리를 선호해야 한다는 것에 대해서는 의심의 여지가 없습니다. 다른 사람들을 가르치는 사람들에게는 당연히 전력을 다해 진리를 추구해야 한다는 의무와 발견된 진리를 가르쳐야 한다는 의무가 주어져야 합니다.

그런데 사람들은 제가 약속한 새로운 철학에 진리가 담겨 있게 될 것임을 믿지 않습니다. 학교에서 일반적으로 받아들여진 견해들을 따랐던 수천의 아주 뛰어난 사람들보다 제가 혼자서 더 많은 것을 보았다는 것은 사실과 거리가 멉니다. 잘 579 닦여지고 잘 알려진 길들이 새롭고 낯선 길보다 항상 더 안전합니다. 사람들은 특히 신학 때문에, 이미 여러 해에 걸친 경험은 유서 깊고 널리 알려져 있는 철학이 신학과 조화를 아주 잘 이루고 있음을 알려주는데, 새로운 철학에 대해 확신을 가지지 못합니다. 이 때문에 새로운 철학이 새로움을 갈망하는 단순한 대중들을(*imperitam multitudinem*, *imperita multitudo*)[29] 유혹함으로써 점점 더 성장하고 힘을 얻게 되어 학교나 대학의 안정과 평화를 깨지 못하도록 하기 위해서, 더 나아가 교회에 새로운 이단종교들이 생겨나지 않도록 하기 위해서, 애초부터 그 철학이 금지되어야 하고 폐기되어야 한다고 주장하는 사람들이 있습니다.

그러나 이에 대해, 저는 아무것도 저의 것인 척하지 않으며 또 제가 다른 사람들보다 더 많은 것을 보았다고 공공연하게 주장하는 것이 아니라, 제가 저의 능력을 그다지 신뢰하지 않음에도 불구하고 오로지 분명하고 쉬운 길만을 따른 것이 저에게 크나큰 도움이 되었다는 답을 하고자 합니다. 만일 누군가가 그 길을 통해, 훨씬 더 뛰어난 능력을 타고난 사람들이 간 거칠고 험한 길을 통하는 것보다, 더 앞서 나아간다면, 이는 놀랄 일이 아니기 때문입니다.

저는 제가 약속한 진리와 관련해서 저를 믿어주기를 원하는 것이 아닙니다. 단지 제가 이미 출간한 시료들을 근거로 판단되기를 원할 뿐입니다. 왜냐하면 저는 그곳에서 단순히 한두 가지 문제를 설명한 것이 아니라, 저에 앞서 그 누구도 설명하지 못한 수백 가지 이상의 문제들을 설명했기 때문입니다. 비록 많은 사람들이 지금까지 저의 글을 시새움이 섞인 눈으로 샅샅이 뒤졌고 또 갖은 방법을 써서 반박해 보고자 했지만, 제가 아는 한 그 누구도 그것이 무엇이든 사실이 아닌 것을 발견할 수 없었습니다. 다른 철학들이 번창했던 수세기 동안 그 철

29) 〔역주〕 실질적으로는 전통철학을 공부하지 않은 사람들을 의미한다.

학들이 해결한 모든 문제들을 나열한다 해도, 아마 그보다 많지도 또 그보다 더 일목요연하지도 않을 것입니다. 저는 감히 580 공언하길, 소요학파 철학의 고유한 원리들을 통해 제시된 해결책 가운데 제가 옳지 못한 것으로 혹은 거짓인 것으로 증명할 수 없는 것은 결코 없습니다. 시험을 해보지요. 문제들을 제시하라고 말입니다. 당연히 모든 문제들을 제시하라고 하지는 말아야겠지요. 저는 이 일이 많은 시간을 들여 매달릴 만한 가치를 가지고 있다고 생각하지 않습니다. 단지 몇몇 중요한 문제들만 제시하라고 해야겠지요. 저는 저의 약속을 지킬 것입니다. 저는 단지 제가 불이익을 당할 여지를 남겨 놓지 않기 위해서, 제가 소요학파 철학의 고유한 원리들에 관해 이야기할 때 이런 문제들은, 즉 모든 사람들에게 공통적 경험으로부터만 혹은 수학자들의 고유한 대상으로서의 도형이나 운동에 대한 고찰로부터 혹은 저의 《성찰》에서 드러나듯이 제가 형이상학에서 전제로(*praecedentia*) 인정하는 공통개념들로부터 해결책이 취해진 문제들은 예외로 한다는 것을 상기시키고자 합니다.

혹 패러독스처럼 보일지 모르지만, 저의 철학이 소요학파 철학으로 그래서 다른 철학들과 다른 것으로 간주되는 한 저의 철학에는 새롭지 않은 것이 하나도 들어 있지 않지만, 오래되지 않은 것도 결코 들어 있지 않습니다. 원리들과 관련해서, 저는 단지 일반적으로 모든 철학자들이 지금까지 공통적으로 가지고 있던 그리고 그 때문에 모든 것들 가운데 가장 오래된 원리들만을 받아들이기 때문입니다. 그리고 저는 제가 그 원리들로부터 연역한 것들만, 즉 이미 그 안에 들어 있었다는 것을 그리고 함축되어 있었다는 것을 명석하게 보여서 자연이 그것들을 인간에게 주었기 때문에 가장 오래된 것으로 밝혀지는 것들만을 받아들이기 때문입니다. 그러나 이와는 반대로 일반 철학원리들이(*principia Philosophiae vulgaris*), 적어도 아리스토텔레스나 다른 사람들이 발견할 당시에는 새로운 것들이었습니다. 그러나 그것들이 그 당시보다는 지금 더 낫다고 생각해서는 안 됩니다(*nec iam meliora putari debent quam tunc fuere*). 그것들로부터 연역된 것들 가운데 논쟁의 여지가 없는 것은 하나도 없습니다. 그것들로부터 연역된 것들 가운데 각각의 철학자들이 자신들이 속한 학파의 전통에 따라 변화시킬 수 없는 것이 하나도 없습니다. 따라서 매일 항상 더 새로워짐에도 불구하고, 전혀 새롭지 않습니다. 581

신학과 관련해서. 어떤 진리도 결코 다른 진리에 적대적일 수 없기 때문에, 철학에서 발견된 진리들이 신앙과 관련된 진리들과 적대적이지 않을까 두려워하는 것은 불경한 일일 것입니다. 저는 일반적으로 받아들여진 원리들보다 저의 원리들이 종교와 관련된 그 어떤 것도 더 쉽게 설명할 수 있다는 것을 확실하게 공언합니다. 그리고 저는 네 번째 반박의 끝부분에서,[30] 철학과 신학을 조화시키는 데 있어서 가장 어려운 문제와 관련해서 그 시료를 아주 분명하게 제시했다고 생각합니다. 그리고 필요하다면 저는 다른 어떤 문제들과 관련해서도 그럴 준비가 되어 있습니다. 이와는 반대로, 신학에서 확실한 것들과 모순되는 많은 것들이 실제로 일반철학에 담겨있음을 보일 준비도 되어 있습니다. 아무리 철학자들이 그것들을 사람들에게 숨기더라도, 또 신뢰하는 습관 때문에 그것들이 주목받지 못하더라도 말입니다.

새로움을 갈망하는 단순한 대중들을(*imperitam multitudinem,*

30) 252쪽 22번째 줄 이하 참조.

imperita multitudo) 유혹함으로써 저의 견해들이 많은 지지를 얻지 않을까 두려워해서는 안 됩니다. 오히려 경험이 전문가들, 즉 그것들이 새로운 것이기 때문이 아니라 진리이기 때문에 그것들로 이끌리는 전문가들이 그것들을 입증해 준다는 것을 알려줌에도 불구하고, 그것들이 아주 많은 지지를 얻지는 못하고 있는 실정입니다.

더욱이 저의 견해들이 학교의 평화를 깨지 않을까 더 두려워해서는 안 됩니다. 오히려 지금보다 더 큰 싸움터에 있는 것이 불가능할 정도로, 모든 철학자들이 많은 논쟁들을 통해 서로를 비방해온 게 사실입니다. 이 때문에, 그들간에 화평을 582 꾀하는 데에는 그리고 또한 그러한 논쟁들로 인해 날마다 새로 태어나는 이단종교들을 감소시키는 데에는 참된 견해들, 예를 들자면 제가 참이라고 입증한 저의 견해들과 같이 참된 견해들을 받아들이는 것보다 더 나은 방법이 없습니다. 그 견해들에 대한 지각은 모든 의혹과 논쟁의 여지를 제거해버리기 때문입니다.

이로부터 다른 사람들이 그것들을 인식하지 못하도록 애를 쓸 하등의 이유가 없다는 것이 명백합니다. 그것들이 아주 명백하고 확실하다고 생각하기 때문에, 그보다 덜 그럴듯한 원리들에 대한 인식을 통해 그들이 추구한 이론의 명성에 해가되지 않을까 두려워하기 때문이 아니라면 말입니다. 따라서 그들의 시기심은 저의 철학의 진리성에 대한 적지 않은 징표입니다. 그러나 제가 이곳에서 자칫 그들의 시기심을 빌미로 우쭐하는 듯이 그리고 단지 존경하는 신부의 논문만을 그 증거로 제시할 수밖에 없는 듯이 보이지 않도록 하기 위해서, 저는 이 지역의 가장 새로운 대학에서 최근에 일어난 일을 이야기하고자 합니다.

어떤 의학박사가 있습니다.[31] 그는 아주 예리하고 분별력 있는 자이며 또한, 강단 철학을 제대로 배웠지만 그것을 신뢰하지 않는 부류에, 그렇지만 품위가 있기(*ingenui*) 때문에 아주 우쭐해 하지도 많은 학식을 갖추었다고 생각하지도 않는 부류에 속하는 자입니다. 그 철학에 물든 사람들이 흔히 그러는 것과는 달리 말입니다. 저의 〈굴절광학〉과 〈기상학〉이 처음 출간되자마자 그것들을 읽고, 그는 그곳에 더 참된 철학의 원리들이 담겨있다고 판단했습니다. 조심스럽게 그 원리들을 한데 모으고 또 그것들로부터 다른 것들을 연역함으로써, 몇 달 만에 온전한 생리학을[32] 꾸려낼 정도의 통찰력을 갖춘 자였습니다. 몇몇 사람들이 그 생리학을 개인적으로 보고 그것을 매우 마음에 들어 했습니다. 그래서 그들은 그가 전에 얻고자 청하지도 않은 의학교수 자리를, 아마 당시에 비어있던 교수자리였을 터인데, 학과장(*Magistratu*, *Magistratus*)에게 부탁하여 그에게 주었습니다.[33] 그렇게 해서 교수가 된 후, 그는 자신이 그 때문에 그 자리에 임명된 것이라고 생각하는 것들을 중점적으로 가르치는 것이 자신의 의무라고 생각했습니다. 무엇보다도 그는 그것들이 참이라고 판단했고 또 그것들과 모순되는 것들은 거짓이라고 판단했기 때문에 말입니다. 이를 통해 그는 상황에 걸맞게(*pro ratione loci*) 아주 많은 학생들을 가질 수 있었습니다. 그러자 그의 동료들 가운데 어떤 이들은 학생들이 자신들보다 그를 선호하는 것을 보고 드러내놓고 시기했

583

31) 우트렉히트대학의 헨리쿠스 레기우스(Henricus Regius).

32) AT II 548~549쪽 참조. AT IV 240쪽 참조.

33) 레기우스는 1638년 9월 6일에 정원 외 교수로 임명되었으며, 1639년 3월 18일에 정교수로 임명되었다. AT II 529쪽과 305~306쪽, 307, 334, 527쪽 참조.

으며 그에게서 새로운 것들을 가르치는 과목을(*ratio*) 박탈하라는 요구를 하며 학과장에게 불평을 일삼았습니다. 그럼에도 불구하고 그들이 3년 동안 관철할 수 있었던 것은 단지 그로 하여금 일반 철학과 일반 의학 원리들을 그 자신의 원리들과 함께 가르치도록 해서 학생들이 다른 이들의 글을 읽을 수 있도록 교육시키라는 것일 뿐, 그 외에는 아무것도 없었습니다. 현명한 학과장은, 만일 새로운 원리들이 참이라면 그것들이 금지되어서는 안 된다고, 그러나 만일 거짓이라면 몇 달 안에 저절로 붕괴될 것이기 때문에 그럴 필요가 없다고 생각했기 때문입니다. 그러나 그 원리들은 나날이 지지를 얻었습니다. 시기하는 자들의 권위나 충고에 의해 그 원리들을 쉽사리 저버리는 미천한 젊은이들보다는, 아주 진실되고 뛰어난 사람들이 중점적으로 그것들을 돌보자, 학과장은 그 의사에게 새로운 과제를(*novam provinciam, nova provincia*) 부가했습니다. 즉, 한편으로는 아리스토텔레스, 다른 한편으로는 다른 사람들의 물리학적 문제들을 며칠 동안의 특강을 통해 설명하라는[34] 과제를 부과한 것입니다. 이렇게 해서 그는 의학과에서 가질 수 있는 것보다 더 큰 기회를, 즉 자연학의 모든 분야에 대해 논할 기회를 가지게 되었습니다. 만일 그 당시에 그 대학의 학장이었던 자기[35] (*illius Academiae Rector*) 자신이 가진 모든 수단을 (*machinas, machinae*) 동원해서 그에게 대항하기로 마음먹지 않았다면, 아마 그 대학의 다른 사람들은 가만히 있었을 것이며, 진리에 자리를 내주었을 것입니다. 제가 어떤 종류의 적대자들을 가지고 있는지 드러나도록 하기 위해, 저는 여기서 그를 간단히 그려보고자 합니다.

584

---

34) AT III 60쪽 참조.

35) 뵈티우스(Voetius), 1641년 3월 16일~1642년 3월 16일까지 학장이었음.

그는 신학자로, 선동가로, 논쟁가로 유명합니다. 또한 그는 서민들 사이에서 커다란 사랑과 지지를(*potentiam*, *potentia*) 받았습니다. 때로는 로마 가톨릭을, 때로는 그것이 무엇이든 자신의 종교와 다른 종교들을, 때로는 자신보다 강한 사람들을 공격함으로써 그는 애국심에 불타오르는 억제할 수 없는 경쟁심을 전면에 내세웠고 신랄한 풍자를 통해 서민층의 귀를 즐겁게 해주었기 때문입니다. 매일 아무도 읽지 않을 많은 소책자들을 들고 나와 자신을 친구로 삼기보다는 적으로 삼는 그리고 그가 단지 목차를 통해서만 알고 있을 법한 많은 저자들을 자극함으로써, 그리고 마치 어떤 학문에 관해서도 잘 아는 것처럼 아주 무모하고도 미숙하게 이야기함으로써, 배우지 못한 사람들에게 아주 학식이 뛰어난 사람으로 비추어졌기 때문입니다. 그러나 항상 다른 사람들을 선동하는 일에 젖어 있는 그가 얼마나 몰염치한 인간인지를, 논의를 해야 할 곳에서 얼마나 자주 비방을 논거로 제시했는지를, 얼마나 추한 패자로서 자리를 떴는지를 아는 그보다 학식 있는 사람들은, 이들이 그와는 다른 종교에 속한 경우, 그를 공개적으로 비웃고 경멸합니다. 그리고 그 중 일부는 그에 대해 더 이상 새로운 것이 쓰일 수 없다고 생각될 정도로 이미 그와 공개적으로 열전(熱戰)을 벌였습니다. 그와 종교가 같은 사람들의 경우, 아무리 그를 용서할 수 있고 그에게 너그러울 수 있더라도, 마음속에서까지 그에게 동조하는 것은 아닙니다. 585

그가 얼마 동안 학장을 한 후, 그 의사를 좌장으로 한 논쟁에서 그 의사의 학생들이 어떤 테제들을 옹호할 때, 이들에게 제기된 논증들에 답할 기회가 주어지지 않고, 학자들이 몰염치하게 발을 굴러 난장판이 된 적이 있습니다. 저는 그 신학자가 친구들을 선동해 이러한 난장판을 일으킨 것이라고 주장하는 것이 아닙니다. 저로서는 알 수 없는 일입니다. 하지만 전에는 그런 일이 일어나지 않았습니다. 그리고 저는 그곳에 있었던 신뢰할 만한 사람들로부터 그러한 소동이 결코 답변을 하는 학생들이나 의사 때문에 일어날 수 있었던 것은 아니라는 말을 들었습니다. 왜냐하면 그 소동은 항상 그들이 자신들의 생각을 설명하기도 전에 이미 시작됐기 때문입니다. 그동안 불행하게도 새로운 철학이 그곳에서 제대로 방어되지 못하고 있다는 소문이 퍼졌습니다. 따라서 아시다시피, 사람들은 이로부터 그 철학이 공개적으로 가르쳐지기에는 부적합하다는 결론을 내렸습니다.

이런 적도 있었습니다. 그 의사의 주재하에 토론이 빈번하게 열렸고 또 서로 무관한 여러 가지 문제들로부터 매우 부주의하게, 답하는 자들의 임의대로, 테제들이 세워졌습니다. 그 결과 어떤 테제에서는 "정신과 육체로부터 하나의 독립적인(*per se*) 존재가 만들어지는 것이 아니라, 우연한 존재가 만들어진다"[36)] [37)]는 것이 제시되었습니다. 전혀 다른 2개의 실체로 이루어진 모든 것을 "우연한 존재"(*ens per accidens*)라고 부르지만 그 때문에 정신과 육체를 결합하는 실체적 합일(*unionem substantialem, unio substantialis*)을 부정하지는 않고, 또 그 두 부분이 그러한 합일에 본성적으로 적합하다는 것을 부정하지도 않으면서 말입니다. 이는 그들이 바로 그 뒤에 "그 실체들은 그들의 합일에서 유래하는 구성으로 인해(*ratione compositi, ratio compositum*) 불완전하다고(*incompletas, incompletae*) 말해진다"라는 것을 덧붙였다는 사실로부터 명백합니다. 따라서 학교에서

586

36) AT III 460쪽 이하 참조.

37) 〔역주〕 원문은 "ex mente & corpore non fieri unum ens per se, sed per accidens"이다.

널리 사용되지 않는 이야기 방식 말고는 딱히 탓할 만한 것이 없었습니다.

그러나 신학자인 그 학장은 이를 그 의사를 압박할, 이교도들을 비난할, 그리고 만일 그렇게 해서 자신이 기대하는 대로 일이 진행된다면 학과장이 원하지 않음에도 불구하고 그를 교수자리에서 쫓아낼 절호의 기회로 생각했습니다. 그 의사는 학장이 그 테제에 동의하지 않는다는 것을 알게 된 즉시 그 학장과 나머지 신학과 교수들을 찾아가 자신의 생각을 설명함으로써 자신이 그들의 신학과 자기 자신의 신학을 거스르는 어떤 것도 생각하거나 쓰고자 하지 않았다는 것을 맹세했지만, 아무런 소용이 없었습니다.[38] 그 신학자는 며칠 후, 제게 전해진 바에 따르면, 다음의 제목을 달고자 원했던 테제들을 출간했습니다: "신성한 신학과의 권위로 지도를 위해 학생들에게 보내는 부연"(*corollaria admonitoria*). 그리고 다음이 덧붙여졌습니다: "하이델베르그 신학자들이 무신론자라고 부르는 의사 타우렐루스(Taurelli, Taurellius)와 어리석고 젊은 고르레우스(Gorlaei, Gorlaeus)의 견해는, 즉 인간은 우연한(*per accidens*) 존재라는 견해는 여러 가지 면에서 물리학과 형이상학과 심령학(*Pneumaticam, Pneumatica*)과 신학과 충돌한다."[39] 그가 이런 제목을 달고자 한 것은, 그곳의 나머지 모든 신학과 교수들과 설교자들이 그 테제들에 서명하면(저는 이들이 서명했는지 아닌지 모릅니다), 그들 중 어떤 이들을 학과장에게 보내 아마도 자신이 한 번도 읽어보지 않은 그리고 나 역시 알지 못하는 저자들인 타우렐루스와 고르레우스와 함께 그 의사가 종교회의에서(*ecclesiastico concilio, ecclesiasticum concilium*) 무신론자로 판결을 받았다고

38) AT III 463쪽 참조.
39) AT III 487쪽 참조.

전하게 하고자 했기 때문일 것입니다. 이 경우 다수에 대한 고려 차원에서 학과장은 더 이상 그를 교수자리에 두지 못했을 것입니다. 그러나 그 테제들이 인쇄되던 와중에 학교당국 사
587 람들의 수중에 들어갔습니다. 이들은 그 신학자를 불러 그가 하고자 하는 일에 주의를 주었고, 최소한 그 제목을 바꿀 것을 요구했으며 신학과의 공적 권위를 그의 비방에 악용하지 못하도록 했습니다.[40)]

그럼에도 불구하고 그는 자신의 테제들의 출간을 고집했습니다. 그리고 존경하는 신부를 흉내 내어, 그것들을 3일 동안 논쟁했습니다(*disputavit, disputavisse*).[41)] 그런데 만일 그가 다음과 같은 언어적인 것만(*logomachia*) 다루었다면 그 내용이 너무나 초라했을 것입니다: "두 실체로 구성된 것이 우연한 존재라고 말해져야 하는지 아닌지." 그 때문에 그는 이에 다른 물음들을 덧붙였는데, 이 가운데 주된 것은 "물질적인 것들(*rerum materialium, res materiales*)의 실제적 형상들에 관한" 물음이었습니다. 이것들은, 이성적 영혼을 빼고는, 모두 그 의사가 부정한 것들입니다. 그러나 신학자는 자신이 제시할 수 있는 모든 근거들을 총동원해서 그 형상들을 뒷받침하고자 했고 또 소요학파의 수호신인 양 그것들을 방어하고자 했습니다. 제가 여기서 쓸데없이 다른 사람들의 논쟁에 휘말리는 것처럼 보이지 않기 위해 〔말씀드리자면〕 이렇습니다. 그 의사가 자신의 테제들과 관련해서 자주 그랬듯이, 그 신학자 역시 자신의 테제들에서 제 이름을 거론했을 뿐만 아니라 논쟁하는 가운데에서도 제 이름을 들먹였습니다. 뿐만 아니라 제가 결코 한 번도 본

---

40) AT III 488~489쪽 참조.

41) 1641년 12월 18일과 23일과 24일자 편지 참조. 존경하는 신부는 부르댕을 의미함. 566쪽 20번째 줄 참조.

적이 없는 상대에게 제가 그에게 그 논증들을 제시했는지 아닌지를 물었습니다. 그리고 아주 적절치 못한 비유를 통해, 철학을 수행하는 일반적 방식을 마음에 들어 하지 않는 사람들이 제게서, 마치 유대인들이 자신들을 모든 진리로 이끌 예지자를 기다리듯이, 다른 방식을 기대한다고 주장했습니다.

그가 그렇게 사흘간 의기양양해 있을 때, 그 의사는 만일 자신이 침묵한다면 많은 사람들이 자신을 패자로 간주하게 될 것이라는 것을 잘 알고 있었습니다. 그렇지만 만일 그가 공개 588 적 논쟁을 통해(*publicis disputationibus*, *pubulicae disputationes*)[42] 자신을 방어한다면, 그 신학자가 이전과 같이 그것이 들리지 않도록 많은 야유를 쏟아낼 준비를 할 것임을 잘 알고 있었습니다. 그래서 그는 신학자의 테제들에 대해 다음과 같은 종류의 답변을 쓰기로 계획을 세웠습니다. 즉, 자신이나 자신의 견해에 반하는 것들에 대해서는 탄탄한 근거들을 통해 반박하더라도 아주 친절하게 예를 갖춤으로써 그 테제들의 저자가 자신의 친구가 되려고 노력하게 만드는, 아니면 적어도 그의 상처받은 영혼을 자극하지 않는 답변을 쓰기로 계획을 세웠습니다.[43] 그리고 그는 실제로 자신의 답변을 그런 식으로 잘 꾸몄습니다. 그래서 그것을 읽은 많은 사람들은 그 속에 신학자가 불평할 만한 것이 아무것도 들어 있지 않다고 생각했습니다. 그 신학자가 경건하고 남을 헐뜯는 일과는 전혀 거리가 먼 사람이라고 한 것 이외에는 말입니다.

그러나 그 신학자는 비록 그 의사가 자신에게 말로는 상처를 입히지 않았지만 실제로는 커다란 불의를 저지른 것이라고

---

42) 〔역주〕 특별논쟁을 의미함.

43) AT III 491쪽과 530쪽 참조. 레기우스의 이 답변은 (부분적으로는 데카르트가 쓴 것인데) 1642년 2월 16일에 출간되었다(AT III 530쪽 참조).

믿었습니다. 왜냐하면 그는 근거들에 의해 제압당했기 때문입니다. 특히 자신이 무고한 사람을 고발하는 사람임이, 자신이 잘난 체하는 사안들과 관련해서 자신의 무지함이 확연히 귀결되는 근거들에 의해 제압당했기 때문입니다. 그는 무력을 사용하여 자신이 싫어하는 그 답변을 자신의 도시에서 금하는 것 외에는 이러한 재앙을 치유할 어떤 약도 발견할 수 없었습니다. 아마도 그는 몇몇 사람들이 아리스토텔레스에 관해 다음과 같은 이야기를 하는 것을 들었나 봅니다. 즉, 아리스토텔레스가 옛 철학자들의 견해들을 확실하게 반박할 수 없었을 경우, 그는 그 견해들에 우리가 그의 글에서 읽는 매우 불합리한 견해들을 덧붙였으며 또 후대 사람들이 그러한 속임수를 발견하지 못하도록 하기 위해 꼼꼼히 그 사람들의 책들을 찾아내어 589 불태우도록 했다는 이야기를 말입니다. 충실한 소요학파 학자로서 이를 흉내 내고자 우리의 신학자는 자신의 대학의 원로회의를[44] 소집했습니다. 그는 자신의 동료가 자신에 대해 펴낸 소책자를 성토했고 그 책이 금지되어야 한다고 또 분란을 야기하는 그 철학이 학교에서 모두 배제되어야 한다고 주장했습니다. 대부분이 이에 동의를 표했습니다. 이 가운데 세 사람이[45] 대표로 학과장을 찾아가서 똑같이 성토했습니다. 이들을 만족시키기 위해, 학과장은 책장사에게 몇몇 견본들을 압수하도록 했습니다. 그러자 이로 인해 나머지 견본들은 더욱더 잘 팔리게 되었고 더 활발하게 읽혀지게 되었습니다. 그리고 그곳에 신학자가 거부할 수 없는 논증력 외에 그가 정당하게 불평할 수 있는 것이 하나도 드러나지 않자, 모두들 그를 비웃었습니다.

44) 1642년 2월 18일과 19일(AT III 530쪽 참조).

45) Maetsius, Mathaeus, Liraeus(AT III 530~533쪽과 534~535쪽 참조).

그러나 그 가운데에서도 그는 멈추지 않았습니다. 그는 그러한 불명예스러운 일들을 알리기 위해 매일 자신의 대학의 원로회의를 소집하였습니다. 이는 그에게 녹녹치 않은 일이었습니다. 무엇 때문에 그가 그 의사의 답변과 그의 모든 철학이 유죄판결을 받기를 원하는지 그 이유를 찾아내야만 했지만 아무것도 발견할 수 없었습니다. 그럼에도 불구하고 그는 마침내 대학 원로회의 이름으로 판결을 공표했습니다. 하지만 그 판결은 오로지 그 학장 탓으로만 돌리는 것이 공정한 일입니다. 그는 자신이 주최한 모든 회합들에서 재판관으로 앉아 있었을 뿐만 아니라, 그 가운데 가장 혹독한 비난가였습니다. 하지만 그 의사는 그곳에 참석한 적도, 의견이 청취된 적도 없었습니다. 그렇다면 그가 자신의 동료 대부분을 용이하게 자신이 원하는 방향으로 이끌고 갔을 것이며, 자신과 견해를 달리하는 사람들은 표로 눌렀을 것임을 의심할 사람이 누가 있겠습니까? 특히 어떤 사람들은 그와 마찬가지로, 혹은 그보다 더 그 의사를 미워할 이유를 가지고 있었고 또 그가 호전적임을 잘 알고 있는 사람들은 평화를 깨고 싶지 않아 그들의 학장을 자유롭게 반박할 수 없었습니다. 그런데 그 중 어떤 사람도 그 판결의 인증자로 거명되기를 원하지 않았다는 것 역시 특이한 일입니다. 오히려 의사와 아무런 친분도 없었고 제가 알지도 못하는 어떤 사람은[46] 나중에 그 판결로부터 뒤따르게 될 불명예를 예견하고 이를 모면하기 위하여 그 판결을 인증하지 않은 자로 자신의 이름을 기록할 것을 명시적으로 요구했습니다. 590

저는 그 판결의 사본을 여기에 덧붙이고자 합니다. 한편으로는 이곳에서(*in his regionibus*) 식자들간에 무슨 일이 벌어지

46) 법학 교수인 키프리아누스 레그네리(AT III 557~558쪽 참조).

고 있는지를 아시는 것이 저하의 명성을(*Reverentiae tuae*) 거스르는 일은 아닐 것이기 때문입니다. 다른 한편으로는 제 힘이 닿는 한, 몇 년 후 그것이 인쇄된 얇은 전단들이 모두 헤졌을 때, 험담가들이 그것의 권위를 이용하는 것을 막기 위해서 그리고 그들이 그 안에 저의 철학에 대해 유죄판결을 내릴 만한 정당한 근거들이 들어 있었다고 꾸며대는 것을 막기 위해서입니다. 저는 다만 학교 이름만은 밝히지 않고자 합니다.[47] 학장이 어제 혹은 그제 흥분을 억제하지 못해서 현명치 못하게 저지른 일을 그래서 아마도 내일이나 모레 다른 사람이 수정하게 될 것을 외부사람들이 학교의 치부로 간주하지 않도록 하기 위해서 말입니다.[48]

☆☆대학 원로회의 이름으로 내려진 판결

☆대학의 교수들은 1642년 2월에 신학-철학적 부연에(*Corollaria*) 대한 답변 혹은 설명 등이라는 제목으로 출간된 소책자를 무거운 마음을 가지지 않고서는 볼 수 없었기 때문에 그리고 그 소책자가 위 대학에 전례가 없을 정도로 해를 끼치고 명예를 실추시킬 뿐만 아니라 다른 사람들의 정신에 나쁜 의혹들을 불러일으키고자 하는 것에 주목했기 때문에, 모든 사람들 각각에게 다음을 분명히 하는 것이 옳다고 생각하였다:

591

첫째, 교수들은 어떤 동료가 다른 동료를 반박하는 책이나 소책자를 공개적으로 출판하는 것에, 특히 이름이 명시된 경우 더

47) 데카르트는 대학 이름 대신 별표를 했다. 22번째 줄, 593쪽 16번째 줄에도.
48) AT III 551~553쪽 참조. 데카르트가 1642년 3월 31일에 레기우스에게 보낸 편지 참조, AT III 557~558쪽 참조.

더욱, 동의하지 않는다. 또한 이것이 대학에서 논란이 되는 사안들과 관련해서 이름이 명시되지 않은 채 논의가 된 테제들이나 부연들일 경우.

둘째, 교수들은 이른바 그 새로운 철학을(*nova & praesumpta philosophia*) 옹호하기 위하여 위의 책에서 자주 사용되는 방식을 비난한다. 왜냐하면 그 방식은 이곳이나 다른 곳에서 그 철학과는 반대되는 그리고 모든 대학들에서 받아들인 일반 철학을 그것보다 더 참된 철학이라고 가르치는 사람들을 비방하는 몰염치한 말들로 이루어져 있기 때문이다. 예를 들자면, 거론한 책의 저자가 다음을 말할 때처럼:

6쪽: "나는 이미 오래전에 나의 지도하에 학생들이(*auditorum, auditores*) 단기간 내에 이룬 괄목할 만한 성장을 달가워하지 않는 사람들이 있다는 것을 알았다."

7쪽: "다른 사람들이 매듭을 풀기 위해 일반적으로 사용해 온 어휘들(*Termini*)은 조금이라도 더 뛰어난 통찰력을 지닌 사람들을 충분히 만족시키지 못하고 그들의 영혼을 어두움과 안개로 채울 뿐이다."

같은 쪽: "참된 견해는(*verus sensus*) 다른 사람들로부터의 통상적 교육이 아니라, 나로부터 훨씬 더 잘 그리고 빨리 배울 수 있다. 불과 몇 개월 동안 나에게서 교육을 받았을 뿐인데, 많은 학생들이 공개적 논쟁에서 보여준 뛰어난 능력에 대한 경험이 그것을 입증해 준다. 나는 건강한 두뇌를 가진 사람이라면 그 누구라도 여기에 있는 그 어떤 것도 비난해서는 안 되며 모든 것들을 592 칭찬해야 한다고 생각하리라는 것에 대해 조금도 의심하지 않는다."

9쪽: "나는 저 가련한 존재들〔즉 실체형상들과 실제적 성질들(*formas substantiales, & qualitates reales, formae substantiales, & qualitates reales*)〕은 기껏해야 열심히 공부하는 사람들의 능력을

무디게 만들 뿐이며 당신이 그렇게 명해서 학습된 무지의 자리에 또 다른 화려한 무지를 쑤셔 넣는데 말고는 아무런 쓸모가 없다는 것을 정확하게 인식했다."

15쪽: "그러나 반대로 실체형상들을 주장하는 견해로부터 영혼이 물질적이고 멸한다고 주장하는 사람들의 입장으로 빠져드는 것은 아주 쉬운 일이다."

20쪽: "적극적인(*activum*) 하나의 원리에, 즉 실체형상에 모든 것을 환원시키는 그러한 철학적 방식은 오히려 코레부스(Choraebo, Choraebus)[49] 같은 사람에게나 어울리는 것으로 여겨져야 하는 것 아닌지 물을 수 있다."

25쪽: "이로부터 실체형상을 부정하는 사람들이 아니라 지지하는 사람들이 오히려 탄탄한 추론을 통해 자신들을 무신론자나 동물로 만드는 상황으로 이끌려가게 될 수 있다는 것이 명백하다."

39쪽: "다른 사람들이 아주 사소한 것들과 관련해서(*in minimis*) 지금까지 제시한 원인들은 군색하고 진리와는 거리가 멀고 또 진리를 추구하는 영혼을 달래지 못하기 때문이다."

셋째, 우리 교수들은 그 새로운 철학을 거부한다. 첫째로 그것은 전 세계의 대학들이 지금까지 최선의 의도를 가지고 가르쳐 온 옛 철학에 적대적이고 또 그것의 토대들을 전복시키기 때문이다. 둘째로 그것은 젊은이들을 오래되고 그리고 건전한 철학으로부터 격리시키고 교육의 정점에 이르는 것을 방해하기 때문이다. 그 이유는 이른바 그 철학이 사용하는 수단으로 말미암아 〔전통 철학을 수행하는〕 저자들의 책이나 교수들의 강의와 논의에서 사용된 어휘들을(*technologemata*) 이해할 수 없게 되는 탓이다. 끝으로 그 철학으로부터 거짓되고 불합리한 여러 가지 견해들이 귀결되기 때문뿐만이 아니라 부주의한

593

49) 물결을 세려고 시도하는 어리석은 사람(Suidas).

젊은이들은 그것으로부터 다른 과목이나 전공들과 모순되는 견해들을 연역할 가능성이 있고 또 무엇보다도 정통 신학과 모순되는 견해들을 연역할 가능성이 있기 때문이다.

따라서 우리 교수들은 다음과 같이 결정하였다. 이 학교에서 가르치는 모든 선생들은 이제부터 특별한 몇몇 견해들에 대해 이견을 표명할 수 있는 소박한 자유, 즉 다른 명성 있는 대학들을 모범으로 삼아 이곳에서 채택된 소박한 자유에 만족하고 그 새로운 철학을 가르치는 것과 가르치려는 시도를 포기해야 한다. 그렇게 한다면 옛날부터 수용되어 온 철학의 토대들을 무너뜨리지 않게 될 것이며 또 모든 면에서 ☆대학의 평화가 잘 유지되도록 노력하게 될 것이다. 1642년 3월 16일.[50]

그런데 다음은 지적할 가치가 있습니다. 이 판결이 공표된 시기는 학장이 그 의사의 책에 답변하기보다는 금지시키고자 하는 것에 대해 사람들이 이미 비웃고 있었을 때였습니다. 따라서 모든 근거들이, 적어도 그가 그 일을 정당화시키기 위해 생각해낼 수 있는 근거들이 그곳에 명시되어 있다는 것은 의심할 여지가 없습니다. 그러므로 만일 저하의 마음에 든다면, 그것들을 하나하나 따져보도록 하겠습니다.

첫째로, 의사의 소책자가 "위 대학에 전례 없을 정도의 해를 끼치고 명예를 실추시킬 뿐만 아니라 다른 사람들의 정신에 나쁜 의혹들을 불러일으키는 역할을 한다"[51]고 되어 있습니다. 저는 이를 다음 이외에는 달리 해석할 수 없습니다. 즉, 이를 기회로 사람들은 대학의 학장이 명백한 진리를 반대하기 때문에 현명하지 못했다고, 근거에 의해 패했음에도 불구하고 권위로써 594

50) 공식적으로는 "17일"이다. AT III 533쪽 참조.

51) 591쪽 2~4번째 줄 참조.

이기고자 하기 때문에 사악하다고 추측하거나 아니면 더 나아가 인식하게 될 것이라고밖에는 말입니다. 그러나 그는 더 이상 학장이 아니기 때문에[52] 학교의 명예를 실추시키는 일을 이미 중단했습니다. 그리고 의사에게 교수자리를 주는 것이 대학에게 명예가 되듯, 그에게 교수자리를 주는 것이 대학에게 불명예가 되는 것은 아닙니다. 그가 대학의 명예를 훼손시키는 짓만 하지 않는다면 말입니다.

둘째로 "어떤 동료가 다른 동료에 대해 책이나 소책자를 공개적으로 출판하는 것에, 특히 이름이 명시된 경우 더더욱, 동의하지 않는다"[53] 고 되어 있습니다. 그러나 그렇다면 오히려 그 재판의 고소인이자 좌장이었던 학장 자신만이 유일한 피고인이었어야 했으며, 또 혼자 유죄판결을 받았어야 했습니다. 그는 이미 이전에, 도발되지도 않은 상태에서, 죄 없는 자신의 동료에게 압박을 가했고 모략을 통해 그를 무너뜨리고자 그를 겨냥하여 '테제들'이라는 이름으로 2개의 소책자를 출간했을 뿐만 아니라 성스러운 신학과의 권위로써 그 테제들을 무장시키고자 했기 때문입니다. 그리고 만일 그가 그의 이름을 제시하지 않았다는 것으로써 자신을 정당화한다면, 이는 웃음거리가 될 것입니다. 왜냐하면 그는 그에 앞서 출간된 그 의사의 말들을 인용했고 따라서 그가 공격하는 사람이 그 의사임을 그 누구도 의심할 수 없을 정도로 그 의사를 지시했기 때문입니다. 그럼에도 그 의사가 그 신학자를 공격하기 위해서가 아니라 오히려 친구로서 그에게 글을 쓴 것이며 또 단지 그를 영예롭게 하기 위해 그의 이름을 거론한 것이라고 믿었어야 할 정도로, 그 의사는 아주 부드럽게 답변을 했고 또 그의 이름을 자주 칭

52) 뵈티우스의 임기는 1642년 3월 16일까지다. AT III 533쪽 참조.
53) 591쪽 7~9번째 줄 참조.

송했습니다.[54] 만일 신학자가 적어도 의사가 제시한 근거들을 반박할 근거들을, 그것들이 아무리 개연적인 것들이라 하더라도, 가지고 있었다면 실제로 그렇게 믿었을 것입니다. 그런데 학장이 자신의 동료를 이 하나 때문에 부정한 행위를 저지른 죄인으로 만드는 것보다 더 부당한 일이 있을 수 있습니까? 595 즉, 학장이 모략을 통해 자신에게 가하는 압박을 더 이상 견딜 수 없어서, 학장이 주장하는 이교도와 무신론자라는 (자신의) 죄목을 반박할 아주 명백하고 참된 근거들을 제시했다는 이유 하나 때문에 말입니다.

그러나 신학자는 그가 의사의 소책자에서 자주 사용되고 있다고 주장하는 "새로운 철학을 옹호하는 방식"을 비난합니다. "왜냐하면 그것은 이곳이나 다른 곳에서 그 철학과는 반대되는 그리고 모든 대학들에서 받아들인 일반적 철학을 그것보다 더 참된 철학이라고 가르치는 사람들을 비방하는 몰염치한 말들로 이루어져 있기 때문이다."[55] 아주 겸손한 그 사람은 다른 사람의 몰염치한 말들을 비난하지만, 만일 그 누구라도 그 신학자가 의사의 소책자 여기저기에서 가장 몰염치한 것으로서 그리고 시기심을 자아내기에 가장 적당한 것으로서 인용한 부분들을 고찰한다면, 실제로는 그러한 것이 전혀 없다는 것을 인식할 것입니다. 특히나 만일 그에게, 철학학파들에서(*in scholis philosophorum*) 누구나 자신이 생각하는 것을 가차 없이(*sine ullis verborum delinimentis*) 말하는 것보다 또 그 때문에 오로지 자신의 견해만이 참이며 다른 모든 견해는 거짓이라고 주장하는 것보다 더 흔한 일은 없다는 것이 설명된다면 말입니다. 왜냐하면 논쟁활동은(*disputandi usus*) 아마도 그들을 그들보다 서

---

54) AT III 494쪽 15번째 줄~497쪽 21번째 줄 참조.

55) 591쪽 11~12번째 줄과 13~16번째 줄 참조.

민적인 삶을 추구하는 사람들에게는 심하다 싶을 정도의 자유에 익숙하도록 만들었기 때문입니다. 마찬가지로 만일 그에게, 마치 모든 철학자들을 겨냥해서 말해진 것처럼 이곳에서 인용된 말들 가운데 대부분은, 그 의사의 책으로부터 분명하듯, 오로지 그 신학자와 관련해서 이해되어야 한다는 것이 설명된다면 말입니다. 그리고 만일 그에게, 복수나 3인칭으로 말해진 것은 단지 그 신학자를 덜 자극하기 위함이었다는 것이 설명된다면 말입니다. 그리고 마지막으로 여기서 코레부스에 관해 설명된 것 그리고 역시 마찬가지로 무신론자들이나 동물들에 관해 설명된 것 등은 그 의사가 직접 쓴 것이 아니라 그 신학자가 부당하게 그리고 거짓으로 그에게 던진 말로서, 이를 반박하자면 어쩔 수 없이, 참되고 명백한 근거들로써 그 말들이 자신의 말이 아니라 오히려 그의 적의 말임을 보여야 했다는 것이 설명된다면 말입니다. 모략을 통해 다른 사람들을 무신론자나 짐승이라고 부를 수 있는 특권이 자기 자신에게는 허용되어 있기를 원하면서도 그들이 겸허하게 참된 근거로써 자신을 반박하는 것은 참지 못하는, 이 정도로 몰염치한 사람을 대체 누가 감당할 수 있습니까? 그러나 저는 저와 더 관련이 있는 것들로 넘어가겠습니다.

596

그가 새로운 철학을 비난하는 이유는 3개입니다. 첫 번째 이유는 그것이 "옛 철학에 적대적이라는 것"입니다. 저는 여기서 앞서 이야기한 것을, 즉 저의 철학이 모든 철학들 가운데 가장 오래된 것이며 저의 철학과 다른 어떤 것도 일반 철학에 들어 있지 않다는 말을 반복하지 않겠습니다. 이는 새로운 것이 아닙니다. 저는 단지, 새로운 철학이 모양들을 고찰하기 때문에 그것이 마술이라는 의혹을 불러일으키려고 할 정도로 어리석은 (혹은, 만일 저하께서 원하신다면, 사악한) 사람에게 그 자신이 비난하는 철학을 제대로 이해하고 있는지만을 물을 뿐입니다. 또한 저는 일반적으로 학교에서 무엇 때문에 논쟁이 행해지는지 묻습니다. 명백한 진리를 찾기 위해서임은 의심의 여지가 없습니다. 만일 명백한 진리를 가지고 있다면, 사람들은 그것에 관한 논쟁을 중단할 것이기 때문입니다. 기하학에서 볼 수 있듯이, 그것에 관해 논쟁하는 것은 관례가 아닙니다. 그런데 만일 우리가 그렇게 오랫동안 찾고 추구하던 명백한 진리를 천사가 제시한다면, 그것이 학교에서 벌어지는 논쟁들에 익숙해져 있는 사람들에게 새롭다는 이유로 그 진리가 거부되어야 합니까? 그러나 아마도 그는 원리들에 관해서, 이 원리들은 이른바 저의 철학에(*a praesumpta nostra Philosophia*) 597 의해 전복되는데, 논쟁이 벌어지는 것은 아니라고 할 것입니다. 그렇다면 그는 무엇 때문에 그 원리들이 그렇게 쉽게 전복되도록 놔둡니까? 그가 지금까지 그 원리들을 토대로 해서 어떤 확실한 것도 세워놓을 수 없었다면, 이로부터 그 원리들이 불확실하다는 것이 충분하게 보여진 것 아닙니까?

두 번째 이유는 "이른바 젊은이들이 그 철학이 사용하는 수단으로 말미암아 〔전통 철학을 수행하는〕 저자들의 책이나 교수들의 강의와 논의에서 사용된 어휘들을(*technologemata*) 이해할 수 없다"[56]는 것입니다. 진리를 인식하기 위해 세워진 철학에, 철학 자신이 필요로 하지 않는 어휘들을 가르치는 것이 필연적이기나 한 듯이 말입니다! 문법이나 수사학의 주된 과제는 언어임에도 불구하고 그 어휘들이 마치 외국어이기나 한 듯 그것들을 가르치는 일에서는 손을 놓습니다. 그렇다면 무엇 때문에 그는 문법이나 수사학을 그 때문에 비난하지는 않는 것입니

56) 593쪽 1~4번째 줄 참조.

까? 따라서 이 때문에 그는 “그것은 젊은이들을 오래된 그리고 건전한 철학으로부터 격리시키고 교육의 정점에 이르는 것을 방해 한다”[57]고 주장할 것입니다. 그러나 저의 철학에 대해 그렇게 이야기하는 것보다 더 우스운 일은 없을 것입니다. 왜냐하면 그 철학이 아니라 그 어휘들을 사용하는 사람들에게 그것들에 대한 설명을 요구해야 하는 것이기 때문입니다.

끝으로 세 번째 이유는 두 부분으로 이루어져 있습니다. 이 중 하나는 아주 우스꽝스럽고, 다른 하나는 명백하게 부당하며 또 거짓입니다. 어떤 것이 “부주의한 젊은이들이” 그것으로부터 “거짓되고 불합리한 여러 가지 견해들을 쉽사리 연역할 수 없을 정도로”[58] 참이고 명백합니까? 그런데 저의 철학으로부터 “정통 신학과 모순되는 견해들이 귀결된다”[59]는 것은 전혀 사실이 아니며 부당합니다. 제가 그의 신학이 정통신학이 아니라

598 고 믿는다는 것을 이의로 제기하지 않겠습니다. 저는 그 누구도 저와 생각이 다르다는 이유 때문에 비난한 적이 없습니다. 특히 신앙과 관련된 것들에서는 더더욱 말입니다. 왜냐하면 저는 신앙은 신의 선물이라고 알고 있기 때문입니다. 당연히 저는 그가 가진 종교와 동일한 종교를 자신들의 종교라고 고백하는 많은 신학자들과 설교자들을 존경하고 사랑합니다. 저는 이미 신학과 관련된 어떠한 논쟁에도 결코 휘말리고 싶지 않다는 것을 자주 피력해왔습니다. 그리고 저는 철학에서도 또한 오로지 자연적 이성에 의해 아주 명석하게 인식될 수 있는, 그리고 신학이 이성의 빛에 명백히 위배되지 않는 한 어떤 신학과도 모순되지 않는 것들만을 다루고자 합니다. 왜냐하면 저

57) 592쪽 28번째 줄~593쪽 첫 번째 줄 참조.
58) 593쪽 4~6번째 줄 참조.
59) 593쪽 6~8번째 줄 참조.

는 그 누구도 자신의 신학이 그렇다고 이야기하지 않을 것임을 알고 있기 때문입니다.

이밖에도, 의사가 제시한 근거들 가운데 어느 하나도 신학자가 해결할 수 없다는 것을 제가 경솔하게 주장하는 것처럼 비추어지지 않도록 하기 위해서, 저는 여기서 그 증거를 두세 개 제시하겠습니다. 비록 신학자에 의해서는 아니지만, 해당 사안과 관련해서 그를 옹호하기 위한 소책자들이 이미 두세 권 나왔습니다. 그 소책자들을 낸 사람들은 만일 그 소책자들이 어떤 좋은 내용을 담고 있다면 그것이 그에게 돌아가도록 할, 그러나 만일 그가 더 좋은 생각을 가지고 있었다면 결코 그들의 이름 뒤에 숨어 그들이 부질없는 것들을 이야기하는 것을 허락하지 않았을 그런 사람들이었습니다.

첫 번째 소책자는 '테제들'이라는 제목으로 같은 대학의 교수인 그의 아들이 출간했습니다.[60] 그곳에서 그는 단지 실체 형상을 뒷받침하기 위한 그의 아버지의 공허한 논증들을 되풀이했을 뿐만 아니라 더 나아가 그보다 더 의미 없는 논증들을 덧붙이기까지 했습니다. 또한 이미 의사가 그 모든 논증들을 물리치는 데 사용한 근거들에 대해서는 전혀 언급하지 않았습니다. 이 때문에 그 소책자의 저자가 그것들을 이해하지 못하고 있거나 아니면 적어도 영리하지 못하다는 것 이외에는 다른 결론을 내릴 수 없습니다.

다른 한 쌍의 소책자는 학장이[61] 좌장이었던 3일간의 선동적 논쟁에서 답변을 한 그의 학생의 이름으로 나왔습니다. 그것의 제목은 다음과 같습니다: "정통 철학 원리들의 파발꾼 혹은 그것들을 수호하기 위한 검토 등." 실로 그곳에는 그 소책자 599

60) AT III 558쪽과 561쪽 참조.

61) 람베르트 워터랠(Lambert Waterlaet), AT III 561쪽 참조.

의 저자 혹은 저자들이 의사의 근거들을 공격하기 위해 지금까지 생각해 낼 수 있었던 모든 것들이 모아져 있었습니다. 왜냐하면 두 번째 부분 혹은 새로운 "파발꾼" 역시 애초부터 첫 번째 부분이 인쇄되는 동안 저자들에게 떠오른 것들 가운데 그 어느 것도 빠뜨리지 않기 위해 덧붙여진 것이기 때문입니다. 그러나 그럼에도 불구하고 그것들은, 제가 확실하게 이야기하지 않고 단지 개연적으로만 주장하자면, 의사의 근거들 가운데 결코 그 어느 하나도, 아니 조금도 반박하지 못했습니다. 이 때문에 온통 공허한 내용들로 많은 분량을 엮어냄으로써 그리고 또한 사람들이 계속해서 더 많은 내용을 기대하도록 하기 위해 "파발꾼"이라는 말을 집어넣음으로써, 저자는 단지 누군가 그것들에 대해 답변할 마음이 일어나지 않도록 하는 데에만, 그리고 이런 방식을 통해 최소한 책이 두꺼우면 두꺼울수록 더 좋은 책이라고 믿는 그리고 항상 아주 거만하고 아주 길게 이야기하는 사람들이 승자라고 믿는 단순한 대중들 앞에서만이라도 개가를 올리고자 하는 데에만, 신경을 썼다는 인상을 지울 수가 없습니다.

저는 대중들의 갈채를 갈망하지 않고 제 능력이 닿는 한 진리를 수호함으로써 덕망 있고 학식 있는 사람들과 한 마음이 되어 저 자신의 양심을 지키고자 합니다. 따라서 저는 제가 저의 적대자들이 사용하곤 하는 계략들을 모두 만천하에 드러내어, 후대에 진리의 모략가나 진리를 싫어하는 사람으로 명백하게 인식되는 것을 부끄러워하지 않는 사람 이외에는 그 누구도 그것들을 사용하지 않게 되기를 항상 희망하고 있습니다.
600 제가 처음부터 모든 이들에게 저의 글에서 참인 것으로 제시된 것들에 대해 반박할 만한 것을 가지고 있는 경우 그것을 저에

게 자세히 써 보내주기를 부탁하고 제가 그것들에 대한 답변을 약속한 것은[62] 보다 더 겸손한 사람들을 자중하게 만드는 데 적지 않은 기여를 했습니다. 왜냐하면 그들은 비방가라는 의혹을 받지 않으면서 다른 사람들 앞에서 저에 관해, 제가 그것을 모르는 상태에서 그 어떤 것도 말할 수 없다는 것을 보았기 때문입니다. 그러나 많은 사람들은 이를 무시했습니다. 저의 글에서 거짓의 혐의를 씌울 수 있는 것을 하나도 발견하지 못했음에도 불구하고 그리고 아마 저의 글을 읽기조차 하지 않았음에도 불구하고, 그들은 몰래 저의 글을 비방했습니다. 이들 중 일부는 온전한 책들을 쓸 정도로, 그러나 출간을 위해서가 아니라, 단지 신뢰할 만한 사람들 앞에서 사적으로 읽고자, 열심이었습니다.[63] 저는 후자가 전자보다 훨씬 더 나쁜 경우라고 생각합니다. 이 책들은 애매한 말로 치장된 많은 거짓 근거들로, 일부는 단지 저에게 의도적으로(*falso*) 덮어씌운 견해들을 공격하기 위한 목적으로 제시된 참된 근거들로 채워졌습니다. 그러나 저는 이들 모두에게 이제라도 자신들의 책들을 출간하기를 부탁하고 격려합니다. 왜냐하면 경험은 그들이 그 책들을, 제가 전에 부탁했듯이, 제게 보내는 것보다 출간하는 것이 더 나을 것임을 가르쳐주었기 때문입니다. 만일 혹 제가 그것들이 답할 가치가 없는 것들이라고 판단하는 경우, 그들이 제가 자신들에게 답변할 수 없다고 섣불리(*falso*) 으쓱해하지 않도록, 혹은 제가 자신들을 멸시했다고 불평하지 않도록 하기 위해서 말입니다. 또는 제가 출간할 책들의 저자들 가운데 제가 그 책들에 저의 답변을 첨부하는 것이 그들에게 불의를 저지르는 것이라고 생각하는 사람이 없도록 하기 위해서 말

---

62) 《방법서설》, AT VI 75쪽 23번째 줄 참조.

63) 가상디를 의미함. 362쪽 참조.

입니다. 왜냐하면 이 경우, 아주 최근에 어떤 이가 솔직하게 이야기한 바와 같이, 자신들이 출간할 경우에 즐기게 될 수 있는 열매를 빼앗길 것이기 때문입니다. 즉, 제가 그것들에 대해 답변할 수 있기 전 몇 달 동안, 그 책들이 읽혀지고 많은 사람들의 영혼을 채우고 선점하게 되는 열매를 말입니다. 저는 이러한 열매에 대해 그들을 시샘하지 않을 것입니다. 더 나아가 저는, 만일 제가 그곳에서 독자들이 대체적으로(*passim*) 해결할 수 없을 것이라고 생각하는 근거들을 발견하지 않는 한, 답변하지 않을 것임을 약속합니다. 조롱이나 비방 그리고 주제와 동떨어진 소리들과 관련해서, 저는 그들이 그것들을 저를 공격하기 위해서가 아니라 저를 위해서 그러는 것이라고 생각할 것입니다. 왜냐하면 만일 근거들을 통해 입증할 수 있는 것보다 더 많은 것을 확신시키고자 하는 것이 아니라면, 그리고 이를 통해 자신이 진리를 탐구하는 것이 아니라 진리를 반박하고자 하며 따라서 진실되고 올바른 사람이 아님을 보이고자 하는 것이 아니라면, 그 누구도 그러한 사안과 관련해서 그러한 것들을 사용하게 되지 않을 것이라고 생각하기 때문입니다.

601

그러나 저는 진실되고 경건한 사람들 가운데서도 저의 견해들을 의심스럽게 여길 수 있는 사람들이 아주 많을 것임을 의심하지 않습니다. 왜냐하면 한편으로는 그 견해들이 다른 사람들에 의해 거부되는 것을 보기 때문에, 다른 한편으로는 그것들이 새로운 것들이라고 이야기된다는 이유 하나 때문에라도 말입니다. 그리고 또 지금까지 많은 사람들이 그 견해들을 이해하지 못했기 때문에 말입니다. 만일 저의 견해들에 대해 숙고한다면, 그것들을 인정하고자 하는 사람들의 수보다 거부되어야 한다고 판단을 내리는 사람들의 수가 훨씬 많지 않을 그런 단체를 발견하기란 쉽지 않을 것입니다. 왜냐하면 이성과 현명함은 우리에게 잘 알려지지 않은 것과 관련해서 판단할 경우 그것과 유사한 것에서 일반적으로 일어나는 방식에 따라 판단할 것을 권하기 때문입니다. 그리고 지금까지 그렇게 많은 사람들이 철학에서 새로운 견해들을 제시해왔지만, 이 견해들은 잘 알려져 있는 그리고 널리 받아들여진 견해들보다 더 나은 것으로 인식되지 못하고 오히려 더 위험한 것으로 인식되곤 했습니다. 따라서 저의 견해들을 아직 제대로 지각하지 못한 사람들에게 그것들에 대한 자신들의 견해를 밝혀주길 부탁하면, 그들은 모두 그것들이 거부되어야 한다고 할 것입니다. 이 때문에, 비록 그 견해들이 참이긴 하지만, 저는 만일 저하께서 저의 견해들을 저하의 자비로움과 현명함으로 보호해 주실 것이라는 믿음이 없다면, 혹 저하의 예수회 전체와 모든 교육자 단체들이, 제가 이미 설명해드린 대학의 원로회가 최근에 그랬듯이, 저의 견해들을 비난하는 판결을 내리지 않을까 두려워하지 않을 수 없다고 생각합니다. 그러나 저의 시료들의 중요한 부분이 프랑스어로 쓰여서 예수회의 다른 지부들보다 그것들을 더 손쉽게 읽을 수 있는 지부를[64] 저하께서 관장하시기 때문에, 저는 저하께서 저를 위해(*hac in re*) 홀로 가장 큰 역할을 하실 수 있다고 확신합니다. 그러나 저는 여기서 저하께 직접 그것들을 검토해 보시는 것 이상을 부탁드리지 않습니다. 혹 만일 그보다 더 중요한 일들이 저하를 방해한다면, 존경하는 신부[65]에게만이 아니라 다른 뛰어난 신부들에게도 그 일을 맡기시기를 부탁드립니다. 공적 재판에서, 신뢰할 만한 두세 명의 증인들이 어떤 것을 보았다고 증언할 경우, 추측

602

64) 디네 신부가 관장하는 파리 지부.

65) 부르댕 신부.

에 의해 그 역을 믿는 많은 사람들에게보다 그들에게 더 커다란 신뢰감을 부여합니다. 이와 마찬가지로 자신들이 판단하는 사안을 완전하게 이해한다고 공언하게 될 사람들만을 신뢰하십시오. 그리고 마지막으로, 만일 전하께서 저의 계획을 말리고자 하실 어떤 이유가 있으실 경우, 제게 기꺼이 그것을 알려주시기를 부탁드립니다.

제가 출간한 《성찰》에 제가 준비하는 철학의 모든 원리들이 담겨 있습니다. 하지만 〈굴절광학〉과 〈기상학〉에서는 제가 어떤 종류의 추론을 사용하는지를 보여주는 것들로부터 많은 특수한 것들을 연역했습니다. 이 때문에, 비록 제가 아직 그 철학 전부를 제시하지는 않았지만, 저는 사람들이 그 철학이 어떠한 것이 될지 제가 이미 출간한 것들로부터 쉽게 알 수 있을 것이라고 생각합니다. 저의 철학이 요구되기 전에 그것을 온

603 전하게 제시하는 것보다 제가 그것의 시료를 먼저 내보내기를 원했던 것은 나름대로 정당한 이유가 있어서였습니다. 솔직히 말씀드려서 그 이유는 이렇습니다. 저는 저의 철학이 참임을 의심하지 않습니다. 그럼에도 불구하고 저는 몇몇 시샘하는 자들에 의해 진리조차 새롭다는 구실 아래 얼마나 쉽게 공격받을 수 있는지를 게다가 많은 현명한 사람들에 의해서조차 비난받을 수 있는지를 잘 알고 있습니다. 이 때문에 저는 모든 사람들이 저의 철학을 갈망하는지 확실치 않고 또 그것을 원하지 않는 사람들에게 강요하고 싶지도 않습니다. 제가 그것을 준비하고 있다고 이미 오래전부터 공공연히 밝힌 이유가 바로 그 때문입니다. 많은 사람들이 개인적으로 그것을 갈망하고 기대합니다. 한 교육자 단체는 그것이 거부되어야 한다고 판단을 내렸습니다. 그러나 저는 그들이 단지 홍분에 사로잡힌 어리석은 학장에 의해 그런 판단에 이끌려진 것이라고 알고 있기

때문에, 그것은 제게 어떤 권위도 가지고 있지 못합니다. 혹 만일 보다 많은 다른 사람들이 저의 철학을 원하지 않는다면, 그리고 원하지 않는 데 대해 보다 더 정당한 근거들을 가지고 있다면, 저는 다른 개인들에게보다 그들〔교수나 선생들〕에게 더 큰 무게를 두어야 한다고 생각합니다. 그리고 저는 현명한 사람들의 충고나(*consilia*) 힘 있는 사람들의 의지를 거스르는 짓을 알면서 하지는 않을 것임을 공언합니다. 저는 저하의 예수회가 주목하는 부분이 다른 부분보다 더 중요한 것임을 의심하지 않습니다. 이 때문에 만일 저하께서 저하나 저하의 사람들의 의견을 제게 전해주신다면, 저하께서는 제게 최고의 호의를 베푸시게 되는 것입니다. 제가 다른 나머지 사안들과 관련해서 항상 저하를 대단히 존경하고 따랐듯이, 제가 중요하다고 생각하는 이 사안과 관련해서도 만일 저하께서 원하시지 않으신다면 저는 아무것도 시도하지 않을 것입니다. 강령하시기를.

끝

《제일철학에 대한 성찰》(이하 《성찰》)은 데카르트의 형이상학을 가장 온전한 형태로 담고 있는 작품이다. 《방법서설》의 〈방법서설〉 4부보다는 내용적으로 훨씬 더 자세하며, 교과서로 사용되기를 바라고 집필된 《철학의 원리》의 1부와는 형식 및 기술(記述)적 차이가 있다〔1640년 12월 31일에 메르센(Mersenne) 신부에게 쓴 편지, AT III 276쪽 참조〕. 그 부제가 말해주듯, 《성찰》의 주된 내용은 신 존재 증명과 인간 정신이 신체와 상이한 것이라는 것에 대한 증명을 목표로 삼고 있다. 그렇지만 《성찰》의 내용이 단지 이 두 가지 증명에만 한정되어 있는 것은 아니다. 데카르트는 자신의 선배이자 친구인 메르센 신부에게 자신의 형이상학을 담고 있는 작품의 제목을 《제일철학에 대한 성찰》이라고 붙인 이유를, 그것이 위 두 주제뿐만 아니라 철학적 탐구를 통해 발견될 수 있는 모든 제일원리들을 담고 있기 때문이라고 설명한다(1640년 11월 11일에 메르센에게 보낸 편지, AT III 235쪽 참조). 데카르트는 메르센 신부에게 보내는 또 다른 편지에서 그 제일원리들에는 자신의 자연철학의 모든 근본원리들도 들어 있다는 것을 밝힌다.

우리끼리 이야기지만, 그 여섯 성찰들은 저의 자연철학의 모든 토대들을 담고 있습니다. 그러나 이를 다른 사람들에게 알리지는 마십시오. 왜냐하면 그럴 경우 아리스토텔레스를 추종하는 이들이 그것들에 동의하기가 더 어려워질 수 있을 것 같으니까 말입니다. 저는 독자들이 저의 원리들이 아리스토텔레스의 원리들을 폐기한다는 것을 알아채기 전에, 서서히 저의 원리들에 익숙해지기를, 그리고 그 원리들이 참이라는 사실을 알게 되기를 바랍니다(메르센에게 쓴 1641년 1월 28일자 편지, AT III 297~298쪽).[1)]

이러한 사실은 데카르트가 자신의 형이상학과 자연철학이 서로 나뉠 수 없는 연관관계를 맺고 있다고 생각한다는 것을 보여준다. 이 때문에 데카르트 철학에서 형이상학과 자연철학의 관계를 규명하고자 하는 작업들이 많이 수행되었으며, 그 결과 데카르트 철학에서 형이상학과 자연철학의 관계에 대한 학자들의 입장은 극과 극을 치닫는다.[2)] 나는 데카르트 철학에서 형이상학과 자연철학의 관계에 대해 회의적인 입장을 피력하거나, 더 나아가 그 관계를 부정하는 학자들이 그렇게 하게 된 일차적인 동기나 원인이 데카르트가 《성찰》에서 자신이 세운 형이상학적인 목표를 달성하지 못했다는 것에 놓여 있다고 생각한다. 하지만 어떤 철학자의 이론이 잘못되었다는 이유 때문에 그것을 그 철학자에게 돌려서는 안 된다는 데까지 자비의 원리를 확대한다면, 과연 그렇게 확대해서 우리가 얻을 수 있는 것이 무엇일지 상상하기가 어렵다.

---

1) 데카르트의 편지는 CSMK가 번역한 영역본을 사용했다. 이 영역본에 AT 권 번호와 쪽수가 첨부되어 있기 때문에, 이 글에서 나는 AT 권수와 쪽수만 지시할 것이다.

2) 나는 그러한 입장들을 다른 곳에서 자세히 소개하고 다루었다. 졸고, "데카르트 철학에서 자연과학과 형이상학의 관계," 김효명 편, 《근대과학의 철학적 조명》, 철학과 현실사, 2006 참고.

이와 관련해서 《성찰》의 형이상학적인 두 주제 가운데 하나인 데카르트의 신 존재 증명과 관련해서 윌리엄스가 취하는 태도는 시사하는 바가 크다고 할 수 있다. 윌리엄스는 신 존재 증명과 관련해서 데카르트 경우와 오늘날 이성신학을 옹호하는 사람들의 경우를 구분한다.[3] 그는 말하길,

> 데카르트와 오늘날 존재론적 신 존재 증명을 옹호하는 사람들 간에는 중요한 차이가 있다. 적어도 데카르트는 자신의 논증을 신 존재가 중요한 역할을 하고 거의 의문의 여지가 없이 받아들여지는 세계를 자신과 공유하는 독자들에게 제시했다. 더 나아가 그는 그 논증의 전제들이 매우 간단하고 이해하기 쉽다고 생각했다. 그러나 오늘날의 옹호자들은 그런 변명의 여지가 없다.[4]

다른 형이상학적인 주제인 인간 정신과 신체의 실체적 상이성에 대한 증명과 관련해서 역시, 학자들의 입장은 분분하다.[5] 윌슨(Wilson)은 데카르트의 실체이원론을 죽은 철학(*a dead philosophy*)이라고 선언했다.[6] 심신 문제와 관련해서 오늘날 데카르트의 실체이원론을 가능한 선택지로 보는 사람은 거의 없다. 이러한 상황은 데카르트를 달리 해석하고자 하는 학자들의 등장을 초래했다. 예를 들어, 클라크(Clarke)

---

3) 졸고, "안셀무스, 하나의 논증?" 〈철학〉 제60집, 1999 가을, 177쪽 이하 참조.

4) Bernard Williams, *Descartes*, Penguin, 1978, 162쪽.

5) 이 설명과 이 해제의 세 번째 부분은 졸고 "데카르트 실체 이원론: 어떻게 볼 것인가?"를 약간 수정한 것이다. 이재영(연구책임자) 편, 《개인의 본질》, 한국학술정보, 2007.

6) Margaret Dauler Wilson, "Cartesian Dualism", in: *Descartes critical and interpretative essays*, ed. by Michael Hooker, Johns Hopkins University Press, 1978, 201쪽.

는 데카르트를 실체이원론자로 해석하는 것은 잘못이라고 주장하고, 물리주의자로 해석한다. 좀더 구체적으로 말하자면, 그의 실체이원론을 데이비슨식의 무법칙적 일원론의 표현으로 혹은 네이글식의 경험에 대한 주관적인 기술과 그에 대한 객관적인 설명의 구분에 대한 표현으로, 궁극적으로는 환원론적 물리주의자로 해석한다.[7] 물론 클라크는 실체이원론을 죽음으로 최후를 맞은(*an obvious dead end*, 2쪽) 이론 또는 작동하지 않는 이론(*that does not work*, 3쪽)이라고 평가한다. 이러한 그의 평가가 데카르트를 물리주의자로 만드는 데 결정적 역할을 했다는 것은 의심의 여지가 없다. 엘러넨(Alenen)은 데카르트에게서 존재론적 문제를 배제시킨다. 그녀는 데카르트의 작업을 심신 개념들간의 차이점과 연관관계에 대한 지도를 그리는 개념분석 작업으로 이해하고자 한다.[8] 실체이원론이 심신 인과와 합일이라는 심각한 문제(*deeply problematic*)에 직면해 있다는 그녀의 평가가 데카르트에게서 존재론적 문제를 배제시키는 데 결정적인 역할을 했다는 것 역시 부정할 수 없다.[9] 이러한 클라크나 엘러넨식의 해석이 그리 놀랄 일은 아니라고 할 수 있다. 데카르트 사후 오늘날까지 많은 사람들이 자신들의 정치 사회 문화적인 입장을 위해 데카르트 철학을 각기 상이한 방식으로 해석하고 이를 옹호하거나 비판해 온 점을 고려한다면 말이다. 특히 존재론과 관련한 해석 역시 유물론과 실체이원론이라는 두 극으로 치달았다는 점을 고려한다면 더욱더 그러하다.[10] 그러나 클라크나 엘

---

7) Desmond M. Clarke, *Descartes's Theory of Mind*, Oxford, 2002. 14쪽과 7장(특히 174쪽)과 9장(특히 251쪽 이하) 참조.

8) 이는 데카르트보다는 로크에게 어울리는 평가이다. Locke, *An Essay concerning Human Understanding*, ed. P. H. Nidditch, Oxford, 1975, I. I. 2 참조.

9) Lilli Alanen, *Descrates's Concept of Mind*, Harvard, 2003. Preface x~xi과 44~47쪽 참조.

러넨의 경우, 앞서의 경우에서와 마찬가지로, 문제는 그들의 동기이다. 어떤 철학자의 이론이 잘못되었다는 이유 때문에 그것을 그 철학자에게 돌려서는 안 된다는 데까지 자비의 원리를 확대해서는 안 된다.

이러한 점을 고려해서, 나는 여기서 이 "해제"를 세 부분으로 구성하고자 한다. 첫 번째 부분에서는 《성찰》의 탄생배경과 과정을 기술하고자 한다. 두 번째 부분에서는 오늘날 서양철학의 모든 인식론적 논의에서 피할 수 없는, 극복해야 할 도전으로 받아들여지고 있는 회의논증을, 데카르트가 제일성찰에서 전개한 회의논증을 분석하고자 한다. 마지막 부분에서는, 역자가 보기에 오늘날 여전히 그 가능성과 관련해서 논란의 여지가 남아 있다고 생각하는 데카르트의 실체이원론을 어떻게 보아야 할 것인지에 관해 논하고자 한다.

1. 《제일철학에 대한 성찰》의 탄생배경과 과정[11]

자신이 존경하는 지비에프(Gibieuf) 신부에게 보낸 1629년 7월 18일자 편지(AT I 17쪽 참조)에서 데카르트는 자신이 조그마한 글을 쓰기 시작했다는 소식을 전한다. 언젠가 데카르트가 지비에프 신부에게 자신이 어떤 글을 쓰고자 한다는 의도를 밝혔고, 이에 지비에프 신부는 그 글이 완성된 다음에 자신에게 보내면 그 글을 읽고 교정을 해주는

10) 데카르트 철학의 비평사에 대한 자세한 설명은 Stephen Gaukroger, *Descartes An Intellectual Biography*, Oxford, 1995, 1~14쪽 참조.

11) 이 글은 졸고 "데카르트 철학에서 자연과학과 형이상학의 관계"에 있는 논의를(101~107) 수정 보완 발전시킨 것이다. 이 때문에 논의과정에서 졸고의 일부와(88~92) 내용적으로 중첩된다. 김효명 편, 《근대 과학의 철학적 조명》, 철학과 현실사, 2006, 참조.

등 가능한 도움을 주고 싶다고 약속한 것 같다. 그런데 그 글이 완성되기도 전에, 그 글을 쓰기 시작했다는 소식을 굳이 전하는 이유가 흥미롭다. 데카르트는 그 글을 완성하는 데에 많은 시간이 필요할 것 같아서, 즉 2~3년 안에는 완성하기 힘들 것 같아서, 행여 그 사이에 지비에프 신부가 그 약속을 잊을까 염려되어 다짐을 받아두고자 함이라고 설명하고 있다. 그리고 미래에 자신에게 일어날 일을 예감이나 한 듯 데카르트는 다음을 덧붙인다.

> 〔그 글이 완성되더라도〕 저는 그것을 불태워버릴 결심을 할 수도 있습니다. 아니면 최소한 저 자신은 물론 제 친구들이 그 글을 꼼꼼하게 검토한 다음에나 세상에 공개할 것입니다. 가치 있는 글을 생산해 낼 수 있는 능력이 없다면, 적어도 결함이 있는 글을 출판하지는 않을 정도의 능력은 갖출 수 있도록 노력할 것입니다.

데카르트가 이 편지에서 언급하고 있는 글의 최종 결과물이 라틴어로 집필된 *Meditationes de Prima Philosophia*(《제일철학에 대한 성찰》)이다. 그러나 그 초판은, 데카르트가 처음에 생각한 것과는 달리, 장장 12년이 지난 후인 1641년에 파리에서, 재판은 1642년에 암스테르담에서 출간되었다. 그 이유와 과정을 살펴보도록 하자.

데카르트가 처음부터 형이상학에 관심을 가진 것은 아니었다. 고크로저가 올바르게 지적했듯이, 1618~1619년에 데카르트가 베크만과의 교류를 통해 관심을 가지게 된 문제들은 특정한 자연현상들이었다.[12]

---

12) Gaukroger, *Descartes, an intellectual Biography*, Clarendon Press, Oxford, 1995, 3장과 *Descartes' system of Natural Philosophy*, Cambridge University Press, 2002, 6~7쪽 참조.

데카르트는 자유낙하 문제에 관심을 가지고 그것을 동역학적으로 설명하고자 했다. 사이몬 스티븐(Simon Stevin)은 용기에 들어 있는 유동체가 용기 바닥에 가하는 힘은 유동체의 무게와 상관없이 단지 그 용기의 모양에 의존하기 때문에, 그 힘이 용기의 모양에 따라 그 무게의 몇 배가 될 수도 있다는 것을 유체 정역학적으로 증명했다. 데카르트는 이 현상의 원리를 미시적인 입자들을 통해 동역학적으로 설명하고자 했다.[13)]

이러한 사실들을 고려할 때, 우리의 주목을 끄는 것은 《정신지도를 위한 규칙들》(*Regulae ad directionem ingenii*) (이하 《규칙들》)이다. 왜냐하면 그것은 데카르트 철학에서 《성찰》 이전과 이후를 연결해 주는 과도기적 역할을 하는 작품이라 할 수 있기 때문이다. 《규칙들》의 집필이 언제 시작했고, 그리고 언제 중단되었는지 정확하게 알 수는 없다. 전문가들은 그것이 한 번에 쓰인 것은 아니며, 1918/19년 이후에 그리고 1929년 이전에 쓰인 것이라는 데에는 의견을 같이한다. 라틴어로 쓰인 《규칙들》은 미완으로 남겨졌고, 데카르트 사후인 1701년에 출간되었다.[14)] 그곳에서 우리는 데카르트를 형이상학적인 문제로 이끌 수

13) 고크로저에 따르면, 데카르트는 그러한 과정을 거치면서 자신의 동역학적 개념들을 발전시켰고, 그가 1620년대 중반부터 광학문제들을 다룰 때, 그리고 1629년 이후 우주론을 발전시킬 때 사용하는 행위(*actio*) 개념이 그 가운데 하나이다.

14) 그러나 데카르트 사후 출간되기 이전에도, 이 미완의 글은 필사본 형태로 돌아다녀 널리 읽혀졌다. 로크는 《규칙들》이 자신에게 올바르게 철학하는 방법을 알려준 글이라며 극찬한 반면, 《성찰》은 그에게 커다란 실망감을 안겨주었다고 토로했다. 데카르트의 방법에 대해 냉소적인 코멘트를 한 라이프니츠는 《규칙들》의 필사본을 소유하고 있었다. 《규칙들》에 대한 연대기적 설명과 관련해서는 고크로저, 1995, 111쪽 이하와 René Descartes, *Regulae ad directionem ingenii*, hrsg. von H. Springer, L. Gaebe, H. G. Zekl,

있는 주제들뿐만 아니라, 그가 이후 자신의 형이상학을 특징짓는 독특한 표현들, 그리고 그의 형이상학에서 중요한 지위를 누리는 명제들도 발견할 수 있다. 내가 《규칙들》을 과도기적 작품이라고 하는 이유가 바로 그 때문이다. 이를 좀더 알아보자.

데카르트가 세상에 공식적으로 처음 내 놓은 작품은 1637년에 익명으로 출간된 《방법서설》이다. 《방법서설》은 총 6부로 이루어진 〈방법서설〉이 〈굴절광학〉과 〈기하학〉과 〈기상학〉의 서문으로 자리 잡고 있다. 데카르트는 건전한 사유능력을 지닌 사람이라면 그 누구라도 이해할 수 있다고 생각하여 그것을 불어로 출간했다. 알다시피, 데카르트는 〈방법서설〉 2부에서 다음의 4개의 규칙으로 이루어진 방법을 제시한다.

> 첫째로, 명증적으로 참이라고 인식한 것 외에는 그 어떤 것도 참된 것으로 받아들이지 말 것. 즉, 속단과 편견을 신중히 피하고, 조금도 의심의 여지가 없을 정도로 명석판명하게 내 정신에 나타나는 것 외에는 그 어떤 것에 대해서도 판단하지 말 것.
> 둘째로, 검토할 어려움들을 각각 잘 해결할 수 있도록 가능한 한 작은 부분으로 나눌 것.
> 셋째로, 내 생각들을 순서에 따라 이끌어 나갈 것. 즉, 가장 단순하고 가장 알기 쉬운 대상에서 출발하여 마치 계단을 올라가듯 조금씩 올라가 가장 복잡한 것의 인식에까지 이를 것. 그리고 본래 전후 순서가 없는 것에서도 순서를 상정하여 나아갈 것.
> 넷째로, 아무것도 빠트리지 않았다는 확신이 들 정도로 완벽한 열거와

Hamburg, 1937의 Einleitung과 《방법서설, 정신지도를 위한 규칙들》, 이현복 역, 문예출판사, 1997, 옮긴이의 말 참조. 데카르트의 방법과 관련해서는 졸고 "데카르트의 방법," 〈대동철학회〉, 2006. 9 참조.

전반적인 검사를 어디서나 행할 것.15)

우리가 이 4개의 규칙들을 《규칙들》과 비교해보면, 우리는 이 규칙들이 《규칙들》의 2, 3, 5, 6, 7규칙과 그 부연설명들의 축약이라는 것을 알 수 있다. 《규칙들》에서 그 규칙들을 각각 제시하고 그것들에 대한 부연설명을 마친 후, 제 8규칙에서 데카르트는 우리가 그 규칙들을 사용해서 제일 먼저, 그리고 적어도 일생에 한번(*semel in vita*) 꼭 탐구해야 할 대상은 '인간 인식 가능성과 그 한계설정'이라고 주장한다. 그러나 이 작업은 《성찰》에서 행해지는 작업, 데카르트가 일생에 적어도 한 번 탐구해야 할 작업이라고 특징짓는 《성찰》에서의 작업과 그 성격이 완연히 다르다. 알다시피, 데카르트의 형이상학, 즉 《성찰》의 모든 주제들은 '인간 인식 가능성에 대한 정당화 작업'이라는 하나의 주제로 집약될 수 있다.16) 그런데 이 작업은 정당화 작업인 반면

15) AT VI 18~19쪽. 나는 〈방법서설〉과 《정신지도를 위한 규칙들》의 번역본은 이현복의 것을 사용했다. 이현복의 번역본에도 AT 권수와 쪽수가 첨부되어 있기 때문에 이 해제에서는 AT 권수와 쪽수만 지시할 것이다. 《방법서설》은 AT VI에 들어 있고, 《규칙들》은 AT X에 들어 있다.

16) "자연의 빛 다시 말해서 신이 부여한 인식능력(*cognoscendi facultatem, cognoscendi facultas*)이 관여하는 한, 즉 명석판명하게 지각하는 한, 그 인식능력은 단지 참인 대상에만 관여한다는 결론이 나온다. 왜냐하면 만일 신이 우리에게 잘못된 능력, 즉 거짓을 참으로 간주하게 하는 능력을 부여했다면 신을 사기꾼이라고 하는 것이 옳기 때문이다."(《철학의 원리》, 1부 30절, AT VIII-1 16쪽). 4부 206절에 따르면, 이것이 데카르트가 의미하는 형이상학적인 토대이다. 데카르트는 이렇게 얘기한다. "신은 최고의 선이며 실수를 하지 않기 때문에 우리가 그가 우리로 하여금 참과 거짓을 구별할 수 있도록 우리에게 부여한 능력을 올바르게 사용하는 한 이 능력을 통해 판명하게 지각한 것에서는 오류를 범할 수가 없다는 형이상학적 토대 말이다."(AT VIII-1 328쪽). 《방법서설》에서의 표현은 이렇다. "우리가 아주 명석판명하게 인식

에, 《규칙들》에서의 작업은 정당화 작업이라기보다는 인식가능성을 전제로 한 상태에서 인식이 어떻게 가능한지 그 과정을 탐구하고 기술(記述) 함으로써 인식확장의 가능성을 모색하는 작업이다. 데카르트가 《규칙들》에서 어떻게 우리가 인식능력을 가지고 있다는 것을 확인하는지 그 방식을 보면 그것이 분명해진다.

데카르트는 《규칙들》의 제 3규칙에서 우리가 인식능력을 가지고 있다는 것을 우리가 가지고 있는 지식들의 실례를 통해서 확인하는데, 그가 제시한 실례들에는 "나는 존재한다"(*se existere*) 와 "나는 생각한다"(*se cogitare*) 도 들어 있다 그리고 그는 우리가 그러한 지식들을 인식하는 과정의 단순성과 복잡성에 따라, 우리의 인식능력을 직관(*intuitus*)과 연역(*dedcutio*) 으로 구분한다. 이렇게 우리의 인식능력을 확인하고 구분한 후 데카르트의 주된 관심은 우리가 직관을 통해 즉각 인식할 수 없는 대상들을 인식하고자 한다면, 즉 인식을 확장하고자 한다면 어떻게 해야 하는가에 맞추어져 있다. 데카르트에 따르자면, 그것은 우리가 그 대상들을 직관의 인식조건에 맞춤으로써 가능한데, 그렇게 하자면 우리가 그 대상들을 분석 정리해야 한다. 데카르트가 제시하는 나머지 규칙들은 그 분석 정리 과정에서 우리가 지켜야 하는 규칙들을 담고 있는 것이다.

이와 같이 인간의 인식능력을 확인하고 그것을 올바르게 사용하기 위해 지켜야 할 규칙들을 세운 후, 데카르트는 제 12규칙에서 '인간 인식의 가능성과 그 한계에 대한 탐구'를 시작한다. 불완전한 형태로, 더욱이 심리생리학적인 설명과 인식론적 설명이 뒤섞여진 형태로이기

하는 것은 모두 참이라는 명제의 진리성조차도, 신이 존재 혹은 현존한다는 것, 그가 완전한 존재라는 것, 또 우리 속에 있는 것은 모두 신으로부터 나온다는 것을 근거로 해서만 보장되기 때문이다"(AT VI 38쪽).

는 하지만 말이다. 데카르트는 먼저 인간을 정신과 육체로 이루어진 존재로 간주하고 우리가 가지고 있는 인식능력들을 모두 열거함으로써 인간 인식의 한계를 설정한다. 그 능력들이란 바로 감각과 상상력과 기억과 이성이다. 우리는 그러한 인식능력들이 관여할 수 있는 대상들만을 인식할 수 있다. 다른 한편, 그런 한계 내에서, 즉 그런 대상들과 관련해서 우리가 인식을 확장하자면 그러한 능력을 제대로 파악하고 올바르게 사용해야 한다. 인식의 주체는 오로지 이성뿐이다. 다른 능력은 단지 그것을 보조하는 역할을 하는 것이다. 인식 대상이 물질 대상일 경우, 이성은 감각과 상상력의 도움을 절대적으로 받아야 한다. 그러나 인식 대상이 비물질적인 대상일 경우, 그 능력들은 도움이 아니라 방해가 될 뿐이다. 이 경우 이성은 홀로 작업해야 한다. 중요한 것은 데카르트가 이러한 입장을 끝까지 고수한다는 것이다.[17] 데카르트가 극단적인 회의논증을 담고 있는 제일성찰의 중요한 역할 가운데 하나로 꼽은 것이 우리를 감각으로부터 해방시키는 역할이라고 설명하는데, 이는 감각능력 그 자체에 대한 가치평가와 관련이 있는 것이 아니다. 그것은 단지 《성찰》의 주제가 형이상학적인 주제이기 때문이다.[18] 다른 한편, 제 12규칙에서 명제들의 필연적인 관계와 우연적인 관계를 구분하고 설명하는 가운데, 데카르트는 전자의 예로는 "나는 존재한다, 고로 신은 존재한다"와 "나는 생각한다, 고로 나는 신체와 상이한 정신이다"를, 후자의 예로 "신은 존재한다, 고로 나는 존

17) 메르센에게 쓴 1639년 11월 13일자 편지에서 데카르트는 "상상력은 수학에 가장 많은 도움을 주지만, 형이상학적인 사변에는 도움이 되지 않을 뿐더러 오히려 방해가 된다"고 말한다. AT II 622쪽.

18) 다른 한편, 제 12규칙에서 데카르트는 이미 제 1성질과 제 2성질 구분을 도입하고, 진공을 부정한다.

재한다"를 든다.

이에 상응하게 데카르트는 원래 《규칙들》을 세 부분으로 구상했다. 각각 12개의 규칙들로 이루어진 36개의 규칙들로. 13-24규칙들에서는 수학적인(기하학적) 문제들을 해결하기 위해서 상상력을 어떻게 사용해야 하는지를, 25-36규칙에서는 자연철학적인 문제들을 해결하기 위해서는 어떻게 사용해야 하는지를 설명하고자 했다. 이는 데카르트가 《규칙들》에서 인간 인식능력에 대한 학문, 수학, 자연철학이라는 3개의 학문, 달리 말하자면 인간이 인식할 수 있는 모든 대상영역에서 인식의 획득과 확장에 도움이 되는 방법들을 총체적으로 제시하고자 했다는 것을 보여준다. 이러한 구상과 의도를 총체적으로 담고 있는 것이 바로 《규칙들》의 제 1규칙, "정신에 나타나는 모든 것에 대해 견고하고 참된 판단을 내리도록 정신을 지도하는 것이 연구의 목표이다"이다.

그러나 앞서 말했듯이, 《규칙들》은 제 21규칙을 끝으로 미완의 상태로 남겨졌으며, 19-21규칙은 부연설명마저 없이 남겨졌다. 데카르트가 이처럼 야심차게 구상한 《규칙들》을 미완으로 남겨둔 이유가 무엇일까? 우리는 이에 대한 한 가지 답을 데카르트가 메르센에게 1930년 4월 15일에 쓴 편지로부터 유추할 수 있다.[19] 데카르트는 말하길,

> 아마도 당신은 제가 파리에서[20] 쓰기 시작한 글들을 계속 쓰지 않는 것을 이상하게 생각할 것입니다. 제가 그 작업을 진행하던 과정에서 저는 제가 그것을 시작할 때 가지고 있던 것보다 약간 더 많은 것을 알게 되었습니다. 그리고 제가 그것을 설명하고자 했을 때, 저는 애초에 생각했던 것보다 더 커다란 프로젝트를 시작하지 않으면 안 되었습

19) 우리는 나중에 또 다른 이유 하나를 더 확인하게 될 것이다.
20) 데카르트는 1628년 말경에 네덜란드로 이주했다.

니다. 이는 마치 어떤 사람이 집을 짓기 시작한 후 더 커다란 부를 획득하게 됐을 경우 그가 짓기 시작한 집이 그에게 이제는 너무 작다 싶을 정도로 자신의 위상의 변화를 가지게 되는 경우와 매한가지입니다. 그래서 그가 그의 위상에 걸맞은 집을 새로 짓기 시작할 경우, 그 누구도 그를 비난할 수 없을 것입니다. 저는 제가 지금 가지고 있는 생각이 또 다시 바뀌게 되지 않을 것임을 확신합니다. 왜냐하면 제가 지금 가지고 있는 것은 제가 앞으로 그 무엇을 더 배우든 그것이 제게 도움이 되도록 할 것이며, 설혹 제가 아무것도 더 배우게 되지 않을 경우에도, 저는 저의 계획을 실행에 옮길 것이기 때문입니다"(AT I 138쪽).

데카르트가 여기서 언급하고 있는 글들 가운데 하나가 《규칙들》이라는 것은 분명하다. 그가 여기서 언급하고 있는 계획이라는 것이 《성찰》이라는 것 역시 의심의 여지가 없다. 그렇다면 데카르트가 여기서 "더 커다란 부"로써 무엇을 의미하는지를 알 수 있다면, 우리는 데카르트가 왜 《규칙들》을 중단했는지를 이해할 수 있다. 다른 한편, 위 인용문은 그 새로운 집이 이때 이미 적어도 1641년에 출간된 《성찰》의 핵심적인 내용들을 담고 있을 것이라는 것을 강력하게 시사해준다.[21] 왜냐하면 그렇지 않다면, 데카르트가 자신이 지금 가지게 된 생각이 다시 바뀌게 되지 않을 것이라는 확신을 가질 수 없을 것이기 때문이다. 이러한 사실은 우리가 처음에 제기했던 물음, 즉 왜 데카르트가 《성찰》을 출간하는 데 이후 12년이라는 세월을 필요로 했는가라는 물음을 더욱더 절박하게 만든다. 왜냐하면 위의 인용문은 데카르트가 지비에프 신부에게 말한 것보다 형이상학적 작업이 훨씬 더 빨리 진행되고 있었다는 것을 보여주기 때문이다. 그럼에도 왜 그렇게 많은 시간

21) 우리는 이를 곧 확인하게 될 것이다.

이 필요했던 것일까? 아니 왜 그래야만 한다고 생각했을까?

"더 커다란 부"로써 무엇을 의미하는지 알아보기 위해, 그리고 《성찰》을 출간하는 데 왜 그렇게 많은 시간을 필요로 했는지를 알아보기 위해, 데카르트가 메르센에게 1629년에 10월 8일에 쓴 편지에서(AT I 22~27쪽) 시작해 보자. 그곳에서 데카르트는 말하길, 두 달 전에 어떤 친구가 자신에게 햇무리(*parhelia*)에 대한 자세한 기록을 보내면서 그것에 대한 자신의 생각을 물었다고 한다. 데카르트는 그의 요구에 응하기 위해, 지금까지 하던 다른 모든 일들을 중단하고 기상학 일반에 대한 체계적인 연구를 시작했다고 한다. 그 결과 이제 자신이 그 현상을 설명할 수 있다고 생각하기 때문에, 그 현상에 관한 소논문을 쓰기로 결정했다고 전하면서 그 소논문이 무지개의 색깔에 대한 설명과 지상계에서 일어나는 현상 일반에 대한 설명도 담게 될 것이라고 한다.[22] 더불어 데카르트는 그것을 익명으로 쓰고자 한다는 의사도 함께 밝힌다. 그런데 놀라운 사실은, 고크로저가 올바르게 강조하듯이, 위의 편지에서 밝힌 햇무리 현상에 대한 데카르트의 관심이 기상학 일반에 대한 관심으로, 그리고 다시 세계 전체에 대한 관심으로 확장되는 데 채 4개월도 걸리지 않았다는 것이다.[23] 메르센에게 쓴 1629년 11월 13일자 편지에서(AT I 70쪽) 데카르트는 앞선 편지에서 언급한 소논문의 출판과 관련해서 마음을 바꾸었다고 설명한다. 그 이유는 단지 한 가지 현상만 설명하기보다는, 모든 자연현상들을 설명하는, 다시 말해서 자연철학 일반에 관한 글을 쓰기로 결정했기 때문이다. 그리고 덧붙이길,

---

22) 이것이 《방법서설》에 첨부된 〈기상학〉의 초안이다.

23) Descartes, *The World and Other Writings*, trans. and ed. by Gaukroger, Cambridge, 1998, xi 참조.

> 저는 제가 이전에 가지고 있던 그 어떤 계획보다 지금의 계획이 더 마음에 듭니다. 왜냐하면 저는 제가 저의 모든 생각들을 펼칠 방법을 발견했기 때문입니다. 어떤 사람들은 그것을 만족하다고 생각하게 될 것이고, 어떤 사람들은 그것에 동의하지 않을 어떤 이유도 가지게 되지 않을 것입니다.[24]

여기서 내가 우선 주목하고 싶은 것은 데카르트가 자신이 제시하고자 하는 자연철학에 대해 지나치다 싶을 정도의 확신을 가지고 있다는 것이다. 단지 계획만을 가지고 있는 상태에서, 어떻게 데카르트가 그런 확신을 가질 수 있었을까? 이는 당연히 우리가 앞서 본 형이상학에 대한 확신과 관련이 있다.

나는 먼저 우리가 데카르트가 메르센에게 1629년에 10월 8일에 쓴 편지에서 한 이야기, 즉 지금까지 하던 다른 모든 일을 중단하고 기상학 일반에 대한 체계적인 연구를 진행했다고 한 이야기를 의심할 아무런 이유가 없다고 생각한다.[25] 따라서 이것이 바로 《성찰》의 집필이 중단된 이유이다. 그런데 중요한 것은 《성찰》이 이때 구체적으로 어떤 상태에서 집필이 중단되었는가 이다. 왜냐하면 "더 커다란 부"가 한편으로는 《규칙들》을 중단하게 된 이유를, 다른 한편으로는 어떻게 데카르트가 계획만을 가진 상태에서 자신의 자연철학에 대해 지나치다 싶을 정도의 확신을 가질 수 있었는지를 설명해줄 수 있을 것 같기 때문

---

24) 데카르트는 〈기상학〉과 관련해서는 내용의 윤곽 정도만 그렸을 뿐이라 1년 이상 걸릴 것이라고 전한다.

25) 클라크는 이러한 사실이 데카르트가 자연철학을 형이상학보다 더 중요하다고 여긴다는 것을 입증해 주는 근거라고 생각한다. Desmond M. Clarke, *Descartes' philosophy of science*, Manchester University Press, 1982, 4쪽 참조.

이다.

앞서 살펴본 편지, 즉 데카르트가 메르센에게 1930년 4월 15일에 쓴 편지가(AT I 22~27쪽) 그 열쇠를 쥐고 있다. 메르센이 제기한 신학문제와 관련해서 데카르트는 다음과 같이 말한다.

> 그 신학문제는 저의 능력 밖의 문제입니다. 하지만 그것이 저의 영역 밖에 놓여 있는 것이라고 생각되지는 않습니다. 왜냐하면 그 문제가 계시와 관련된 문제는 아니기 때문입니다. 저는 계시와 관련된 것만을 엄밀한 의미로 신학이라고 여깁니다. 그러나 그 문제는 인간 이성에 의해 검토될 수 있는 형이상학적 문제입니다. 저는 신이 이성능력을 부여한 모든 사람들은 그 능력을 통해 무엇보다도 신과 자기 자신을 알기 위해 노력해야만 합니다. 저는 저의 학문을 그것으로써 시작했습니다. 그리고 저는 감히 말씀드리길 제가 그렇게 하지 않았다면 자연철학의 토대를 발견할 수 없었을 것입니다. 저는 그것을 그 어떤 다른 것들보다 더 많이 탐구했습니다. 그리고 신의 은총 덕에, 그것이 시간낭비가 되지 않았습니다. 적어도 제 생각에는 제가 형이상학적인 진리들을 기하학적 증명들보다 더 명백하게 증명할 수 있는지를 발견했습니다. 문제는 제가 다른 사람들에게 과연 이를 확신시킬 수 있느냐 입니다. 여기로 온 후 첫 아홉 달 동안 저는 그 밖의 다른 어떤 것도 하지 않았습니다. 당신은 아마도 제가 이 주제에 관해 글을 쓰고자 한다는 것을 들으신 적이 있으실 것입니다. 그러나 저는 저의 자연철학이 어떻게 받아들여지는 가를 보기 전에 그것을 출간하는 것은 적절하지 못하다고 생각합니다.… 저는 자연철학에서 몇 가지 형이상학적인 주제를 논할 것입니다. 무엇보다도 다음을 말입니다. 당신이 영원하다고 부르는 수학적 진리들은 신에 의해 놓여진 것으로 다른 피조물들과 마찬가지로 그의 의지에 전적으로 의존해 있다는 것 … 다름 아닌 신이 그러한 법칙들을 자연에 놓아둔 것임을 어디서건 주저하지 말고 주장

하고 선포하십시오. … 신이 마음만 먹으면 신은 그것들을 언제든지 바꿀 수 있습니다(AT I 144~146쪽).

앞서 말했듯이, 데카르트는 1628년 말경에 네덜란드로 이주했다. 역산하면 데카르트가 위 인용문에서 "지난 아홉 달"로 의미하는 시점은 지비에프 신부에게 《성찰》을 쓰기 시작했다는 소식을 담은 편지를 쓴 시점이거나 그후 한 달 정도 지난 시점이다.[26] 따라서 위 인용문은 《규칙들》을 중단하게 된 한 가지 이유로서의 "더 커다란 부"가 신의 존재와 영혼과 신체의 상이성에 대한 증명임을 알려준다. 이것이 《규칙들》을 중단하게 만들 수 있는 이유는 간단히 이렇다. 앞에서 보았듯이, 데카르트가 《규칙들》에서 수행한 인간의 인식능력에 대한 탐구는 《성찰》에서 수행하는 정당화 작업과는 전혀 다른 기술(記述)적인 작업이다. 그런데 《규칙들》의 그 작업에 전능한 신 개념이 보태지면, 데카르트가 《성찰》에서 수행하는 정당화 작업의 동기가 발생할 수 있기 때문이다. 데카르트가 자신의 형이상학을 위해서는 제일성찰이 절대적으로 필요하다고 하지 않는가![27] 이는 결국 《규칙들》에서 인간 인식능력에 대한 탐구를 진행하던 중에, 데카르트가 신을 전능한 존재로

26) 이러한 사실은 데카르트가 지비에프 신부에게 말한 형이상학에 관한 글이 《성찰》이라는 것을 다시 한 번 확인해 준다.

27) 당연히 이는 데카르트에 있어서 당시에 널리 퍼져 있던 회의주의 문제와 떼려야 떼어낼 수 없는 관련이 있다. 데카르트는 당시에 회의주의가 꽃을 피우고 있다는 진단을 내렸다(AT VII 548~549쪽 참조). 폴로(Pollot)에게 쓴 1638년 4월 혹은 5월에 쓴 편지에서 데카르트는 다음과 같이 말한다. "피론주의자들이 그들의 의심으로부터 어떤 확실한 것도 이끌어 내지 못했지만, 이것이 곧 우리가 그럴 수 없다는 것을 의미하는 것은 아니다. 나는 우리가 신의 존재를 증명하기 위해 그들의 의심을 어떻게 이용할 수 있는지를 …"(AT II 38~39쪽).

파악하게 되었다는 것을 의미한다.[28]

이러한 사실은, 앞서 말했듯이, 데카르트가 지비에프 신부에게 편지를 썼을 때, 이미 《성찰》의 핵심적인 내용들을 거의 완성해 놓고 있었다는 추측을 가능케 한다. 한 번 더 말하자면, 제일성찰과 신 존재 증명과 정신과 육체의 상이함을 말이다. 제일성찰을 전제하지 않으면, 데카르트가 이후 자신의 형이상학을 특징지을 때 항상 사용하는 전형적인 표현인 "형이상학적인 진리들을 기하학적 증명들보다 더 명백하게 증명하는"이라는 말을 할 수가 없기 때문이다. 그렇다면 우리가 《성찰》을 마무리 짓는 작업을 중단한 이유에 대한 데카르트의 설명을 있는 그대로 받아들이는 것이 합당하다고 나는 생각한다. 신의 존재 증명과 영혼과 신체의 상이성을 다른 사람들에게 확신시킬 수 있을지 확신이 서지 않았기 때문이라는 설명을 말이다.[29]

---

28) 데카르트는 이후 전능한 신 개념을 반복해서 강조한다. 메르센에게 쓴 1630년 5월 27일자 편지, AT I1 51~153쪽과 베크만에게 쓴 1630년 10월 17일자 편지, AT I 165쪽 참조. 이 편지에서 데카르트는 베크만에게 다음과 같이 말한다. "철학자들과 신학자들이 어떤 것이 이성에 어긋나는 사실이라는 것을 보이고자 할 때 습관처럼 하는 것이 신조차 그것을 사실로 만들 수 없다는 것입니다. 저는 늘 이것이 아주 불손한 이야기 방식이라고 생각해왔습니다."

29) 데카르트는 메르센 신부에게 쓴 1630년 11월 25일자 편지에서 다음과 같이 말한다. "저는 〈굴절광학〉을 통해 제가 다른 사람들에게 저의 생각을 설명하고 제가 확신한 진리들을 확신시킬 수 있는 능력을 가지고 있는지를 테스트해 보고자 합니다. 저는 제가 그럴 수 있는지 매우 의심스럽지만, 만일 그럴 수 있다는 것이 검증되면, 언젠가는 내가 프리슬랜드(Friesland)에서 시작한 형이상학에 관한 글을, 즉 신 존재 증명과 육체와 분리된 영혼의 존재를 증명하고자 한 글을 완성할 것입니다. 후자로부터 영혼의 불멸성이 귀결됩니다"(AT I 182쪽). 여기에는 《성찰》 작업의 중단이 데카르트에게 자연철학이 형이상학보다 더 중요하다는 것을 보여주는 것이 아니냐는 클라크의 이해방식이 들어설 자리가 없다. 그런 종류의 물음을 제기할 만한 어떤 근거도 또

다른 한편, 위의 사실은 어떻게 데카르트가 계획만을 가진 상태에서 자신의 자연철학에 대해 지나치다 싶을 정도의 확신을 가질 수 있었는지도 함께 설명해 준다. 데카르트가 형이상학을 통해 자연철학의 토대를 발견했기 때문이다. 데카르트가 앞의 인용문에서 이야기하는 자연철학의 최종 결과물이 데카르트 사후에야 빛을 보게 되는 《세계》이다. 그러므로 데카르트가 위에서 "수학적 진리들"이라고 하는 것들에는 《세계》에서 제시된, 더 정확히 말하자면 그곳에서 신의 불변성으로부터 이끌어낸 자연법칙들도 포함된다. 《세계》의 다음 구절이 이를 잘 보여준다.

> 이미 설명한 세 법칙 이외에, 영원한 진리들로부터 아주 확실하게 귀결되지 않는 어떤 다른 것도 나는 가정하고 싶지 않다.[30] 즉, 수학자들이 일반적으로 그들의 가장 확실하고 명백한 증명들을 기초짓는 데 사용하는 영원한 진리들 말이다(AT X 47쪽).

따라서 이것이 바로 어떻게 데카르트가 우리가 앞서 본 인용문(메르센에게 쓴 1629년 11월 13일자 편지, AT I 70)에서 "어떤 사람들은 그것을〔자신의 자연철학〕 만족하다고 생각하게 될 것이고, 어떤 사람들은 그것에 동의하지 않을 어떤 이유도 가지게 되지 않을 것입니다"라고 확신할 수 있었는지 그 이유이다. 데카르트가 메르센 신부에게 (1930년 4월 15일에 쓴 편지, AT I 137쪽) 《세계》를 1633년 초까지 완성해서 보내겠다고 공언할 수 있었던 것도 바로 그 때문이다. 정리하면, 데카

어떤 답변도 존재하지 않는다. 그것은 우문(愚問)이다.

30) 여기서 데카르트가 '가정'이라고 하는 것은 진정한 의미로서의 가정을 의미하는 것이 아니다.

르트는 이미 1929년 7월~9월경에 그의 형이상학과 자연철학의 핵심 부분을 수립해 놓고 있었다고 할 수 있다.

데카르트는 이후 메르센 신부에게 쓴 1630년 11월 25일자 편지에서 자신이 《세계》에 대한 작업과 더불어 그 이전부터 집필중이던 〈굴절광학〉을[31] 완성하기 위한 작업도 병행하고 있다고 설명한다. 데카르트는 그 〈굴절광학〉에 색과 빛의 본성을 설명하는 부분도 포함시킬 것인데, 자신이 6개월 이상 그것을 위한 연구에 매달렸지만 반도 완성하지 못했다고 토로한다. 그럼에도 데카르트는 자신이 한 약속, 즉 《세계》를 3년 안에 완성해서 보내주겠고 한 약속을 지키는 데는 문제가 없을 것이라고 한다.[32] 왜냐하면 〈굴절광학〉에 포함시키고자 하는 그 부분이 《세계》의 초록이나 마찬가지기 때문에 말이다. 우리가 주목할 점은 데카르트가 이때 처음으로 성찬의 문제에 관심을 가지게 되었다는, 아니 가지지 않을 수 없었다는 사실이다. 색의 본성에 대한 설명에는 성찬에서 빵이 어떻게 흰색으로 남아있을 수 있는지에 관한 설명도 함께 제시되어야만 한다고 생각했다.[33]

이러저런 진행과정을 거쳐[34] 《세계》는 약속보다 1년가량 늦은, 늦

31) 《방법서설》의 〈굴절광학〉의 초안.

32) 이 편지에서 《세계》에서 데카르트는 세계의 탄생과정을 카오스로부터 시작하여 우화적으로 제시하는데, 데카르트는 자신이 그것과 사랑에 빠졌다고 이야기 한다. 그리고 1630년 12월 23일자 편지(AT I 194쪽)에서 자신이 지금 카오스로부터 빛을 이끌어 내는 작업에 몰두해 있다고 전한다. 그리고 이 작업이 가장 중요하고 어려운 작업 가운데 하나인데, 그 이유는 그것이 사실상 자연철학 전체를 포함하고 있기 때문이라고 설명한다.

33) 이는 네 번째 반론가인 아르노에 대한 답변에 들어 있다. 우리는 나중에 다시 이 문제로 돌아 올 것이다.

34) 예를 들자면, 데카르트는 《세계》에 동물들의 영혼과 다른 형상 혹은 성질들을 포함시키고자 했지만(메르센에게 쓴 1630년 5월 27일자 편지, AT I 154

었다고 할 수도 없지만, 1633년 말경에 완성되었다. 그러나 데카르트는 갈릴레이의 유죄판결(1633년 6월 16일) 소식을 전해 듣고 《세계》의 출판을 포기하기에 이른다. 그는 메르센에게 1633년 11월 말경에 쓴 편지에서(AT I270~271쪽) 《세계》를 메르센에게 새해선물로 보내려고 하는데, 만일 시간 내에 필사를 못 하게 되면 일부라도 보내고자 한다고 전하며, 갈릴레이의 유죄판결 소식을 전해 듣고 너무 놀라 《세계》를 불태워버릴까도 생각했다고 전한다. 그리고 말하길,

> 저는 갈릴레이가 — 이탈리아 사람이며, 그는 제가 아는 한 교황으로부터 총애를 받는 사람인데 — 다른 것도 아닌 지구가 돈다는 것을 확립하기 위해 노력했다는 이유 때문에 범죄자로 만들어졌다는 것을 상상할 수 없습니다. 저는 몇몇 추기경들이 이미 그 견해를 공식적으로 비난했다는 사실을 알고 있습니다. 그러나 저는 그럼에도 그 견해가 로마에서조차 공공연하게 가르쳐지고 있다는 것을 들은 기억이 있습니다. 저는 만일 그 견해가 틀리다면, 저의 자연철학의 모든 토대들 역시 거짓이라는 것을 인정해야 합니다. 왜냐하면 그 견해는 그 토대들로부터 증명될 수 있기 때문입니다. 그리고 그 견해는 저의 글〔《세계》〕의 모든 부분들과 긴밀하게 얽혀 있어서 저의 글을 훼손시키지 않은 채 그것만을 분리해 낼 수 없습니다. 그런데 저는 교회가 인정하지 않는 말을 하나라도 담고 있는 글을 출간하기를 결코 원치 않습니다. 따라서 저는 그것을 훼손된 상태에서 출간하기보다는 출간 자체를

쪽), 나중에 이를(동물들이 어떻게 생겨나게 됐는지에 대한 설명) 시간을 너무 많이 잡아먹기 때문에 포기했지만, 물질 대상들과 관련해서 자신이 애초부터 계획했던 모든 것들은 완성되었고, 인간의 본성에 관한 것만, 즉 인간이 지닌 모든 주된 생명활동 기능들을 덧붙이는 일만 남았다고 전함. 메르센에게 1632년 7월에 쓴 편지, AT I 254쪽과 1632년 11월 혹은 12월에 쓴 편지, AT I 263쪽 참조.

하지 않는 것이 더 낫다고 생각합니다.[35)]

데카르트는 《세계》에 커다란 애착심을 가지고 있었다. 이는 이야기할 필요조차 없는 사실이다. 데카르트는 교황이 서적검열을 책임지는 추기경들의 모임에서 내린 갈릴레이에 대한 유죄판결을 재가했는지, 프랑스에서는 그것이 어떻게 받아들여지고 있는지, 그리고 그 결정을 내린 추기경들의 권위가 그 결정을 신조(信條)로 만드는 데 충분한지 등에 대해 매우 궁금해 했다.[36)] 더 나아가 그는 1633년 9월 20일에 리그(Liège)에서 인쇄된 갈릴레이에 대한 유죄판결문을 직접 읽어보기까지 했다. 메르센에게 전하길,

> 그 판결문은 '비록 그가〔갈릴레이〕 자신의 견해를 단지 가설적으로 제시하는 듯이 꾸몄지만'이라는 내용을 담고 있습니다. 따라서 그들은〔추기경들〕 천문학에서 가설의 사용조차 금지하는 듯이 생각됩니다. … 저는 그들의 판결이 교황이나 어떤 공의회에서 승인된 적이 없으며 오로지 그 종교재판에 참여한 추기경들의 단 한 번의 모임에 의해 결정된 것이라고 알고 있습니다. 따라서 아직 저는 그것이 Antipodes 사건과 유사한 결과를 낳게 될지도 모른다는 희망의 끈을 완전히 놓고 있지 않습니다. 때가 되면, 저의 《세계》가 빛을 보게 될지도 모릅니다(메르센에게 1634년 4월에 쓴 편지, AT I 288쪽).

따라서 《세계》에 대한 출판을 포기한 후, 데카르트는 전략적 고민을 했을 것이다. 어떻게 하면 자신의 자연철학을, 즉 《세계》를 세상에 알릴 수 있을까 하고 말이다. 그 전략의 첫 번째 수로 그가 선택한 것이

35) 메르센에게 1634년 4월에 쓴 편지(AT I 285쪽)에서도 같은 이야기를 한다.
36) 메르센에게 1634년 2월에 쓴 편지(AT I 281~282쪽) 참조.

집필을 중단한 《규칙들》과 유사한 구조를 지닌 글을 쓰는 것이었는데, 그것이 바로 《방법서설》이다.[37]

---

37) 〈방법서설〉에서 《세계》에 대한 출판을 포기하게 된 이유를 설명 한 후, 데카르트는 이런 말을 덧붙인다.

"그들을〔학문에 있어 진리를 조금씩 발견하는 사람들을〕 군대의 지휘관들과 비교할 수 있는데, 지휘관의 힘은 승리에 따라 증가하는 것이 보통이고, 한 전투에서 패한 후에 군대를 유지하려면 승리한 후에 도시나 지방을 점령하는 것보다 더 큰 수완이 필요하다. … 내 자신에 관해서 말하자면, 내가 전에 학문에 있어 몇 가지 진리를 발견했다면(이 책에 담겨 있는 것을 보면 독자도 그렇게 생각하리라 믿는다), 그것은 대여섯 가지 주요 어려움에서 나온 결과물이자 파생물일 뿐이며, 나는 이 어려움을 극복했고, 또 그만큼의 전투에서 다행스럽게 승리한 셈이라고 감히 말할 수 있다. 그리고 두세 번만 그와 같은 전투에서 이긴다면 나는 내 계획을 완수할 수 있고, 또 내 나이가 그렇게 많지 않으므로 자연의 통상적인 흐름에 따라 그렇게 할 만한 시간이 충분히 나에게 있다고 감히 말할 수 있다"(〈방법서설〉, AT VI 68쪽). 여기서 데카르트는 〈굴절광학〉과 〈해석기하학〉과 〈기상학〉을 각개전투에 비유하고, 두세 번만 그와 같은 전투에서 이긴다면 자신의 계획을 완수할 수 있다고 주장하는 것이다.

1639년 5월 말에 메르센에게 쓴 편지에서는 다음과 같은 내용이 담겨 있다. 메르센은 〈방법서설〉〔특히 6부〕가 《세계》를 절대 출판하지 않겠다는 선언을 한 것과 같이 데카르트에게 족쇄를 채우는 역할을 할지도 모른다는 두려움과 염려를 표한 것 같다. 이에 대해 데카르트는 이렇게 답한다. "당신은 전혀 그런 걱정을 할 필요가 없습니다. 왜냐하면 저는 그 어느 곳에서도 제가 살아있는 동안 《세계》를 출판하지 않을 것이라고 약속한 적이 없기 때문입니다. 저는 단지 그것을 출판하려 했으나 제가 설명한 이유들 때문에 제가 살아있는 동안 출판하지 않으려고 결정했다고 했을 뿐입니다. … 제가 《세계》에 대해 언급한〔 〈방법서설〉 5부와 6부〕 이유는 《세계》를 보고 싶은 사람들로 하여금 그것의 출판을 가로막는 장애물들을 제거하도록 강제하기 위함입니다" (AT I 367~368쪽). 이는 당연히, 만일 그 이유들이 사라진다면, 언제라도 그 책을 출판하겠다는 것을 의미한다.

1637년 5월 말에 쓴 수신자 미상의 편지에서 데카르트는 다음과 같이 말한

《방법서설》은 1637년 7월에 서설로서의 〈방법서설〉에 《세계》에서 떼어낸 〈굴절광학〉과[38] 그가 처음 쓸 때부터 자신의 자연철학에 하나의 견본으로 덧붙이고 했던 〈기상학〉을[39] 각각 보완하여 〈해석기하학〉과 함께 프랑스어로 네덜란드 라이덴에서 출간되었다. 그가 〈기상학〉을 쓰려고 마음먹었을 때, 그것을 익명으로 출판하려고 생각했던 것처럼 익명으로.[40] 출판사에 《방법서설》의 원고를 넘겼다는 소식을 전하면서, 데카르트는 메르센에게 《방법서설》의 제목을 다음과 같이 소개한다. "우리의 본성을 최고의 완전성으로 이끌 수 있는 보편학에 대한 플랜. 〈굴절광학〉과 〈기상학〉과 〈해석기하학〉과 함께 수록되어 있음. 이 세 부록에서 저자는 자신의 보편학을 증명하기 위해 저자가 선택할 수 있는 주제들 가운데 가장 난해한 주제들을 설명하는데, 교육받지 않은 사람일지라도 이해할 수 있는 방식으로 설명되어 있다" (메르센에게 1936년 3월에 쓴 편지, AT I 339쪽). 더불어 데카르트는 〈방법서설〉이 자신의 방법 일부와 신의 존재와 영혼과 육체의 상이성

다. "당신이 고맙게도 내게 출판을 권하는 《세계》와 관련해서는 이렇습니다. 만일 대중이 그것이 출판되길 원했고, 또 그럼으로써 제가 무언가를 얻을 수 있었는데도 제가 그것이 출판되기를 열망하지 않았던 것이라면, 제가 그것에 대해 그런 식으로 말하는〔?〕 우를 범할 정도로 어리석지는 않습니다. 그러나 저는 당신이 《방법서설》이 〔《세계》〕를 출판하기 위한 길을 마련하기 위한, 그 가능성을 타진하기 위한 의도로 출판되는 것이라는 것을 알아주셨으면 합니다." AT I 370쪽.

38) 메르센에게 1635년 6월 혹은 7월에 쓴 편지, AT I 322쪽 참조.

39) 골리우스(Golius)에게 쓴 1635년 5월 19일자 편지, AT I 321~322쪽과 콘스탄틴 호이겐스(Constantijn Huygens)에게 쓴 1635년 11월 1일자 편지, AT I 591쪽 참조.

40) 메르센에게 쓴 1629년 10월 8일자 편지, AT I 23~24와 1936년 3월자 편지, AT I 340쪽 참조.

에 대한 증명을 담고 있다고 설명한다. 그럼에도 출간까지 1년 이상이 걸리게 된 이유는 프랑스 왕의 출판허가가 1637년 5월 4일에야 나왔기 때문이다.[41]

메르센은 데카르트에게 《방법서설》과 관련해서 두 가지 반박을 제기한다(1637년 2월 27일자 편지, AT I 349~351쪽 참조).[42] 첫 번째 반박에 대한 데카르트의 답변은 그가 왜 《규칙들》을 중단하게 되었는지에 대한 또 다른 이유 하나를 더 설명해 준다. 〈방법서설〉을 〈방법론〉이라고 하는 것이 어떻겠냐는 메르센에게 데카르트는 다음과 같이 설명한다.

> 저는 그것을 방법론이라고 하지 않고, 방법에 대한 서론 혹은 소개한다는 의미로 방법서설이라고 불렀습니다. 제가 방법을 가르치려고 하는 것이 아니라 단지 그것에 대해 논의하고자 한다는 것을 보이기 위해서 말입니다. 저의 설명으로부터 알 수 있듯이, 그것은 이론보다는 실행에 있는 것이다(AT I 349쪽).

이는 방법을 가르치고자 한다면 방법론을 써야 하는데, 자신은 그렇게 하지 않았다는 것이다. 내가 다른 곳에서 자세히 설명했듯이,[43] 그 이유는 데카르트가 자신의 방법에 대해 회의적인 생각을 가졌기 때

41) 메르센에게 1637년 5월 말에 쓴 편지, AT I 38쪽과 콘스탄틴 호이겐스에게 쓴 1637년 6월 12일자 편지 AT I 637쪽 참조. 이 허가서는 메르센의 도움으로 받을 수 있었다. CSMK, 57쪽 주 3 참조.

42) 데카르트는 파리에서의 출판가능성을 알아보기 위해 《방법서설》 원고를 메르센에게 보낸 것으로 추측된다. 메르센에게 1936년 3월에 쓴 편지, AT I 338~339쪽 참조.

43) 졸고, "데카르트의 방법", 135쪽 이하 참조.

문이 아니라, 각각의 탐구과제와 관련하여 그것과 관련된 탐구방법을 일일이 설명하는 것에, 혹은 설명가능성에 회의를 느꼈기 때문이다. 나는 위의 인용문에 대한 설명으로서는 윌리엄스의 다음 설명이 최선의 설명이라고 생각한다.

> 방법을 충분히 설명하는 데 실패하는 것은 어느 한 작품이나 특정한 세트의 논문들에만 한정된 문제가 아니다. 방법을 순수하게 추상적으로 다루는 어떤 글도 성공할 수 없다. 그런 규칙들에 어떤 내용을 주려면 지적인 문제에 실제적으로 매달려야 한다는 것이 그〔데카르트〕의 주된 견해이다. 〔그 규칙들을〕 이루는 말들의 의미는 오로지 과학적 문제들을 직접 다루는 경험으로부터 얻어진다.[44]

따라서 각각의 탐구과제와 관련해서 〈방법서설〉 2부에서 제시된 방법을 어떻게 사용하고 적용시켜야 하는지에 대해 자세히 설명하는 것보다는, 데카르트 자신이 그 방법을 통해 이룬 성과들을 제시함으로써 자신의 방법의 우수성을 입증하는 것이 더 낫다고 생각한 것 같다. 이에 상응하게, 데카르트는 1637년 5월 말에 쓴 편지에서(수신자 불명), 이렇게 말한다.

> 그러나 저는 당신이 《방법서설》이 〔《세계》〕를 출판하기 위한 길을 마련하기 위한, 그 가능성을 타진하기 위한 의도로 출판되는 것이라는 것을 알아주셨으면 합니다. 이를 위해 저는 일반적인 방법을 제안했습니다. 제가 실제로 그 방법을 따른 것은 아닙니다.[45] 저는 오히려 뒤

44) Williams, *Descartes*, Penguin, 1978, 33쪽 참조.

45) 데카르트가 이렇게 이야기하는 이유는 《세계》에서 신의 불변성으로부터 이끌어낸 법칙들을 제시하지 않았기 때문이다. 이와 관련된 데카르트의 자세한 표

> 따르는 3개의 글에서 그것에 대한 증명을 제시하고자 했습니다. 첫 번째 글의〔〈굴절광학〉〕 주제는 자연철학과 수학이 결합된 주제입니다. 두 번째 글의〔〈기상학〉〕 주제는 순수한 자연철학적 주제입니다. 세 번째 글의 〔〈해석기하학〉〕 주제는 순수하게 수학적인 주제입니다.… 더 나아가 저의 방법이 모든 것에 적용될 수 있다는 것을 보이기 위해 저는 〈방법서설〉에 형이상학과 자연철학〔《세계》〕과 의학에 관한 소견을 포함시켰습니다(AT I 370쪽).

다른 반박은 이렇다. 메르센은 〈방법서설〉 4부에서 데카르트가 제시한 설명, 즉 영혼이 신체와 독립된 실체라는 것과 그것의 본성이 오로지 사유에 있다는 것에 대한 설명이 충분하지 않다는 것을 지적하고, 이것이 신 존재 증명을 불명확하게 만드는 유일한 문제점이라고 주장한다.

> 그 문제를 다루는 최선의 방법은 감각과 상상력에 의거한 모든 판단들에서 발견될 수 있는 거짓이나 불확실성을 매우 자세히 설명하여 나중에 오로지 순수한 지성에 의거한 판단이 어떤 판단들인지, 그리고 그것들이 어떤 명증성과 확실성을 지니고 있는지를 보이는 것입니다. 그러나 저는 심사숙고한 결과 이를 뺐습니다. 저는 〔《방법서설》〕을 프랑스어로 썼습니다. 〔당신께서 요구하시는 것처럼 하기 위해〕 제가 제시하지 않으면 안 되는 의심들이 있었습니다. 그런데 그랬을 경우, 지력이 나약한 사람들이 그것들을 게걸스럽게 받아들여서 그 다음에 제가 그 의심들을 제거하기 위해 제시하는 논증들을 제대로 따라올 수

현을 우리는 〈방법서설〉 6부에서 발견할 수 있다. 그는 말하길, "〈굴절광학〉과 〈기상학〉의 처음 부분에서 말한 것 가운데 어떤 것을 가정이라고 하고 그것을 입증하려고 하지 않는 것을 독자는 우선 생각할 수도 있겠다." AT VI 76쪽.

> 없게 될 것이 두려워서 저는 그렇게 하지 않은 것입니다. … 8년 전에 저는 형이상학에 관한 글의 시작부분을 라틴어로 썼는데,[46] 그곳에는 그 〔회의〕 논증이 충분하게 전개되어 있습니다. 만일 계획된 바와 같이 이 책〔《방법서설》〕이 라틴어로 번역된다면, 저는 그것을 그곳에 포함시킬 수 있습니다[47] (AT I 351쪽).

메르센의 반박과 데카르트의 이 답변이 이 해제의 이 부분과 관련해서 중요한 이유는 이렇다. 《방법서설》이 채 출간되기 전부터 데카르트에게는 이미 다양한 반박들이 전달됐다. 그런데 메르센과 같이 〈방법서설〉 4부가 부족하다는 반박을 제기하는 학자들에 대해서 데카르트는 위와 같은 방식으로 대처했다.[48] 더욱이 데카르트는 〈방법서설〉 6부에서(AT VI 75~76쪽) 《방법서설》에 대해 반박을 제기하고자 하는 사람들이 있다면, 누구나 출판사에 반박을 보내줄 것을 부탁했다. 이 때문에 《방법서설》이 나오자, 가능한 종류의 다양한 반박들이 많은 학자들과 신학자들에 의해 제기되었다.[49] 이와 관련해서, 데카르트는

46) 역산하면, 데카르트가 지비에프 신부에게 1629년 7월 18일에 쓴 편지에서 언급한 글이 이 글이다.

47) 《방법서설》은 1656년에 라틴어로 번역되어 암스테르담에서 출간되었다. 회의 논증이 보충되어야 할 근거가 사라진 다음에 말이다. 라틴어 번역 역시 AT VI에 실려 있다.

48) 바티어(Vatier)와 폴로와 실롱(Silhon)도 같은 반박을 제기하고, 데카르트는 동일한 답변을 반복한다. 바티어에게 쓴 1638년 2월 22일자 편지, AT I 560~561쪽과 폴로(Pollot)에게 1638년 4월 혹은 5월에 쓴 편지, AT II 38~39와 실롱에게 1637년 5월에 쓴 편지, AT I 353쪽 참조.

49) 반론가들에 대한 데카르트의 평가와 관련해서는 메르센에게 쓴 1638년 5월 27일자 편지, AT II 143~145쪽과 1638년 6월 29일자 편지, AT II 191~192쪽 참조. 이 편지에서 외국 학자들의 반박과 프랑스 학자들의 반박 중 어느 것이 더 나은가라는 메르센의 질문에 대한 데카르트의 평을 일부 소개하자면

〈해석기하학〉에 대한 반박이나 평가는 거의 무시했다. 그것을 이해할 수 있는 사람은 소수에 불과할 것이라고 생각했기 때문이다.[50] 자신이 자연철학과 수학이 결합된 주제를 다룬 글이라고 설명한 〈굴절광학〉과 관련해서도 비슷한 태도를 취했다. 상대가 누구냐에 따라 태도가 다르긴 했지만 말이다.[51] 반론가들과 데카르트 사이에서 메신저 역할을 담당한 메르센에게 반론가들이 그들의 반박과 자신의 답변을 출간해도 좋다는 데 동의하지 않을 경우, 그들의 반박을 자신에게 보내지 말라고 당부할 정도로 말이다.[52] 그러나 〈기상학〉과 관련해서 제기된 물음이나 반박들에 대해서는, 그가 세운 《세계》 출간전략에 따랐다. 즉, 그는 자신의 자연철학을〔《세계》〕 온전히 다 제시하지 않고서는 충분한 답변을 할 수 없다는 식으로 대처했다.[53]

그렇다고 데카르트가 메르센에게 한 당부가 단지 성실한 반박을 유도하기 위한 목적만을 지닌 것만은 아니었다. 데카르트가 〈방법서설〉 6부에서 약속했듯이, 데카르트는 만일 반론가들이 동의한다면 《방법서설》의 재판이 나오게 될 경우 자신에게 제기된 반박과 답변을 덧붙일 생각을 가지고 있었다. 실제로 1638년 7월 27일자 편지에서

이렇다. 프랑스 학자들 가운데서 유일하게 가치 있다고 생각하는 것은 모린(Morin)의 것이라고 하며, 프티(Petit)와 페르마(Fermat)에게는 낮은 점수를 준다, 외국 학자들 가운데에서는 루뱅대학의 프로몬두스(Fromondus)와 플렘피우스(Plempius)의 것이다. 플렘피우스는 반박은 심장박동과 관련해서 제기될 수 있는 모든 점을 담고 있다고 매우 높이 평가한다.

50) 메르센에게 1637년 12월 말에 쓴 편지, AT I 478~479쪽 참조.

51) 콘스탄틴 호이겐스에게 쓴 1638년 3월 9일자 편지, AT 660~661쪽 참조.

52) 직접적인 계기는 데카르트가 페르마(Fermat)에게 이와 관련해서 동의를 구했는데, 그가 거절했기 때문이다. 메르센에게 1638년 3월 1일자 편지, AT II 25쪽 참조.

53) 바티어에게 쓴 1638년 2월 22일자 편지, AT 561~565쪽 참조.

(AT II 267쪽 참조) 데카르트는 메르센에게 지금까지 제기된 반박들 중 대부분이 라틴어로 쓰였기 때문에 추후에 반박을 제기하고자 할 사람들이 반박을 라틴어로 제기하도록 당부하는 이유가 바로 그 때문이다. 그러나 데카르트는 출판사로부터 《방법서설》이 많이 팔리지 않았다는 소식을 듣고 《방법서설》 재판에 대한 희망을 버린다(메르센에게 1639년 1월 9일에 쓴 편지, AT II 481쪽 참조).

따라서 이후 데카르트가 자신의 형이상학, 즉 《성찰》의 출간을 결정하게 된 것은 어떻게 보면 당연한 수순이다. 자신의 자연철학을 담고 있는 《세계》를 아직 출간하지 못한 상태에서, 《세계》를 형이상학적으로 뒷받침하는 《성찰》을 먼저 출간하는 것이 이제는 불가피한 수순이다. 앞에서 한 인용을 다시 한 번 보자.

> 우리끼리 이야기지만, 그 여섯 성찰들은 나의 자연철학의 모든 토대들을 담고 있습니다. 그러나 이를 다른 저들에게 알리지는 마십시오. 왜냐하면 그럴 경우 아리스토텔레스를 추종하는 이들이 그것들에 동의하기가 더 어려워질 수 있을 것 같으니까 말입니다. 저는 독자들이 저의 원리들이 아리스토텔레스의 원리들을 폐기한다는 것을 알아채기 전에, 서서히 나의 원리들에 익숙해지기를, 그리고 그 원리들이 참이라는 사실을 알게 되기를 바랍니다(1641년 1월 28일에 메르센에게 보낸 편지, AT III 297~298쪽).

무엇보다도 〈방법서설〉 4부를 통해 많은 사람들이 그의 온전한 형이상학을 기대하고 주목하게 된 계기가 마련되었지 않은가![54]

54) 이는 데카르트의 자연철학과 관련해서도 마찬가지다. 데카르트가 《성찰》의 출간을 준비하는 과정에서 이미 《철학의 원리》의 출간을 결정하고 구체적인 구상까지 마련한 것은 우연이 아니다. 데카르트가 메르센에게 1640년 11월

데카르트의 《성찰》은 1941년에 파리에서 처음 출간되었다. 《성찰》 본문과 그것에 대한 6개의 반박과 각각의 반박에 대한 데카르트의 답변이 함께 수록된 상태로 말이다. 1642년에는 하나의 반박이 추가되었고, 이에 대한 데카르트의 답변과 디네 신부에게 보내는 편지가 추가되었다. 재판은 1642년에 암스테르담에서 출간되었다. 물론 데카르트가 처음부터 《성찰》을 이런 식으로 출간하고자 한 의도를 가지고 있었던 것은 아니다.

메르센에게 1639년 11월 13일에 쓴 편지에서 데카르트는 자신이 지금까지 형이상학에 관해 쓴 글들을 정리하고 있다고 밝힌다. 그리고 그것이 완성되면, 20~30개의 인쇄본을 만들어 가장 학식 있는 신학자들에게 보내 그들의 견해와 비판을 듣고 교정을 거친 후에 출판하겠다고 한다(AT II 622쪽 참조). 그리고 1630년 7월 30일자 편지에서 데카르트는 《성찰》이 다양한 학자들의 검증을 거쳐 승인되기 전에 예수회 신부들의 손에 들어가지 않도록 자신이 직접 그것을 메르센에게 가져다주거나, 그렇게 하지 못할 경우 10~12 인쇄본만을 보낼 테니 가장 능력 있고 공정한 신학자들을 골라 그것을 건넬 것을 당부한다(AT III 126~127쪽 참조).[55] 그러나 데카르트는 이 계획을 바꾸어 모든 과정을 공개리에 하기로 마음을 먹는다. 비공개로 진행하는 것이 불가능하다는 것을 깨달았기 때문에 말이다.[56]

11일에 쓴 편지, AT III 232~235쪽 참조.

55) 예수회 수학자들이 〔특히 부르댕(Burdin), 나중에 《성찰》 재판의 일곱 번째 반론가가 됨〕 〈굴절광학〉을 공개적으로 공격한 것이 계기가 되어 데카르트는 예수회 전체와 전쟁에 나선다. 콘스탄틴 호이겐스에게 쓴 1640년 7월 31일자 편지, AT III 752쪽 참조.

56) 콘스탄틴 호이겐스에게 쓴 1640년 7월 31일자 편지, AT III 751쪽 참조. 데카르트는 콘스탄틴 호이겐스가 데카르트가 형이상학과 관련된 글을 출간할

그래서 데카르트는 다음과 같이 진행한다. 《성찰》 본문이 완성되자, 데카르트는 그것을 먼저 카테루스 신부에게 보내 반박을 부탁한다. 그의 반박을 받고 이에 대한 답변을 작성한 후 데카르트는 1640년 11월 10일에 콘스탄틴 호이겐스에게 카데루스의 반박과 자신의 답변을 《성찰》 본문과 함께 보낸다. 한 번 읽어 본 다음, 메르센 신부에게 발송하라고 말이다. 메르센 신부에게 쓴 그 다음 날자 편지에서(이하 AT III 230~247쪽 참조) 데카르트는 그러한 사실을 전하고, 일의 진행과 관련해서 당부사항을 자세히 알린다. 데카르트는 먼저 메르센을 그 책의 대부로 칭하고 그에게 제목 이하 모든 사안과 관련해서, 특히 소르본대학의 지지를 얻기 위한 진행과 다른 반론가들의 선정과 관련해서, 전권을 위임한다. 그리고 《성찰》을 지비에프 신부에게도 보낼 것과 어려운 일이 있으면 그와 상의하라고 당부한다. 데카르트는 소르본 신학대학의 지지를 얻기 위해 소르본 신학대학의 신학자들에게 보내는 편지와 메르센에게 가능한 모든 도움을 주기를 부탁하는 내용을 담은 지비에프 신부에게 보내는 편지를 동봉한다.[57]

《성찰》 본문과 카테루스의 반박과 이에 대한 데카르트의 답변을 콘스탄틴 호이겐스로부터 받은 후, 메르센은 자신이 선정한 신학자들과 철학자들(메르센 자신도 포함됨)과 토마스 홉스에게 그것을 보내 반박을 부탁한다. 이것들이 《성찰》에 대한 두 번째 반박과 세 번째 반박이

예정이라는 소문을 들었다는 소식을 전하자 깜짝 놀란다.

57) 데카르트가 지비에프 신부에게 《성찰》을 보내는 목적이 단지 소르본 신학자들로부터 《성찰》에 대한 지지를 얻기 위한 정치적 계산에 의한 것만이 아니라는 것은 분명하다. 지비에프 신부가 데카르트가 형이상학에 관한 글을 쓰기 시작했다는 것을 알린 첫 번째 인물이니, 그가 《성찰》을 제일 먼저 받아 보는 것은 당연한 일 아닌가! 데카르트는 메르센에게 쓴 1640년 9월 30일자 편지에서 이미 이런 구상을 털어 놓았다. AT III 183~185쪽 참조.

된다. 이들에 대한 답변을 메르센에게 보내면서, 데카르트는 중복을 피하기 위해 다음 반론가들에게는 그 이전의 반박들과 자신의 답변들을 함께 보내기를 부탁한다(1641년 1월 21일자 편지, AT III 282쪽 참조).

데카르트의 반론가들에 대한 평가는 가혹했다. 두 번째 반박을 제기한 철학자들과 신학자들과 관련해서는 그들이 《성찰》을 전혀 이해하지 못한 것 같다고 혹평한다.[58] 홉스에 대한 평가는 이보다 더 심하다(메르센에게 쓴 1641년 3월 4일자 편지, AT III 320쪽 참조). 홉스와 더 이상 어떤 관계도 맺지 않는 것이 자신에게 최선이라고 생각한다고 할 정도로 말이다. 그는 말하길, 만일 홉스의 성격이 자신이 추측하는 바대로라면 홉스와 자신이 적이 되지 않으면서 의견을 교환하기란 거의 불가능할 것이라고 생각한다면서 말이다. 이에 반해 네 번째 반론가인 아르노에 대해서는 극찬을 아끼지 않는다(메르센에게 쓴 1641년 3월 4일자 편지, AT III 331쪽 참조).[59] 그리고 데카르트는 지금까지 제기된 4개의 반박과 이에 대한 자신의 답변들을 받게 되면, 그것들을 《성찰》 본문에 덧붙여 소르본대학의 신학자들에게 제출할 것을 메르센에게 부탁한다(1641 3월 4일자 편지, AT III 328쪽 참조). 당연히 신학대학에 보내는 자신의 편지와 함께. 그런데 메르센은 아르노의 반박에 대한 데카르트의 답변 가운데, 성찬(*Eucharist*)과 관련된 부분(AT VII 253~256쪽)을 삭제하고 제출한다.

이후 다섯 번째 반론가로서 메르센이 선정한 이는 당대에 명성이 높았던 유물론자 가상디(Gassendi)다. 그의 반론에 대한 데카르트의 평

58) 메르센에게 쓴 1640년 12월 24일자 편지에서 데카르트는 메르센이 두 번째 반박을 제기하도록 지정된 반론가들이 일주일 안에 반박을 완성할 수 있다고 하자 이에 상당히 놀란바가 있다. AT III 265쪽 참조.

59) 이에 대해서는 오늘날 데카르트 전문가들도 이견이 거의 없다.

가는 매우 나빴다.[60] 하지만 그의 명성을 이용하고 싶은 의도를 숨기지 않았다. 데카르트는 말하길,

> 저는 당신에게 오늘 가상디의 나머지 반박과 이에 대한 저의 답변을 보냅니다. 이와 관련해서 부탁이 있습니다. 가능하다면, 그의 반박을 그가 저의 답변을 보기 전에 인쇄해 주십시오. 우리끼리 이야기지만, 그의 반박에는 좋은 논증이 거의 들어 있지 않기 때문에, 그가 저의 답변을 보고 나서도 과연 자신의 반박이 인쇄되는 것을 허락할지 의문이 듭니다. 저야 당연히 그것이 인쇄되었으면 하지요. 제가 저의 답변을 쓰는 데 소비한 시간이 아깝게 될 것이기 때문만은 아닙니다. 제가 그의 반박에 답변할 수 있는 능력이 없다고 믿는 사람들은 인쇄를 거부한 사람은 저라고, 제가 그럴 수 있는 능력이 없기 때문에 그것이 인쇄되기를 거부한 것이라고 믿을 것이기 때문입니다(메르센에게 쓴 1641년 6월 23일자 편지, AT III 384쪽).[61]

여섯 번째 반박은 다양한 신학자들과 철학자들, 그리고 기하학자들에 의해 제기되었다. 이런 과정을 거친 끝에, 메르센은 1641년 파리에서 소르본 신학대학에 보내는 편지와 독자에게 보내는 편지와 요약문,[62] 그리고 《성찰》 본문과 그것에 대한 6개의 반박과 이에 대한 데카르트의 답변을 모아 한 권의 《성찰》을 출간한다.

---

60) 김재권은 가상디의 반론을 "데카르트에 대한 힘차고 강력한 도전"이라고 평한다. 김재권, "의식과 심적인과," 《극단에 선 물리주의》, 제1회 석학연속강좌, 아카넷, 2000, 11 주 6.

61) 데카르트는 가상디가 상식도 없고 논리적인 논증을 전개할 능력도 없다고 폄하한다. 같은 편지 389쪽 참조.

62) 요약문은 1640년 12월 31일에 메르센에게 보내졌다(AT III 271쪽 참조). 아노의 반박에는 반박문을 작성중에 요약문을 전달받았다는 내용이 들어 있다.

데카르트는 그 다음 해인 1642년에 《방법서설》이 출간된 후부터 자신과 대립각을 세워온 부르댕 신부의 반박과 이에 대한 자신의 답변, 그리고 디네 신부에게 보내는 편지를 추가하여 재판을 출간한다.63) 이때 데카르트는 메르센이 초판에서 삭제한 부분, 즉 아르노의 반론에 대한 자신의 답변에서 삭제된 성찬과 관련된 부분을 복원시킨다. 오늘날 우리가 데카르트 전집의 스탠더드 판으로 사용하는 아당 타네리 전집 VII권은 이 재판을 담고 있다.

데카르트는 엘리자베스 공주(1643년 6월 28일에 쓴 편지, AT III 695쪽 참조)와 버먼(AT V 165쪽 참조)에게 《성찰》에, 즉 제일성찰과 형이상학적인 문제들에 너무 심취하지 말 것을 권하고 이를 경고한다. 굳이 하고자 한다면, 오로지 일생에 한 번만 할 것을 권한다. 데카르트가 그런 권고나 경고를 하는 이유가 무엇일까? 데카르트가 《성찰》에 특별한 의미를 두지 않는다는 것을 보여주는 것일까?64) 나는 이 물음에 대한 부정적인 답을 제시하면서 이 부분을 마치려한다.

데카르트가 엘리자베스 공주를 얼마나 높이 평가하는지에 대해서는 두말할 나위가 없다. 엘리자베스 공주를 개인적으로 알게 되기 전인

63) 〔역주〕 데카르트는 다섯 번째 반박에 대한 자신의 답변에 대한 Hyperaspistes(챔피언이라는 의미의 그리스 말)라는 익명의 반론가의 반박을 1판에 넣고자 했지만 시간상 너무 늦어 그러지 못했고 이를 매우 아쉬워했다. 그런데 2판에도 그것을 추가하지 않았다는 것은 의아한 점이다. Hyperaspistes에게 1641년 8월에 쓴 편지(AT III 422쪽 이하) 참조. 메르센에게 1641년 11월 17일에 쓴 편지(AT III 448쪽 이하) 참조.

64) 클라크가 이렇게 주장하는 학자이다. 그는 만일 데카르트가 자신의 자연철학을 형이상학과의 연관관계 속에서 이해해야 한다고 생각한다면 이런 권고나 당부는 데카르트가 할 수 없는 것이라고 주장한다. Desmond M. Clarke, *Descartes' philosophy of science*, Manchester University Press, 1982와 *Descartes's Theory of Mind*, Clarendon Press, 2002 참조.

1642년 10월 6일에 폴로에게 쓴 편지에서, 데카르트는 자신이 이미 그녀의 탁월한 지적 능력에 대해 익히 들어 잘 알고 있다고 한다. 따라서 그녀가 형이상학과 관련된 책들을 많이 읽는다는 것에 대해 놀라지 않는다고 한다. 아울러 그녀가 자신의 《성찰》을 읽고자 한다는 것을 또 그것을 읽은 후에 그녀가 그 내용에 대해 동의를 표했다는 것을 전해 듣고, 매우 다행으로 여겼다고 한다. 데카르트는 그 이유를 자신은 그녀가 내린 평가가 이성의 명증함보다는 아리스토텔레스 철학을 받아들이는 것을 철칙으로 여기는 학자들의 평가보다 훨씬 더 가치 있다고 생각하기 때문이라고 설명한다. 이러한 사실은 얼핏 엘리자베스 공주에게 데카르트가 한 권고 혹은 경고에 대한 클라크의 해석을 뒷받침해주는 듯하다. 그러나 나는 데카르트가 엘리자베스 공주에게 그러한 충고나 경고를 하게 된 이유를 다른 곳에서 찾아야 하며, 또 그럴 수 있다고 생각한다. 이미 앞에서 언급한 편지, 즉 데카르트가 1640년 11월 11일에 메르센에게 쓴 편지에서 우리는 그것을 찾을 수 있다(AT III 231쪽 참조). 그곳에서 데카르트는 슈만(Anne-Marie de Schurman)이라는 여자에 대해 언급한다. 그녀는, 데카르트에 따르면, 시와 그림 등 예술에 아주 뛰어난 재능을 지닌 여자였다. 그런데 그런 그녀가 지난 5~6년 동안 뵈티우스(Voetius)에 의해 신학적인 논쟁들에만 몰두하게 만들어졌는데, 이는 상식적인 사람들에게 그녀가 기피인물이 되어버리게 된 결과를 초래했다. 데카르트는 메르센에게 자신의 상극인 뵈티우스가 그녀를 망쳐버린 것이라고 이야기한다. 나는 데카르트가 엘리자베스 공주에게 그러한 권고나 경고를 한 배경에는, 이런 생각과 아쉬움이 마음속 깊이 남아 있었기 때문이라고 생각한다.

데카르트는 《성찰》이 과연 어느 정도 팔릴 것이라고 예상했을까? 그는 재판이 나오는 데 최소한 두 달쯤 걸린다고 생각하는 시점에, 네덜란드로 초판 2백 권이 보내졌다는 소식을 듣고는 그것이 재판 출간 전에 다 팔릴 것이라고 예상했다(메르센에게 1641년 11월 17일에 쓴 편지, AT III 449~450쪽 참조).

2. 제일성찰의 회의논증

데카르트가 제일성찰에서 회의논증을 전개한 후, 그 논증은 서양철학의 모든 인식론적 논의에서 피할 수 없는, 극복해야 할 도전이 되었다. 데카르트의 회의논증을 어떻게 재구성해야 하는지의 물음부터 시작해서 말이다.

데카르트는 제일성찰을 다음과 같이 시작한다.

> 유년기에 내가 얼마나 많이 거짓된 것을 참된 것으로 간주했는지, 또 이것 위에 세워진 것이 모두 얼마나 의심스러운 것인지, 그래서 학문에 있어 확고하고 불변하는 것을 세우려 한다면 일생에 한 번은 이 모든 것을 철저하게 전복시켜 최초의 토대에서부터 다시 새로 시작해야 한다는 것을 이미 몇 해 전에 깨달은 바가 있다. … 다행히 오늘 내 정신은 모든 근심에서 벗어나 있고, 은은한 적막 속에서 평온한 휴식을 취하고 있으므로, 내가 지금까지 갖고 있던 모든 의견을 자유롭게 전복시켜 볼 참이다(AT VII 17쪽).[65]

데카르트가 이 인용문에서 언급하는 유년기적 경험이란 우리 모두 누구에게나 익숙한 경험이다. 더욱이 그 경험이 유년기에만 국한된 것

65) 《성찰》 본문의 번역본 역시 이현복의 번역본을 사용하고 대부분 따랐다. 역자가 번역을 달리 할 경우에는 이를 명시할 것이다. 이현복의 번역본에도 AT 쪽수가 달려 있기 때문에 앞으로는 AT 권수와 쪽수만 제시할 것이다.

도 아니다. 우리는 일생 동안 늘 같은 경험을 반복한다. 예를 들어 보자. 나는 얼마 전까지만 해도 호주의 수도가 시드니라고 알고 있었다. 그래서 한 친구가 호주의 수도를 방문하고 왔다고 했을 때, 나는 그가 시드니를 방문한 것이라고 믿었다. 그후 나는 그 친구를 나와 함께 알고 있는 어떤 다른 친구와 시드니에 관한 특집방송을 보게 되었을 때, 그 친구에게 앞서 말한 친구가 시드니를 방문했었다고 했다. 그러자 그는 그것이 사실이 아니라고 했다. 그래서 나는 그에게 내가 그 친구에게서 호주의 수도를 방문했다는 이야기를 직접 들었다고 했다. 그랬더니 함께 방송을 보던 친구는, 자신도 그 이야기를 들었다고 하면서, 내게 호주의 수도는 시드니가 아니라 캔버라라고 알려주었다. 이 간단하고 시시콜콜한 대화의 결과는 당연히 이렇다. 나는 호주의 수도가 시드니라는 믿음과 그 친구가 시드니를 방문했다는 믿음을 버리고, 그가 호주의 수도가 캔버라며 그 친구가 캔버라를 방문했다는 새로운 믿음을 획득하게 되었다.[66] 이 예에서 거론된 명제들을 나열해 보면 이렇다.

가)
1) 호주의 수도는 시드니다.
2) 호주의 수도는 캔버라다.
3) 나의 친구는 호주의 수도를 방문했다.
4) 나의 친구는 시드니를 방문했다.
5) 나의 친구는 캔버라를 방문했다.

---

66) 이런 경험을 가장 집중적으로 하는 때가 시험을 보고 난 후이다. 답안을 쓸 때는 맞는 답이라고 믿었기 때문에 쓴 것이지만 나중에 보면 그렇지 않다는 것을 알게 되는.

그런데 데카르트가 제일성찰에서 고찰하고자 하는 대상은 명제가 아니라, 자신이 가지고 있는 믿음 혹은 지식이다.

(나)
1) 나는 (가 1)이 참이라고 믿고 (혹은 알고) 있었다.[67]
2) 나는 (가 3)을 참이라고 알고 있다.
3) 나는 (가 4)를 참이라고 믿고 있었다.
4) 나는 (가 1)이 거짓임을, (가 2)가 참임을 알게 되었다.
5) 나는 (가 5)가 참임을 알게 되었다.
6) 나는 (가 4)가 참인지 거짓인지 모른다.

데카르트가 앞의 인용문에서 "거짓된 것을 참된 것으로 간주했"다는 경험은 (나 1)을 의미한다. 그런데 내가 가지고 있던 믿음이 거짓으로 드러날 경우, 나는 그 믿음을 버리거나 다른 참인 믿음으로 대체한다. 위의 예의 경우, 나는 (가 1)에 대한 믿음을 버리고, (가 2)에 대한 믿

67) 우리는 일상에서 '안다'와 '믿는다' 혹은 '지식 혹은 인식'과 '믿음'이라는 말을 거의 동의어로 사용한다. 아니 단지 일상에서뿐만 아니라 철학에서도 그렇다. 그 이유는 지식 혹은 인식이 무엇을 의미하는지 그 의미가 아직 불명확하기 때문일 것이다. '지식이 무엇인가?'라는 물음에 대해 우리는 아직도 명쾌한 답을 가지고 있지 못하다. 그 물음에 대한 답을 추구하는 것 자체에 대해 회의적인 생각이 들 정도로 말이다. 그러나 다른 한편, 그렇다고 우리가 일상에서 그 두 말을 전혀 구분하지 않고 무분별하게 사용하는 것은 아니다. 일상에서 그 두 말이 사용되는 상황들을 분석해 보면, 우리는 철학에서 그 두 말을 구분하는 기준 가운데 하나로 간주되는 한 가지 결정적인 차이를 찾아낼 수 있는데, 그것은 믿음은 거짓으로 드러날 수 있지만, 지식은 그렇지 않아야 한다는 것이다. 철학의 출발이 일상이라는 것을, 그리고 그래야만 한다는 것을 생각한다면, 이는 너무나 당연한 사실이다. 나는 지식과 믿음이라는 말의 구분이 필요한 경우가 아니라면, 그 둘을 일상에서처럼 동의어로 사용할 것이다.

음을 획득한다. 이것이 (나 4)이다. 다른 한편, 앞의 인용문에서 "이것 위에 세워진 것이"란 데카르트가 획득한 혹은 가지고 있던 믿음으로부터 이끌어낸 믿음을 의미한다. 우리 예에서 그것은 (나 3)이다. (나 3)은 내가 (나 1)과 (나 2)로부터 획득한 믿음이다. "얼마나 의심스러운 것인지"라는 것은 (나 6)을 의미한다. 내가 (나 2)와 (나 4)로부터 (나 5)를 획득했지만, 그것이 곧 명제 (4)가 거짓이라는 것을 의미하는 것은 아니기 때문이다. 참인 명제에서는 참인 명제가 도출되지만, 거짓된 명제에서 거짓된 명제만이 도출되는 것은 아니기 때문이다. 따라서 명제 (가 4)는 참일 수도 있고 거짓일 수도 있다. 이렇게 볼 때, 데카르트가 위 인용문에서 언급한 경험은 우리가 늘 하는 경험이며, 그는 그것을 정확하게 기술하고 있다. 그러나 문제는 그 다음이다.

그 다음에 데카르트는 "그래서(*proinde*) 학문에 있어 확고하고 불변하는 것을 세우려 한다면 일생에 한 번은 이 모든 것을 철저하게 전복시켜 최초의 토대에서부터 다시 새로 시작해야 한다"고 하는데, 이는 우리를 당혹스럽게 만든다. 데카르트가 세운 목표가, 즉 "학문에 있어 확고하고 불변하는 것을 세우려 한다" 혹은 "최초의 토대"를 찾아서 그것으로부터 "다시 시작해야 한다"는 목표가 정치권에서 별 의미 없이 사용되곤 하는 구호를, 공허함과 불신을 야기하는 개혁적인 구호를 연상시켜서가 아니다. 데카르트가 "이 모든 것을 철저하게 전복시켜야 한다는 것", 달리 말해서 "내가 지금까지 갖고 있던 모든 의견을 자유롭게 전복시켜야 한다는 것"을 그러한 목표를 달성하기 위한 전제조건으로 제시했기 때문도 아니다. 그 구호에 그 조건 아닌가! 우리를 당혹하게 만드는 것은, 데카르트가 그것을 전제조건으로 삼게 된 과정에 대한 그의 설명이다. 데카르트에 따르면, 우리가 앞서 고찰한 일상 경험이 그를 "자신이 가지고 있는 모든 믿음이 다 거짓이거나 의심스러울 수 있다"는 생각으로 이끌었다는 것인데, 우리에게도 친숙한 그러한 일상경험이 어떻게 그를 그러한 생각으로 이끌 수 있었는가?

물론 그 과정에 대한 데카르트의 설명이 당혹스럽더라도, 데카르트가 세운 전제조건 그 자체가 그 때문에 문제가 되어야 하는 것은 아니다. 데카르트가 그 전제조건을 충족시킬 경우, 우리의 당혹감은 당혹감에 불과할 것이기 때문이다. 게다가 만일 데카르트가 그 전제조건을 충족시키지 못했다면, 《성찰》을 쓰지 못했을 것이라는 것을 감안한다면, 더욱더 그렇다. 실제로 그는 "모든 의견을 자유롭게 전복시켜 볼 참이다"라고 공언하고 있지 않은가!

그렇지만 데카르트가 그 전제조건을 어떻게 충족시키는지를 살펴보기 전에, 먼저 우리의 당혹감의 근원을 알아보자. 왜냐하면 그것은 당혹감을 느끼고 있는 우리에게 데카르트의 프로젝트를 따라갈 수 있는 기반을 마련해 줄 수 있을 것 같기 때문이다.

당연히 우리 역시 우리의 경험에서 시작해야 한다. 앞서 본 일상적인 경험이 우리를 우리가 가지고 있는 믿음이나 지식이 모두 다 거짓이거나 의심스러울 수 있다는 생각으로 이끈 적이 있는가? 나는 우리 대부분이 이에 대해 부정적인 답을 내릴 것이라고 생각한다. 물론 그러한 경험이 그러한 경험으로 끝나는 것은 아니다. 우리는 그러한 경험으로부터 교훈을 얻는다. 다음을 보자.

다)
1) 내가 가지고 있는 믿음이나 지식이 다 거짓이거나 불확실할 수 있다.
2) 내가 가지고 있는 믿음이나 지식이 다 참이거나 확실할 수는 없다.

(다 1)과 (다 2)는 글자 그대로 분명히 서로 다르다. 우리의 일상 경

험이 우리를 이끌고 가는 곳은 (다 2)지 (다 1)이 아니다. 그리고 이것이 우리가 가지고 있는 믿음이나 지식에 대해 우리가 그러한 경험으로부터 배우는 교훈이다. 그런데, 앞서 보았듯이, 그 경험이 데카르트를 이끌고 간 곳은 (다 1)이지 (다 2)가 아니다. 그렇다면 데카르트의 경우와는 달리, 그 경험이 우리를 이끄는 곳은 (다 1)이 아니라 (다 2)라면, 그 경험이 우리를 (다 1)에 이르게 하는 데 브레이크를 거는 것은 무엇일까?

데카르트가 그러한 경험이 우리를 이끄는 곳은 (다 2)가 아니라 (다 1)이라고 혹은 이어야만 한다고 주장한다고 하자. 데카르트의 주장에 우리는 어떻게 대처 혹은 반박할 수 있을까? 데카르트가 우리에게 하듯이, 우리 역시 데카르트에게 그러한 경험이 우리를 이끌고 가는 곳은 (다 1)이 아니라 (다 2)라고 주장하는 것으로 만족할 수 있을까? 나는 그것만으로는 뭔가 석연치 않은 느낌을 지울 수 없다고 생각한다. 우리가 어떤 믿음을 획득할 경우, 우리는 그것이 참이라는 것에 대해 어느 정도 확신이 있기 때문에 그렇게 하는 것이다. 그렇지 않다면, 우리는 그 믿음을 획득하지 않을 것이기 때문이다. 그런데 위에서 언급된 일상경험은 바로 그러한 믿음이, 즉 우리가 확신을 가졌기 때문에 획득했던 바로 그 믿음이나 지식이 거짓으로 드러날 수 있다는 것을 보여준다. 그렇다면 우리가 가지고 있는 나머지 믿음들이나 지식이 나중에 똑같은 운명에 처하지 않을 것이라는 것을 어떻게 확신할 수 있는가?

아이러니한 것은, 만일 우리가 이런 생각에 미치게 되면, 오히려 우리가 데카르트보다 한 발 더 나아가게 될 수도 있다는 것이다. 그 생각이 우리를 데카르트가 자신의 프로젝트의 필요조건, 즉 "내가 지금까지 갖고 있던 모든 의견을 전복시키는" 조건을 충족시키기 위해 굳이 (다 1)이 필요할까라는 의문으로 이끌 수 있기 때문이다. (다 2)만으로도 충분하지 않을까? 예를 들어, 나와 데카르트가 산에서 길을 잃고 허기에 지쳐 헤매고 있던 차에 다양한 종류의 버섯이 가득 나 있는 곳에 이르게 되었다고 하자.[68] 그 가운데는 독버섯이 있을 수도, 없을 수도, 아니면 다 독버섯일 수도 있다. 하지만 우리는, 나와 데카르트는, 독버섯과 그렇지 않은 버섯을 구별할 수 있는 능력이 없다. 이때 내가 그곳에 있는 버섯이 모두 독버섯은 아닐 것이라고 주장하고, 데카르트는 그곳에 있는 버섯이 모두 독버섯일 수 있다고 주장한다고 하자. 이 두 주장은 분명히 서로 다른 주장이다. 하지만 그 주장이 나와 데카르트 사이에 어떤 실질적인 차이가 있는지를 드러낼 수 없다. 따라서 데카르트는 (다 1)이 아니라 (다 2)만으로도 자신의 모든 의견을 전복시킬 수 있는 기반을 마련할 수 있을 것 같아 보인다. 정확하게 말하자면, 제일성찰의 도입부에서 언급한 경험과 우리가 앞서 했던 생각만으로도 모든 의견을 전복시킬 수 있는 기반을 마련할 수 있는 것처럼 보인다.[69]

---

68) 나는 이 예를 윌리엄스에게서 취한 것이다. Bernard Williams, *Descartes*, Penguin Books, 54~55쪽 참조.

69) 데카르트는 일곱 번째 반박에 대한 답변에서(AT VII 481쪽 참조) 이런 입장을 피력하는 듯이 보인다. 바구니에 사과가 담겨 있는데, 그 가운데 어떤 것은 썩어 있고 어떤 것은 온전하다고 하자. 바구니에 온전한 사과만 담아 두고자 한다면, 먼저 바구니를 엎어 사과를 다 쏟아낸 다음에 온전한 사과만을 골라 담는 것이 현명한 방법이라고 데카르트는 주장한다. 온전한 사과까지 다 쏟아내야 하는 이유는, 데카르트에 따르면, 썩은 사과가 온전한 사과를 썩게 만들 수 있기 때문이다. 프랑크푸르트는 이 설명을 근거로 제일성찰의 목적이 모든 의견의 전복에 놓여 있는 것이 아니라, 이미 자신의 의견을 한 번에 다 전복한 상태에서, 참되고 의심할 수 없는 지식을 추려내는 작업이라고 주장한다. 프랑크푸르트는 데카르트의 판단이론을 통해 자신의 주장을 뒷받침할 수

그러한 경험과 생각이 우리를 (다 2)로 이끌 수는 있지만, (다 1)로 이끌 수는 없다는 것을, 즉 그 둘 사이에 실질적인 차이가 있다는 것을 보여줄 수 있는 길이 있는가? 따라서 데카르트가 자신의 모든 의견을 전복시키자면 (다 2)가 아니라 (다 1)이 필요하다는 것을 보여줄 수 있는 길이 있는가? (다 1)과 (다 2)가 서로 다르다는 일반적인 주장만을 원론적으로 펼쳐서는 그럴 수 없다는 것이 분명하다. 따라서 만일 그런 길이 있다면, 그것은 그 둘의 차이를 구체적으로, 그리고 직접적

있다고 생각한다. 데카르트에 따르면 판단은 의지와 이성의 공동작업의 결과지만, 최종적인 판단행위는 의지에 의해 일어난다(제 4성찰 참조). 따라서 프랑크푸르트는 데카르트가 다른 복잡한 절차 없이 단지 자신의 의지에 의거해서 모든 의견을 한 번에 다 전복할 수 있다고 주장한다, 좀더 정확하게 말하자면 판단을 중지할 수 있다고 주장한다. Harry Frankfurt, *Demons, Dreamers, and Madmen*, Indianapolis: Bobbsp-Merrill, 1970, 17쪽 이하 참조. 프랑크푸르트의 해석은 많은 문제를 지니고 있다. 그 중 한 가지만 알아보자(이에 대한 자세한 논의는, 졸저, *Das Problem des Skeptizismus bei Descartes und Locke*, Goettingen, 1997, http://webdoc.sub.gwdg.de 참조). 데카르트의 판단이론에서 최종적인 판단행위가 의지에 의해 일어나는 것은 사실이다. 이 점이 프랑크푸르트식의 해석을 고무할 수 있지만, 이 경우 그 이론은 고려할 가치가 전혀 없는 완전히 불합리한 이론으로 탈바꿈 된다. 왜냐하면 그렇게 해석될 경우 그 이론은 우리가 임의적으로 아무 의견이나 획득할 수도, 버릴 수도, 더 나아가 거짓으로 간주할 수도 있다는 것도 허락해야 하기 때문이다. 데카르트가 최종적인 판단행위가 의지에 의해 일어나는 것이지만, 의지가 이성에 의해 인도되어야 한다는 것을 강조하는 이유가 바로 그 때문이다. 이런 점에서 나는 데카르트의 사과 바구니 예는 데카르트의 입장을 제대로 보여주지 못하는, 잘못 선택된 불행한 예라고 생각된다. 이 이외에도 그 예는 또 다른 문제점도 가지고 있다. 거짓된 믿음으로부터 참된 믿음을 이끌어낼 수는 있지만, 그것이 참되고 확실한 지식을 거짓된 것으로 혹은 의심스러운 것으로 만들 수는 없다. 내가 데카르트의 사과 바구니 예를 이끌어 들이지 않고 윌리엄스의 예를 이끌어 들인 이유가 바로 이 때문이다.

으로 보여줄 수 있어야 한다. 과연 그런 길이 있을까? 나의 대답은 당연히 '그렇다'이다. 그것은 내가 가지고 있는 지식, 거짓일 수 없고 또한 결코 의심할 수 없는 지식의 실례들을 제시함으로써 가능하다. 나는 내가 가지고 있는 믿음이나 지식들 가운데, 예를 들어, '나는 지금 내가 컴퓨터로 이 글을 쓰고 있다는 것을 알고 있다'나 '나는 2+2=4라는 것을 알고 있다'는 것과 같이, 참인 그리고 결코 의심할 수 없는 지식의 실례들을 언제 어디서나 제시할 수 있다. 바로 이것이 그러한 경험이 우리를 (다 1)로 이끌지 못하는 이유이다.

중요한 것은 데카르트가 우리가 그에게 이런 식으로 대처하면서 저항하리라는 것을 모를 리가 없다는 것이다. "모든 의견을 자유롭게 전복시켜 볼 참이다"라고 선언함으로써, 우리로 하여금 뭔가 어마어마하고 복잡한 작업을 수행해 나갈 것 같은 기대를 하게끔 만든 그 데카르트가, 우리의 기대와는 달리(?), 거의 지체하지 않고 다음으로 넘어가는 이유가 바로 그 때문이다.

> 그러나 감각이 비록 아주 작은 것과 멀리 떨어진 것에 대해 종종 우리를 속일지라도, 감각으로부터 알게 된 것 가운데는 도저히 의심할 수 있는 것도 많이 있다. 예를 들면, 지금 내가 여기에 있다는 것, 겨울 외투를 입고 난롯가에 앉아 있다는 것, 이 종이를 손에 쥐고 있다는 것 등이 바로 그것이다. 이 두 손이 그리고 이 몸통이 내 것이라는 것을 어떻게 부인 할 수 있는가? 이것을 부인하는 것은 미치광이의 짓과 다름없을 것이기에 말이다. …
>
> 그렇지만 나도 한 인간이다. 밤에는 으레 잠을 자고, 꿈속에서는 미치광이가 하는 짓과 똑같은 것을, 아니 종종 더 괴상한 것을 그려낸다. 옷을 벗고 침대에 누워 있건만, 평소처럼 내가 여기에 있다고, 겨울 외투를 입고 난롯가에 앉아 있다고 잠 속에서 그려낸 적이 어디 한

> 두 번이었던가? 그러나 나는 지금 두 눈을 부릅뜨고 이 종이를 보고 있다. 내가 이리저리 움직여 보는 이 머리는 잠 속에 있지 않다. 나는 의도적으로 손을 뻗어보고, 또 느끼고 있다. 내가 잠자고 있을 때 이런 것은 이처럼 판명하지 않았던 것 같다. 그러나 꿈속에서도 이와 비슷한 생각을 하면서 속은 적이 어디 한두 번이던가. 이런 점을 곰곰이 생각해 보면, 깨어 있다는 것과 꿈을 꾸고 있다는 것을 확실히 구별해 줄 어떤 징표도 없다는 사실에 소스라치게 놀라게 된다. 이런 놀라움으로 인해 내가 지금도 꿈을 꾸고 있는 것은 아닌가 하는 생각이 든다. 그래 좋다, 꿈을 꾸고 있다고 치자(AT VII 18~19쪽).

이것이 널리 알려져 있는 꿈의 논증이다. 이 논증을 고찰하기 전에, 오해를 불러일으킬 수 있는 요소를 하나 제거하도록 하자. 자신이 가지고 있는 믿음이나 지식이 다 거짓이거나 불확실한지 아닌지를 검토하기 위해 혹은 그렇다는 것을 보이기 위해, 데카르트가 제시한 방법은 "이성이 설득하고 있는 바는 아주 확실하고 의심할 수 없는 것이 아닌 것에 대해서는 명백히 거짓된 경우에서처럼 조심스럽게 동의하지 말아야 한다"는 규칙이다.[70] 그런데 그런 엄격성을 추구하는 데카르트가 아무런 근거도 제시하지 않은 채 자신이 미치광이일 수 있는 가능성을 배제하는 것은 자신이 채택한 방법을 스스로 거스르는 것이 아닌

---

70) 방법적 회의로 잘 알려진 이 방법은 《방법서설》의 규칙들 가운데 첫 번째 규칙이다. 그러나 우리는 이미 《규칙들》에서도 그 규칙을 발견할 수 있다. "개연적인 지식을 모두 내 던지고, 완벽하게 인식된 것 및 더 이상 의심할 수 없는 것만을 신뢰해야 한다"(AT X 362). 다른 한편 우리는 데카르트가 《규칙들》을 쓰고 있을 당시에는 회의주의와 형이상학에 관심이 없었다는 것을 알고 있다. 이러한 사실은, 윌리엄스가 올바르게 강조하듯이, 위의 규칙이 다른 나머지 규칙들과는 다른 특징을 지니고 있다는 것을 보여주는데, 그것은 바로 그 규칙이 어떻게 적용되느냐에 따라 그 결과가 근본적으로 다를 수 있다는 것이다. 윌리엄스, 32~33쪽 참조.

가? 나는 이 비판적인 물음에 대한 답은 우리 스스로가 찾을 수밖에 없다고 생각한다. 그리고 그 답은 우리가 데카르트의 프로젝트를 어떻게 이해하고자 하는지에 달려 있다. 만일 우리가 데카르트의 프로젝트를 데카르트 자신이 정신병자인지 아닌지를 검토하는 것으로 간주한다면, 위의 비판은 정당하다. 하지만 이 경우 그의 프로젝트가 우리의 관심사가 될 수 있을지 매우 의심스럽다. 다른 한편, 만일 우리가 그의 프로젝트를 인간 일반이 세계에 대한 인식을 획득할 수 있는지 그 가능성을 검토하는 것으로 간주한다면, 위의 비판은 그 의미를 잃는다. 왜냐하면 정신병은 인간이 가지고 있는 일반적인 특성이 아니기 때문이다(그렇지 않은가?). 따라서 이 경우, 우리는 데카르트가 그 가능성을 배제하는 것은 당연한 것으로 받아들여야 한다. 그러나 꿈은 경우가 다르다. 꿈은 거의 모든 인간이 꾸기 때문이다.[71] 정신병자일 수 있는 가능성을 단숨에 배제한 데카르트가 그후 즉시 꿈에 호소하는 것은 바로 이 때문이다. 논의를 위해, 위의 인용문을 현재 나의 상황에 맞추어 정리하면 다음과 같다.

1) 나는 지금 내가 컴퓨터로 이 글을 쓰고 있다는 것을 알고 있다.
2) 나는 인간이다.
3) 인간은 꿈을 꾸며 나 역시 꿈을 꾸어 본 적이 있다.
4) 나는 지금 내가 컴퓨터로 글을 쓰고 있는 꿈을 꾸고 있는 것이 아니라는 것을 알고 있다.
5) 나는 과거에 누워서 잠을 자면서, 컴퓨터로 글을 쓰고 있는 꿈을 꾼 적이 있다.
6) 내가 지금 누워서 잠을 자면서 컴퓨터로 글을 쓰고 있는 꿈을 꾸고

71) 꿈을 꾸지 않는 인간이 있을까? 나는 이를 부정할 근거가 없다고 생각한다.

있는 것일 수 있다.

7) 꿈과 현실을 구분할 수 있는 기준이 없다.

8) 나는 지금 내가 누워서 컴퓨터로 글을 쓰고 있는 꿈을 꾸고 있는지 아닌지 모른다.

9) 나는 지금 내가 컴퓨터로 글을 쓰고 있는지 아닌지 모른다.

이제 이를 토대로 꿈의 논증을 재구성해 보도록 하자.[72] 논증의 목표는 당연히 (1)을 반박하는 것으로, 그 결론은 (9)이어야 한다. 모든 인간사가 꿈에서 일어날 가능성이 있기 때문에, (5)는 필요하지 않다.

꿈의 논증 I)

P 1) 나는 내가 지금 컴퓨터로 글을 쓰고 있다는 것을 안다 → 나는 지금 내가 누워서 잠을 자면서 컴퓨터로 글을 쓰고 있는 꿈을 꾸고 있지 않다는 것을 안다.

P 2) 나는 지금 내가 누워서 잠을 자면서 컴퓨터로 글을 쓰고 있는 꿈을 꾸고 있는지 아닌지 모른다.

C) 나는 지금 내가 컴퓨터로 글을 쓰고 있는지 아닌지 모른다.

이 논증은 후건부정의 타당한 형식을 지니고 있다. 그러나 문제는 (P 1)과 (P 2)가 참일 경우 궁극적으로 이 논증이 보여주는 것은 무엇일까라는 것이다. (C)가 함축하는 의미가 과연 무엇일까?

우리는 우리 각자가 가지고 있는 믿음이나 지식을 모두 다 일일이 열거할 수 없다. 그 수가 헤아릴 수 없을 정도로 많아서라기보다는,

---

72) Barry Stroud, *The Significance of Philosophical Scepticism*, Oxford, 1984, 1장과 Peter Baumann, *Erkenntnistheorie*, Metzler, 두 번째 판, 2006, 15~22쪽 참조.

오히려, 특수한 상황을 제외하고는, 우리가 가지고 있는 믿음이나 지식을 개별화하고 그것들을 열거한다는 것의 의미가 분명치 않기 때문이다. 데카르트가 자신의 프로젝트의 필수조건을 충족시키기 위해, 자신이 가지고 있는 믿음이나 지식을 개별적으로 검토하지 않고 인식의 원천을(*ipsa principia*) 검토하고자 한 것도 바로 그 때문이다.

그럼에도 우리는 우리가 가지고 있는 믿음이나 지식과 관련해서 일반적으로 크게 두 가지 태도를 견지한다고 할 수 있다. 앞서 말했듯이, 우리가 어떤 믿음이나 지식을 획득할 때, 우리는 그것이 참이라는 것에 대해 어느 정도 확신을 가지고 있어야 그렇게 한다. 그렇지 않을 경우, 우리는 그렇게 하지 않는다. 다른 한편, 데카르트가 제일성찰의 도입부에서 언급한 경험, 우리가 늘 하는 그 경험은 우리로 하여금 우리가 가지고 있는 믿음이나 지식이 모두 다 참이거나 확실한 것은 아니라는 생각을 하게 한다. 그런데 우리는 우리가 가지고 있는 믿음이나 지식들 가운데 어떤 것들과 관련해서는 그것들이 거짓으로 혹은 의심스러운 것으로 밝혀지더라도 놀라기는 하겠지만 그 가능성을 전혀 배제할 수 없다고 생각하는 반면에, 그 가능성을 전적으로 배제하는 그런 것들도 있다. 따라서 만일 꿈의 논증이 전자에 속하는 믿음이나 지식이 거짓이거나 의심스러울 수 있다는 것을 입증한다면, 사안에 따라 놀라움과 충격이 있겠지만, 그것은 놀라움과 충격 그 이상도 또 그 이하도 아닐 것이다. 그런데 꿈의 논증의 타깃은 우리가 그 가능성을 배제하는, 즉 우리가 확실하게 참이라고 믿고 절대로 의심할 수 없는 것으로 간주하는 지식을 그 대상으로 삼고 있다.

물론 때때로 우리가 처해 있는 상황이 꿈을 꾸고 있는 상황인지 아닌지 불확실한 경우가 있다. 이른 아침에 잠이 확실하게 깨지 않은 상황에서 경험한 것들에 대해 우리는 그것이 꿈이었는지 아닌지 헷갈릴 수 있다. 꿈의 논증이 그런 상황을 전제로 제기된 것이라면, 그 결론이 어떻게 나든 그것은 전혀 문제될 것이 없다. 왜냐하면 이 경우 그러한 특수한 상황에서의 인식가능성만이 문제가 될 것이기 때문이다. 그러나 꿈의 논증이 제기된 지금의 상황은 그런 특수한 상황이 아니다. 지금의 상황은 내가 "나는 내가 지금 컴퓨터로 글을 쓰고 있다는 것을 알고 있다"는 것을 결코 의심할 수 없는 확실한 지식의 실례로서 제시하고 있는 상황이다. 이는, 달리 말해서, 내가 지금의 상황을 외부세계에 대해 의심할 수 없고 확실한 지식을 얻을 수 있는 가장 좋은 상황이라고 간주한다는 것을 의미한다. 이는, 달리 말하자면, 만일 내가 지금 이 상황에서 외부세계에 대한 지식을 획득할 수 없다면, 외부세계에 대한 지식을 획득할 수 있는 가능성이 없다는 것을 인정해야 하는 그런 상황이다. 이 때문에 만일 꿈의 논증이 건전하다면, 나는 외부세계에 대한 인식가능성을 잃게 된다. 그리고 이것이 바로 데카르트가 꿈의 논증을 통해 이끌어 내고자 하는 결론이다.

그렇다면 이제 꿈의 논증 (I)이 건전한지를 따져보자. 즉, (P 1)과 (P 2)가 참인지를 알아보자. (P 1)이 참인가? 일견 그것은 논란의 여지가 없어 보인다. 만일 내가 지금 내가 컴퓨터로 글을 쓰고 있다는 것을 안다면, 내가 지금 누워서 잠을 자면서 컴퓨터로 글을 쓰고 있는 꿈을 꾸고 있지 않다는 것을 아는 것은 너무나 당연해 보인다. (P 2)는 어떠한가? 그것은 당연히 거짓이다. 나는 지금 내가 컴퓨터로 글을 쓰고 있다는 것을 알고 있다. 나는 우리가 (P 1)을 선뜻 받아들인다면, 그 이유가 바로 그 때문이라고 생각한다. (P 2)가 거짓이므로, 위의 논증은 건전하지 않다. 그러나 상황은 이보다 더 복잡해지고 심각해질 수 있다.

나는 지금 내가 컴퓨터로 글을 쓰고 있다는 것을 알고 있다. 앞서 말했듯이 이는 당연하다. 이에 대해 데카르트는 지금 나에게 '그것을 어떻게 아는가?' 하고 묻는다. '꿈을 꾸고 있을 수 있지 않은가?'라고 묻는다. 데카르트의 이 물음은 병리학적인 독성을 지니고 있다. 그것은 앞서 내가 데카르트에게 "나는 지금 내가 컴퓨터로 글을 쓰고 있다는 것을 알고 있다"고 했을 때와는 전혀 다른 묘한 상황으로 나를 이끌어 갈 수 있기 때문이다. '지식' 혹은 '인식'이라는 것이 지니고 있는 특성 때문에 말이다. 플라톤의 《메논》을 생각해 보자. 그곳에서 소크라테스는 무지에 대한 자각 혹은 인식이 지식에 대한 탐구를 시작하기 위한 필수조건이라고 주장한다. 지식탐구란 무지에 대한 자각에서 출발하는 행위라는 것이다. 따라서 만일 내가 데카르트의 물음을 일방적으로 무시하고자 하지 않는다면, 나는 내가 지금 꿈을 꾸고 있는지 아닌지 모르는 상황에서 출발해서 내가 지금 꿈을 꾸고 있지 않다는 것을 안다는 것을 입증해야 한다. 데카르트의 물음을 진지하게 받아들이도록 하자! 따라서 내가 지금 꿈을 꾸고 있는지 아닌지 모르는 상황에서 출발해서 내가 지금 꿈을 꾸고 있는지 아닌지를 알아보고자 한다고 하자. 데카르트에 따르면, 그런 상황에서 출발해서 내가 지금 그 중 어떤 상태에 있는지를 알기 위해서는 그것을 판단할 수 있는 기준이 필요하다. 내가 그런 상태에서 출발할 경우, 이는 당연하고 자연스러운 수순이다. 내가 지금 꿈을 꾸고 있는지 아닌지 모른다는 가정하에 내가 지금 그 중 어떤 상태에 있는지를 알고자 한다면 혹은 알 수 있으려면 그것을 판단할 수 있는 독립적인 기준이 필요하다는 것은 당연하지 않은가! 그런데 문제는 그런 가정하에서 그런 기준을 확보할 수 있는가이다. 이때 결정적인 장애가 되는 것이 (P1)이다. (P1)을 받아들여야 하는가? 우리가 만일 위의 상황에서 출발한다면, 나는 그래야 한다고 생각한다. 아니 절대적으로 받아들여야 한다고 생각한다.

왜 그런지 그 이유를 처음 상황과 비교하며 알아보자.

처음 상황에서, 나는 (P 1) 과 관련해서 '일견 그것은 논란의 여지가 없어 보인다'라고 했다. 이제 나는 내가 왜 '일견'이라는 표현을 썼는지 설명해야 한다. 사실 그 상황에서 (P 1) 은 참이 아니다. 왜냐하면 '나는 지금 내가 컴퓨터로 글을 쓰고 있다는 것을 알고 있다'는 것이 '나는 지금 내가 누워서 잠을 자면서 컴퓨터로 글을 쓰고 있는 꿈을 꾸고 있지 않다는 것을 안다'는 것을 함축하지 않기 때문이다. 참인 것은 단지 다음이다.

(P 1′) 나는 지금 컴퓨터로 글을 쓰고 있다 → 나는 지금 누워서 잠을 자면서 컴퓨터로 글을 쓰고 있는 꿈을 꾸고 있는 것이 아니다.

하지만 현재 상황은 다르다. 지금은 (P 2) 에서 출발해서 (P 2) 가 거짓임을 밝혀야 하는 상황이기 때문이다. 따라서 이전과는 달리 지금은 (P 1) 을 받아들이지 않을 수가 없다. 이러한 사실은 (P 1) 과 (P 2) 가 독립된 전제라기보다는 서로 밀접한 관계를 지닌 공생공사하는 전제들임을 잘 보여준다. 그런데 문제는 (P 2) 에서 출발하면, 그런 기준을 발견하거나 수립하는 것 자체가 불가능하다는 것이다. 왜냐하면 그런 기준을 발견하거나 수립하려면, 내가 꿈을 꾸고 있는지 아닌지를 알 수 있어야 하는데, 이를 위해서는 이미 기준을 가지고 있어야 하기 때문이다. 더 나아가, 설사 그런 기준이 주어지더라도 그것은 아무런 효과가 없다. 왜냐하면 나는, 그 기준이 내게 지금 내가 꿈을 꾸고 있는 것이 아니라 깨어 있다고 알려주는 꿈을 꾸고 있을 수도 있기 때문이다.

그러나 '지금 꿈을 꾸고 있지 않다는 것을 어떻게 아는가?'라는 데카르트의 물음이 필연적으로 나를 내가 지금 꿈을 꾸고 있는지 아닌지 모르는 상황에서 출발하여 내가 꿈을 꾸고 있지 않다는 것을 보여야 하는 상황에 빠뜨리는 것은 아니다. 이와 관련된 토마스 홉스의 지적은 그 의미가 매우 크다. 그는 "나는 내가 꿈을 꾸고 있을 때는 내가 깨어 있다고 생각하지만, 내가 깨어 있을 때는 내가 꿈을 꾸고 있지 않다는 것을 안다"[73] 라고 주장하는데, 이는 전적으로 옳은 주장이다.[74] 이 때문에 우리가 (P 1)과 (P 2)를 받아들여야 할 이유가 여전히 존재하지 않는다. 그러나 문제는 좀더 복잡하다.

데카르트는 제 6성찰에서 꿈의 논증에 다음과 같은 설명을 덧붙인다.

> … 내가 깨어 있을 때에 감각했다고 믿고 있는 것들 가운데 내가 언젠가 잠자는 동안에 〔꿈속에서〕 감각하리라고 생각할 수 없는 것은 아무것도 없다. 그리고 내가 잠자는 동안에 〔꿈속에서〕 감각된 것이 외부 사물에서 유래하는 것이라고 여길 수 없으므로, 깨어 있을 때에 감각되는 것이 왜 외부 사물에서 유래하는지를 알 수 없다. … "(AT VII 77, 나의 번역).

데카르트가 여기서 이야기하는 것은 다음이다. 우리가 깨어 있을 때 우리가 깨어 있다는 것을 안다고 하자. 그리고 우리가 깨어 있는 상태

73) 이 주장은 두 번째 상황과 관련된 주장이지, 첫 번째 상황과 관련된 주장이 아니다.

74) Thomas Hobbes, *Leviathan*, ed. with an Introduction and Notes by J. C. A. Oxford World Classics, 1996, Chap. 2, § 6. 이는 단지 꿈에만 국한된 사항이 아니다. 만취상태일 때와 술을 먹지 않은 상태, 코마 상태일 때와 깨어 있는 상태, 살아 있을 때와 죽었을 때 등의 경우에도 해당된다. 이에 대한 자세한 논의는 윌리엄스, Appendix 3 참조. 《성찰》에 대한 다섯 번째 반론가인 가상디도 불명확하게나마 이와 유사한 점을 언급한다. AT VII 333 참조.

에서 꿈과 현실을 비교하여 그 차이를 인식하고 기술할 수 있다고 하자. 이때 중요한 것은 우리가 그 차이를 우리가 꿈을 꾸고 있는지 아닌지 모르는 상태에서 우리가 그 중 어떤 상태에 있는지를 알기 위한 기준으로 사용하는 것이 아니라는 것이다. 이를 명심하자. 홉스를 상기하자! 그런데 우리가 꿈과 현실의 차이 가운데 가장 중요한 차이로 간주하는 것이 무엇인가? 그것은 이것이다. 깨어 있을 때 우리는 우리가 우리와는 독립적으로 존재하는 외부 대상들을 직접 지각하는 것인데 반해, 꿈을 꾸고 있을 때는 단지 우리가 우리와는 독립적으로 존재하는 외부 대상들을 직접 지각하는 꿈을 꾸는 것일 뿐, 그 대상들은 우리의 꿈속에 존재하는 이미지에 불과하다. 그럼에도 우리가 꿈속에서 우리와는 독립적으로 존재하는 외부 대상들을 직접 지각하는 것이라고 생각한 까닭은 우리가 꿈을 꾸고 있었다는 것을 몰랐기 때문이다. 그렇다면 데카르트가 묻기를, 깨어 있을 때 우리가 우리와는 독립적으로 존재하는 외부 대상들을 직접 지각한다는 것을 어떻게 확신할 수 있는가? 우리가 우리와는 독립적으로 존재하는 외부 대상들을 직접 지각하지 않음에도 불구하고 그것들을 직접 지각하는 것 같은 꿈을 꿀 수 있다는 것은 우리가 깨어 있을 때 갖게 되는 감각경험과 꿈에서 우리가 갖게 되는 감각경험이 동일한 종류의 것일 수 있다는 것을 보여준다. 그렇다면 우리가 깨어 있을 때 갖게 되는 감각경험이 우리가 우리와는 독립적인 대상들을 직접 지각하는 것임을 보장해줄 수 없지 않는가! 따라서 우리가 깨어 있더라도 우리가 지각하는 것은, 데카르트의 표현을 빌자면, 우리의 관념들에 불과할 수 있다. 이것이 바로 악마의 가설이다.

이 점을 고려하여, 우리는 꿈의 논증을 다음과 같이 재구성할 수 있다.

꿈의 논증 II)

P 1) 나는 지금 내가 컴퓨터로 글을 쓰고 있다는 것을 안다 → 나는 지금 내가 지각하는 대상들이 나와는 독립적으로 존재하는 대상들이라는 것을 안다.

P 2) 나는 지금 내가 지각하는 대상들이 나와는 독립적으로 존재하는 대상들인지 아닌지 모른다.

C) 나는 지금 내가 컴퓨터로 글을 쓰고 있는지 아닌지 모른다.

이 논증으로써 우리는 우리와는 독립적으로 존재하는 외부세계에 대한 인식가능성의 문제에 직면하게 된다. 이 논증이 이후 서양철학에 얼마나 지대한 영향을 끼쳤는지는 말할 필요조차 없다.

우리는 꿈의 논증에 어떻게 대처할 수 있을까? 일견 세 가지 선택지가 가능해 보인다. 그 하나는 그것을 받아들이는 것이고, 다른 하나는 그것을 반박하고자 하는 것이며, 마지막 하나는 무시하는 것이다. 각각의 선택은 선택자에게 각각 나름대로의 과제를 제시한다. 받아들일 경우에 직면하게 되는 문제는 '그것을 받아들인다는 것'이 구체적으로 무엇을 의미하는 것인지를 설명해야 할 과제가 주어진다. 우리가 어떤 것을 받아들일 경우와 그것을 받아들이지 않을 경우에 우리의 사고와 행동에 실질적인 차이가 있어야 할 터인데, 꿈의 논증과 관련해서 우리가 그 차이를 어떻게 설명해야 하는지는 매우 어려운 난감한 문제이다. 여하튼 꿈의 논증을 받아들여야 한다고 생각한다면, 이 설명을 제시할 의무가 있다. 그것을 반박하고자 할 경우 당연히 반박해야 하는 과제가 주어진다. 이때 물음은 그것을 반박하고자 하는 실질적인 동기가 무엇인가이다. 그 동기는 당연히 우리가 우리와 독립적으로 존재하는 물질 대상들을 직접 지각한다는 것에 대한 의심을 받아들이기 어렵기 때문이다. 따라서 데카르트 이후 많은 철학자들이 데카르트의 회의논증을 반박하기 위해 많은 시도를 했고 또 오늘날 많은 학자들이 그와 같은 시도를 하고 있다는 것은 당연해 보인다. 하지만 그들이 실제로 이룬 것은 데카르트가 제일성찰에서 자신의 회의논증을 통해 도달한 결론, 즉 관념론을 다양한 방식으로 수용한 것에 불과한 것이라는 스트라우드의 진단은 시사하는 바가 크다. 칸트나 카르납이나 콰인의 경우처럼 말이다.[75] 그렇다면 데카르트의 회의논증을 정면으로 반박할 수 있는 길이 존재할까? 오늘날 이에 대해 긍정적인 답을 예견하기란 참으로 어렵다. 스트로슨 같은 학자들이 흄에 의지하고자 하는 이유가 바로 그 때문이라고 나는 생각한다.[76] 흄은 회의논증을 직접 반박하는 것은 불가능하지만, 회의논증과 그 결론은 말로만 문제가 될 뿐 실질적인 문제가 될 수 없기 때문에 반박 불가능성 역시 아무런 실질적인 문제가 되지 않는다는 입장이다. 우리와는 독립적으로 존재하는 물질 대상의 존재에 대한 우리의 믿음은 정당화 작업을 거쳐 획득하는 것이 아니라, 우리가 절대로 저항할 수 없는 우리의 본성에 의해 그냥 받아들여지는 것이기 때문에 말이다.[77]

---

75) 이에 대한 자세한 조망은 스트라우드의 책 참조.

76) P. F. Strawson, *Skepticism and Natualism*, Columbia Unversity Press, 1985, 14~21쪽 참조.

77) 흄은 말하길, "Nature has not left this 〔the principle concerning the existence of philosophy〕 to his 〔skeptic's〕 choice, and has doubtless esteem's it an affair of too great importance to be trusted to our uncertain reasonings and speculations. We may well ask, *What causes induce us to believe in the existence of body?* but 'tis in vain to ask, *Whether there be body or not?*" Hume, *A Treatise of Human Nature*, ed. P. H. Nidditch, Oxford, 1975. I. IV. 2.

그렇다면 회의논증, 달리 말해서 꿈의 논증을 완전히 무시해버리는 것은 어떤가? 무어가 대표적인 실례이다. 그럼에도 나는 그것이 우리가 선택하기 어려운 선택지라고 생각한다. 왜냐하면 회의논증을 대면하게 되면, 그 누구도 그것을 무어처럼 철저하게 무시하기란 결코 쉬운 일이 아니기 때문이다. 회의논증을 대면했을 경우 우리 대부분은 그것에 압도되어 어찌할 바를 모르는 상태에 빠져버린다는 것이 사실에 더 가깝다. 이 때문에 스트라우드는 무어가 그럴 수 있었던 것은 무어가 회의논증을 전혀 이해하지 못했기 때문이라는 진단을 내린다.[78] 그러나 스트라우드가 이러한 진단을 내리는 이유가 무어의 지적 능력에 문제가 있다는 것을 지적하고자 하는 것은 아니다. 오히려 스트라우드는 우리가 무어를 통해 다음의 가능성을 진지하게 고려해야 한다는 것을 지적하고자 함이다. 즉, 회의논증이 실제로 이해될 수 없는 논증임에도 불구하고, 우리가 그 논증을 이해하고 있다고 잘못 생각하는 것일 수 있는 가능성 말이다. 우리가 만일 이를 밝힐 수 있다면, 이것이 최선의 길일 수 있다.

데카르트 자신은 어떤 선택을 했는가. 그는 두 번째 선택, 즉 꿈의 논증을 반박하고자 했다. 게다가 그는 자신이 꿈의 논증을 반박할 수 있다고 생각했고 또 반박했다고 믿었다. 그러나 그의 반박은 선한 신의 존재증명에 절대적으로 의존해 있는데, 불행히도 우리는 그 증명을 받아들일 수 없다. 결국 데카르트의 반박은 우리에게 아무런 도움도 주지 못하는 반면에, 그가 끌어들인 꿈의 논증을 반박하기란 여전히, 그리고 거의 불가능한 것처럼 보인다는 것이 모든 비극의 시작이다. 나는 데카르트가 "근대 철학의 어머니"라 불리지 못하고, "근대 철학의

78) 스트라우드, 3장과 5장 참조.

아버지"라 불리는 이유가 바로 그 때문이 아닐까 생각한다.

3. 데카르트의 실체이원론: 어떻게 볼 것인가?[79)]

나는 여기서 데카르트의 실체이원론을 두 가지 문제에 초점을 맞추어 고찰하고자 한다(결국은 그 둘이 동일한 것임이 밝혀지겠지만). 그 하나는 데카르트가 정말로 실체이원론을 포기하지 않았는가의 문제이고, 다른 하나는 데카르트가 왜 실체이원론을 견지했는지 그 동기에 대한 물음이다. 첫 번째 문제에 대한 고찰과 그 결과는 우리를 자연스럽게 두 번째 문제로 이끌 것이다. 나는 이 문제들에 관해 세 부분으로 나누어 논의할 것이다. 첫 번째 부분에서 나는 첫 번째 문제와 관련해서 데카르트 실체이원론에 대해 김재권과 논의할 것이다. 이 논의는 데카르트의 실체이원론을 어떻게 평가해야 하는지에 대한 논의이기도 하다. 또한 이 논의는 데카르트의 존재론이 실체이원론임을 확인해 줄 것이다. 즉, 다른 이론으로 해석될 수 없다는 것이다. 데카르트의 존재론에 대한 이러한 평가는 자연스럽게 우리를 정신과 신체의 실제적 구분과 관련해서 데카르트가 《성찰》에서 제시한 논증에 대한 고찰로 이끌 것이다. 이 두 번째 부분에서 나는 한편으로는 《성찰》에 대한 반론가들의 반론을 토대로, 다른 한편으로는 쉬퍼와 윌리엄스의 논의를 토대로 데카르트의 논증을 비판적으로 재구성하고 그 논증이 가지고 있는 결정적인 문제가 무엇인지를 알아보고자 한다. 이 논의의 결과는 우리를 위의 두 번째 문제, 즉 실체이원론의 동기에 관한 문제로 이끌 것이다. 마지막 세 번째 부분의 논의는 바로 이 두 번째 문제에 관한 것이다. 나는 이를 데카르트가 정신과 신체의 합일을 드러내주는 것으

---

79) 해제 207쪽 주 5 참조.

로 간주하는 의식현상들의 특성과 그 중요성을 언급하면서 수행할 것이다. 동시에 크립키의 오류가 지적될 것이다.

1) 데카르트의 실체 이원론: 어떻게 평가할 것인가?

김재권은 심신문제와 관련해서 오늘날 물리주의자가 당면하고 있는 과제를 심적 인과와 의식에 대한 설명으로 규정한다. 김재권은 데카르트의 문제와 물리주의자의 문제를 구분하는데, 이는 문제가 발생하게 된 전제들의 구분이다. 물리주의자의 문제는 물리주의자로서 가정해야 하는 전제들로부터 심적 인과를 설명해야 하는 문제이고, 데카르트의 문제는 그가 가정하는 실체이원론으로부터 심적 인과를 설명해야 하는 문제이다.

《성찰》에 대한 반론가들이 심신문제와 관련해서 정신과 신체의 실제적 구분에 대한 데카르트의 논증 자체에 초점을 맞춘 반면에(다섯 번째 반론가이자 물리주의자인 가상디는 예외지만), 엘리자베스 공주는 본질적으로 상이한 두 실체가 어떻게 서로 인과작용을 할 수 있는지의 문제에 주목했다. 김재권은 "데카르트가 얼버무리는 답변을 하지만, 끝내 믿을 만한 대답을 내놓을 수 없었다"고 진단한다(7쪽).[80] 실제로 많은 비판가나 주석가들이 데카르트의 실체이원론의 문제점을 드러내고자 할 때 엘리자베스 공주의 지적을 기본적인 레파투어로 사용했다. 만일 우리가 이러한 문제제기가 정당하고 이에 대한 데카르트의 답변이 답변다운 답변이 아니라고 생각한다면, 우리가 취할 수 있는 태도는 세 가지 정도가 있다. 우리는 이 중 두 가지를 이미 앞에서 보았다.[81] 윌

80) "의식과 심적 인과," 《극단에 선 물리주의》, 제1회 석학연속강좌, 대우재단, 강연 1, 김영정 역, 2000.

슨식의 태도, 그리고 클라크와 엘러넨식의 태도. 마지막 하나는, 그럼에도 왜 데카르트가 실체이원론을 포기하지 않았는지 그 동기에 관해 고찰해 보는 것으로서 내가 여기서 취하려는 태도이다. 김재권 역시 이 문제에 관심을 표명했다. 그리고 김재권은 이에 대한 한 가지 설명을 제시하는 듯하다. 그는 "두 종류의 실체가 지닌 속성들로 인하여 그 실체들은 아주 다른 범주에 속하게 되어 그 실체들이 서로 상호작용한다는 것은 불가능해진다"라는 엘리자베스 공주-케니식의 논증은 불완전하고 불만족스러운 논변이라고 주장한다. 그런 논증은 '서로 다른 두 실체가 서로 인과작용을 하는 것이 왜 불가능한가?'라는 식의 역 질문으로써 반박될 수 있다는 것이 그의 입장이다.[82] 우리는 이를 왜 데카르트가 엘리자베스 공주식의 반박에도 불구하고 실체이원론을 포기하지 않았는지에 대한 한 가지 설명으로 받아들일 수 있다. 이 때문에 김재권은 그러한 역 질문적인 반박을 정당한 도전으로 받아들이고, 실체로서의 정신과 신체의 인과가능성을 배제하는 논증을 제시하고자 한다. 내가 김재권을 고찰하고자 하는 이유는 바로 이 때문이다. 그러나 김재권이 이러한 작업을 수행하고자 하는 데에는 나름대로 이유가 있다. 설령 물리주의 내에서 발생하는 심신문제가 모두 해결될 수 없을지언정 실체이원론이 그 대안이 될 수는 없으며, 남겨진 문제의 정도로 볼 때 "물리주의가 엄격하게 참은 아니라도 거의 참이며, 거의 참이면 충분하다"는 자신의 주장을 뒷받침하기 위해서다.[83] 실체이원

81) 해제 207~209쪽 참조.

82) "실체이원론이 도움을 줄 수 있을까?" 《극단에 선 물리주의》, 제1회 석학연속강좌, 2 강의, 하종호 역, 46쪽. 이 논문은 "Lonely Souls: Causality and Substance Dualism"라는 제목으로 *Soul, Body, and Survival*, ed., by Kevin Corcoran, Cornell University Press, 2001에도 실려 있다.

83) "의식과 심적 인과", 6쪽. 이 주장은 누가 하느냐에 따라 당혹스러울 수도 있

론을 선택지로부터 배제하기 위해 김재권은 어떤 새로운 논증을 제기하는가? 그의 논증은 데카르트로 하여금 실체이원론을 포기하도록 할 수 있을까?

김재권은 심신 인과를 해명하기 위해 해결해야 할 문제를 짝짓기 문제(*pairing problem*)로 제시한 후, 짝짓기 문제는 심신 인과뿐만 아니라 심심 인과와 관련해서도 결정적이라고 주장하며 이를 위한 논증을 제시한다. 그러나 나는 심심 인과와 관련해서 그가 제기하는 문제를 먼저 고찰하고자 한다. 그것을 고찰하면 김재권의 문제제기 방식이 지닌 문제점을 분명히 드러낼 수 있다고 생각하기 때문이다. 물론 우리는 무엇 때문에 김재권이 심심 인과까지 논의하는지 그 의도를 쉽게 추측할 수 있다. 만일 심심 인과조차 문제가 있다면, 심신 인과는 최소한 그 이상의 문제가 있을 것 아니냐는 식의 결정타를 가하려는 의도 말이다.[84] 그러나 불행하게도 심심 인과의 문제점에 대한 그의 논증은 그의 기대를 충족시키지 못한다. 보다 더 불행한 것은 그것이 오히려 그의 무기인 짝짓기 문제가 지닌 문제점을 드러내준다는 것이다. 이제 김재권의 논의를[85] 검토하면서 그 문제점이 무엇인지 살펴보자.

영혼 A와 B가 각각 영혼 A*와 B*에 일어난 변화의 원인이라고 가정하자. 이때 우리는 어떻게 A와 A*를, 그리고 B와 B*를 각각 원인과 결과로 짝지을 수 있는가? 김재권에 따르면, 이를 위해서는 A가 A*와는 갖지만 B*와는 갖지 않는 차별적 관계가 필요하다. 그런데 심

고 그렇지 않을 수도 있다. 물리주의를 표방하는 과학자가 이런 주장을 한다면 당혹스럽지 않지만, 물리주의를 표방하는 형이상학자인 김재권이 이런 주장을 하는 것은 당혹스럽다.

84) "실체이원론이 도움을 줄 수 있을까?" 57쪽 참조.

85) 같은 논문, 51~53쪽 참조.

적 실체들의 비공간성 때문에 그것을 위해 공간적 관계는 상정될 수가 없다. 김재권은 한 가지 가능성으로서 심리적 관계인 지향적 관계를 검토한다. 그런데 그에 따르면 지향적 관계는 그러한 역할을 할 수 없다. 지향적 관계는 최소한의 인과관계를 함축하기 때문에, 그것을 근거로 짝짓길 설명한다면 순환에 빠지게 되기 때문이다. 이러한 김재권의 설명은 이렇게 재구성될 수 있다.

1) 정신 A와 B 그리고 A*와 B*가 존재한다.
2) A와 A* 간과 B와 B* 간에는 인과관계가 있지만 A와 B* 간에는 인과관계가 없다면, A와 A* 간에는 존재하나 A와 B* 간에는 존재하지 않는 차별적 관계를 설정할 수 있어야 한다(짝짓기 문제).
3) 지향적 관계가 그러한 관계이다.
4) 지향적 관계는 인과관계를 전제한다.
5) (2)와 (4)는 순환이다.

이 논증은 내게 뭔지 모를 혼란스러움을 가져다준다. 나는 다른 독자들도 그럴 수 있다고 생각한다. 이 논증의 어떤 면이 그런 혼란스러움을 야기하는가? 이 논증에서 결정적인 전제는 (4)다. 그런데 (4)가 참인가? 놀랍게도 김재권은 이에 대해 확신이 없는 듯하다. 그는 "지향적 관계들이 꼭 인과적인 연관성을 내포하지는 않더라도, 그렇다고 해서 지향적 관계들이 짝짓기 관계로서 충분하다는 것이 입증되지는 않는다"(52쪽)고 한다. 우리가 위의 설명을 논증이 아닌 단순한 예시로 간주하더라도 (4)에 대한 김재권의 이러한 설명은 너무나 군색하다. 실상 그것은 아무런 설명도 아니다. 그러나 내가 혼란스러운 이유는 이것 때문만이 아니다. 나의 혼란스러움은 한층 더 근본적인 데 놓여 있다. 말하자면 그것은 (1) 그리고 (2)와 관련이 있다. 보다시피 김재권은 (1)을 전제한 상태에서 짝짓기 문제를 제기하고 있다. 그런데 (1)을 전제한다는 것은 무슨 의미인가? 그것은 바로 영혼들의 개별화 원리를 전제하고 있다는 것이다.[86] 따라서 김재권은 여기서 개별화 원리를 전제한 후 짝짓기 문제를 제기하고 있는 것이다. 여기까지는 전혀 문제가 없어 보인다. 문제는 김재권이 제기하는 짝짓기 문제의 성격에 달려 있다. 김재권은 여기서 짝짓기 문제를 인식차원이 아니라 원리차원의 문제로 제기하고 또 다룬다. 김재권의 이러한 태도는 옳다. 다른 한편으로 그는 지향적 관계를 원리차원의 짝짓기 문제를 해결하는 후보자로 제시한다. 이는 김재권이 개별화 원리와 짝짓기 원리를 2개의 상이한 원리로 간주한다는 것을 보여준다. 개별화 원리는 대상들을 개체화하는 데 필요한 원리이고, 지향적 관계는 그 개체들을 짝짓는 데 필요한 원리이다.[87] 따라서 짝짓기 원리가 없으면, 개별화 원리가 있더라도 그 원리에 따른 개체들의 인과관계를 구별해 낼 수 없다. 바로 이것이 내게 혼란스러움을 야기하는 이유이다. 앞서 지적했듯이, 김재권의 입장은 모호하다.

> 지향적 관계들이 꼭 인과적 연관성을 내포하지는 않는다 하더라도, 그렇다고 해서 지향적 관계들이 짝짓기 관계로서 충분하다는 것이 입증되지는 않는다. **더욱이 지향적 관계들은 특정한 구조적 조건들을 충족시켜야만 하는데** 이 점은 아래에서 분명히 드러날 것이다(52쪽, 나의 강조).

86) 김재권은 '개별화 원리'라는 표현을 사용하지 않는다.

87) 김재권은 '짝짓기 원리'라는 표현을 쓰지 않는다. 하지만 지향적 관계에 대한 논의는 원리차원의 논의이기 때문에 이 경우 그 용어가 허용될 수 있다고 생각된다.

연이어 말하길,

> 우리는 2개의 심적 실체들 사이에 성립하는 모든 인과관계를 위해서 단 하나의 R만으로도 족하다고 가정할 필요는 없다. 그러나 물리적인 경우를 규정으로 삼는다고 한다면, 우리는 일정한 종류의 공간을 필요로 하는 듯하다. 물론 이때의 공간이라 함은, 물리적 공간이 아니라, **모든 심적 실체와 심적 실체를 포함하는 모든 사건에 대해서(어느 시점에서) 단일한 위치를 부여하는 비물리적인 좌표계**를 뜻한다. 이 좌표계 내에서 각 쌍의 심적 개체들은 그것들의 위치에 의해서 정의된 일정한 관계를 맺게 된다(52~53쪽, 나의 강조).

이러한 얘기에 따르면, 지향적 관계들이 심심 간의 짝짓기 문제를 해결하기 위해서는 특정한 구조적 조건들을 충족시켜야만 하는데, 그것은 좌표계이다. 그런데 이 좌표계란 무엇인가? 그것은 마음들의 개별화 원리와 다르지 않다. 그렇다면 개별화 원리와 짝짓기 원리는 2개의 상이한 원리가 아니라, 하나의 동일한 원리라는 결론이 나온다. 개별화 원리가 곧 짝짓기 원리이다. 그런데 김재권은 영혼을 개별화시켜 전제한 상태에서, 즉 A, A*, B, B*를 전제로 하고 그것들의 짝짓기 문제를 원리차원에서 제기하고 있다. 다시 말해서 개별화 원리를 전제한 상태에서 짝짓기를 원리차원에서 문제삼고 있다는 것이다. 바로 이것이 내게 혼란스러움을 야기하는 이유이다. 왜냐하면 개별화 원리를 전제할 경우에는 짝짓기 문제가 원리차원에서는 발생할 수 없기 때문이다.

그렇다면 영혼들에 대한 개별화 원리가 존재할 수 있을까? 오코너는 그것이 가능하다고 생각한다.[88] 그는 영혼들의 개별화 원리로서 한 가지 모델을 제시하는데, 여기 나의 논의에서 그가 제시하는 모델이 설득력이 있는지 아닌지는 중요치 않다. 그는 개별화 모델을 이끌어 들인 후 거침없이 영혼들간의 인과관계를 설정하는데(53쪽), 중요한 것은 그것이 당연하다는 것이다. 위의 인용문에 이어서 김재권은 이렇게 이야기한다. "이러한 심적 '공간체계'는 짝짓기 문제를 해결할 수 있는 근거를 제공하며, 우리로 하여금 비공간적인 심적 개체들간의 인과관계를 이해할 수 있게 해준다. 하지만 그와 같은 틀이 어떻게 생겼는지—즉, 어떠한 심적 관계들이 그러한 구조를 발생시킬 수 있는지—는 여전히 오리무중이다"(53쪽). 이 이야기는 그가 제기하는 문제가 짝짓기 문제라기보다는 결국 개별화 원리임을 시사해준다.

물론 개별화 원리가 주어진다고 인식차원의 문제로서의 짝짓기 문제가 제기되지 않는다는 것은 아니다. 그런데 로브에 대한 김재권의 반박은 그가 이 두 가지 문제를 혼동하는 것 같은 느낌을 준다. 로브에 대한 김재권의 반론을 살펴보자.[89] 이로써 우리는 심신 인과문제로 넘어가게 된다.

로브는 데카르트에 있어서 심신 인과를 항상적 연접으로 해석하고 이를 근거로 심신 결합을 이해할 수 있다고 생각한다. 김재권은 반례를 설정해 이를 반박한다(46~49쪽). 그는 "심리적이고 물리적으로 동시발생적인" 두 사람(김씨와 이씨)을 가정한다. 이 두 사람은 항상 똑같은 마음을 먹는데, 이때 그 둘의 몸도 똑같이 움직인다. 김재권이 올바르게 지적하듯이 위의 상황에서 우리는 항상적 연접을 근거로 김씨의 의지와 김씨의 몸의 운동을 이씨의 의지와 이씨의 몸의 운동과 구분해서 각각을 서로 짝지을 수 없다. 그런데 김재권이 이 반례로써

88) Timothy O' Connor, "Causality, Mind, and Free Will", in: *Soul, Body, and Survival*, 47~49쪽 참조.

89) "실체이원론이 도움을 줄 수 있을까?", 47~48쪽 참조.

문제삼고자 하는 것은 무엇일까? 앞서 심심문제의 경우와는 달리 여기서 김재권이 설정한 반례는 아주 특수하고 기이하고 독특한 상황이다. 따라서 이는 김재권이 제기하는 문제가 일반화될 수 없음을 의미한다. 달리 말해서 그 상황이 심신 간의 항상적 연접을 통한 연합일반을 원리차원에서 포기하도록 할 수 없다는 것을 의미한다. 그러나 김재권은 그 반례를 원리차원으로 제기하는 것 같다. 왜냐하면 그는 "로브의 해석에서 나타나는 난점은, 물리적 공간 밖에 있는 심적 실체들이 물리적 공간 안에 있는 대상들과 인과관계를 맺을 수 있다는 생각에 들어있는 더욱 근본적인 난점을 가리킨다고 생각된다"(49쪽)고 주장하기 때문이다. 그런데 만일 그것이 일반화되어 심신 간의 항상적 연접을 통한 연합일반을 원리차원에서 포기하도록 한다면,[90] 공간관계를 근거로 한 물체들간의 짝짓기도 원리차원에서 포기되어야 한다. "그는 〔김재권은〕〔물리〕 대상들이 과도하게 분산되어 있어서 그것들의 인과적 상호작용 패턴이 난해한 미스터리를 드러내는 상황, 즉 경험적인 근거를 토대로 그것들의 짝짓기를 결정하는 것이 불가능한 상황이란 존재할 수 없다고 가정할 어떠한 이유도 제공하지 않는다."[91] 따라서 로브에 대한 김재권의 반례를 심신 인과에 대한 반론으로 이해하는 것은 도움이 되지 않는다.

그렇다면 김재권이 원리차원에서 제기하는 심신 인과의 문제점이 있는가? 있다면, 그것은 무엇인가? 우리는 그의 글에서 두 가지를 이끌어낼 수 있다. 그 하나는 앞서 이미 설명된 것으로서, 영혼들의 개별화 원리 가능성 자체의 문제. 다른 하나는 영혼들의 개별화 원리를 전제한 상태에서 심신 인과 가능성을 배제하는 것. 김재권은 두 번째 것

---

90) 내가 로브의 입장에 동의하는 것은 아니다.

91) 오코너, 45쪽.

으로 원리차원의 짝짓기 문제를 제기한다(51쪽). 그러나 이 역시 받아들일 수 없다. 왜냐하면 심신의 개별화 원리가 전제되고 인과가 전제되면, 심심 간의 인과에서와 마찬가지로 원리차원의 짝짓기 문제는 발생하지 않기 때문이다. 따라서 김재권이 짝짓기 문제를 통해 제기한 심신 인과 문제의 본질은 영혼들의 개별화 원리와 관련된 문제이다. 이는 왜 김재권이 결국 "인과와 공간", 그리고 "우리는 영혼에 대해서 공간상의 위치를 부여할 수 있을까?"(55~59쪽) 라는 주제에 집중하는지를 설명해준다. 그것들은 상이한 개별화 원리를 따르는 개체들간의 인과를 상상할 수 없다는 것에 관한 논제들로서, 짝짓기 문제와는 상관이 없는 것이라 할 수 있다. 그렇다면 김재권은 자신이 주장하듯 기존의 데카르트 비평가들보다 더 나아갔는가? 나는 그렇게 생각하지 않는다. "인과와 공간", 그리고 "우리는 영혼에 대해서 공간상의 위치를 부여할 수 있을까?"라는 주제는 영혼의 개별화 원리 문제와 결부되어 많은 비평가들에 의해 지적된 문제이기 때문이다.[92] 그리고 위에서 본 엘리자베스-케니식의 반론 역시 그 이상도 또 그 이하도 아니다. 보다 더 중요한 것은 데카르트 역시 그 문제점들을 잘 알고 있었다는 것이다. "인과와 공간", 그리고 "우리는 영혼에 대해서 공간상의 위치를 부여할 수 있을까?"라는 문제는 《성찰》의 다섯 번째 반론가인 가상디가 데카르트에게 집중적으로 제기한 문제이다. 따라서 만일 엘리자베스-케니식의 반론과 가상디의 반론이 데카르트로 하여금 실체이원론을 포기하도록 할 수 없었다면, 김재권의 (새로운?) 반론 역시 그럴 수 없다는 결론이 나온다.

문제는 전혀 다른 데 놓여 있다. 앞서 말했듯이 오코너는 영혼들의

92) 윌슨 역시 정신의 개별화 원리를 난제로 지적했다. *Descartes*, Routledge & Kegan Paul, 1978, 198~199쪽 참조.

개별화를 가능하게 하는 틀을 상상할 수 있다고 주장한다. 그럼에도 그것이 데카르트식 실체이원론의 심신 인과를 뒷받침해 주지는 않는다고 한다. 왜냐하면 데카르트의 실체이원론은 신체의 지속적인 위치변화에도 불구하고 특정한 신체와 특정한 정신의 지속적인 짝짓기를 전제로 하는데, 이를 설명할 길이 없다고 생각하기 때문이다. 말하자면, 데카르트의 실체이원론은 동일한 종류의 정신들이 각기 하나의 특정한 물체와만 인과관계를 맺어야 하는 이유를 제시하지 않고 있다는 것이다.[93] 그렇다면 오코너의 이러한 반론은 어떨까? 그것이 데카르트로 하여금 실체이원론을 포기하도록 할 수 있을까? 나는 오코너의 반론도 그렇게 할 수 없다고 생각한다. 이제 그 이유를 알아보려 한다.[94]

이를 위해 먼저 데카르트가 엘리자베스 공주에게 어떤 답변을 내놓았는지를 살펴보자. 우리는 이름바 패턴으로서의 근본개념들을 우리 안에 가지고 있는데,[95] 다른 모든 개념들은 그것들을 토대로 형성되는 것이다.[96] 이 중 가장 일반적인 것은 '존재', '수', '지속' 개념들인데, 이것들은 존재하는 모든 것에 적용된다. 보다 특수한 것으로서는 정신에 적용되는 '생각' 개념과 물체에 적용되는 '연장' 개념이 있다. 마지막으로 '합일' 개념이 있는데, 이 개념은 정신과 신체 간의 상호작용과 감각과 정념에 대한 개념들의 토대이다. 데카르트의 이 구분은 엄격한 카테고리적 구분이다. 만일 엘리자베스 공주처럼 심신 간의 인

93) 오코너, 46~50쪽 참조.

94) 이를 통해 엘리자베스-케니-김재권식의 반론이 그럴 수 없는 보다 근본적인 이유도 함께 밝혀질 것이다.

95) 《철학의 원리》에서는 이 개념들을 단순개념이라 함. 원석영 역, 《철학의 원리》, 아카넷, AT VIII-1 22~23쪽 참조.

96) 1643년 5월 21일에 엘리자베스 공주에게 보낸 편지, AT III 665~668쪽과 218~219쪽 참조.

과를 물체간의 인과방식을 통해, 즉 접촉을 통해 이해하려 한다면, 이는 카테고리를 잘못 적용하는 오류를 범하는 것이다. 그렇다면 심신 인과와 합일은 어떤 관계인가? 데카르트의 설명은 그리 명쾌하지 않다. 이는 어찌 보면 당연하다. 위의 설명을 보면 데카르트는 합일을 근거로 인과를 설명하고자 하는 것 같다. 그런데 문제는 합일개념이 설명개념이 아니라 기술(*description*)개념이라는 것이다. 또 카테고리 적용 오류를 설명이라고 한다면, 그것은 단지 부정적인 설명에 불과하다. 결국 데카르트는 그 다음 편지에서 한 발 물러서는 듯하다.[97] 그는 우리가 정신과 물체에 대한 명석판명한 개념을 가질 수는 있지만, 합일에 대해서는 명석판명한 개념을 가질 수는 없다고 한다. 그러나 실상 이는 물러서는 것이 아니다. 왜냐하면 그는 심신 합일을 설명이 필요 없는 당연한 사실로 간주하기 때문이다. 실체이원론을 본격적으로 다루는 《성찰》에서 데카르트가 제시하는 널리 알려진 예를 살펴보자. 그는 심신 인과와 오늘날 우리가 감각질이라고 하는 의식현상들이 정신과 신체 간의 합일을 우리에게 알려준다고 주장한다.

> 자연은 고통, 허기, 갈증과 같은 감각을 통해 선원이 배 안에 있는 것처럼 내가 내 신체 속에 있을 뿐만 아니라, 신체와 아주 밀접하게 결합되어 있고, 거의 혼합되어 있어서 신체와 일체를 이루고 있음도 가르쳐 주고 있다. 그렇지 않다면, 단지 사유하는 것인 나는 신체가 상

97) 정신과 육체의 합일에 대한 개념은 연장이나 사유개념과는 달리 명석판명한 개념은 아니다. 데카르트는 1643년 6월 28에 엘리자베스 공주에게 보낸 편지에서 그 이유를 다음과 같이 설명한다. "저는 인간의 마음이 영혼과 육체의 구분과 그 결합에 대해 매우 판명한 개념을 형성할 수 있다고 생각하지 않습니다. 왜냐하면 그렇게 하려면 그것들을 동시에 하나이자 둘로 파악해야 하는데, 이는 불합리하기 때문입니다"(AT III 693쪽).

처를 입었을 때도 고통을 느끼지 않을 것이며, 마치 선원이 자기 배의 한 부분이 부서졌을 때 바라보듯이, 순수 오성을 통해 그 상처를 지각하게 될 것이다(AT VII 81쪽).[98]

데카르트는 이처럼 합일은 설명이 필요 없는 당연한 사실이라고 주장한다.[99] 당연히 인과와 의식현상들도, 합일과 인과에 대한 이러한 입장이 문제가 될 수 있을까? 존재론에 대한 논의를 배제하고자 했던 엘러넨이지만, 이 문제와 관련해서는 할 말이 있는 것 같다. 그녀는 그것이 문제라면 단일한 물리이론을 추구하는 물리주의자들에게 문제이지, 물리주의로 모든 것을 설명할 수 없다고 생각하는 사람들이나 데카르트에게는 그렇지 않다고 주장한다(76~77쪽). 이러한 엘러넨의 주장은 옳은가?

나는 김재권과 오코너의 공통점과 차이점을 따져보며 이를 논해 보고자 한다. 김재권에 따르면, 데카르트에게서 심신 합일은 일차적 개념이 아니라 심신 인과에 의해 설명되어야 하는 이차적 개념이다. 따라서 심신 인과가 설명되지 못하면 합일도 같은 운명을 가진다.[100] 이는 심신 인과와 관련해서 김재권이 왜 그렇게 짝짓기 문제에 집착했는지 그 이유를 설명해 준다. 오코너 역시 합일을 당연한 것으로 간주해서는 안 된다는 입장이다. 김재권과는 달리 그는 합일의 문제가 (짝짓기 문제가 원리차원에서 발생하지 않는) 심신 인과와는 독립적인 문제라고 생각한다. 따라서 그것을 위한 독립적인 설명이나 논증이 필요하다

98) 나는 이 글의 세 번째 부분에서 이에 대해 자세히 논할 것이다.

99) 엘리자베스 공주에게는 이렇게 말한다. "누구나 자신이 생각으로 몸을 움직일 수 있고 또 몸에 일어나는 일을 느낄 수 있게끔 자연에 의해 관계 맺어진 몸과 마음으로 이루어진 한 사람이라는 것을 느낍니다." AT III 694쪽.

100) "실체이원론이 도움을 줄 수 있을까?" 48~49쪽 참조.

는 것이다. "알고 있던 데카르트조차 제공하지 못한 것이지만, 이원론자에게 필요한 것은 정신과 신체를 하나의 단일한 자연시스템으로 구성하는 형이상학이다"(49쪽). 우리는 앞에서 그 이유를 보았다. 이제 엘러넨의 주장이 옳은지 생각해보자.

나는 한 가지 조건 아래 엘러넨에게 동의한다. 김재권과 관련지어 말하자면, 데카르트의 실체이원론을 김재권처럼 가설로 다루지 않는다는 조건이다. 만일 데카르트가 자신의 실체이원론을 김재권처럼 하나의 가설로 이해한다면, 그것이 심신 인과에 대해 어떠한 설명도 제공하지 못한다는 것은 치명적인 결함이다. 나는 데카르트 역시 이에 동의할 것이라고 생각한다. 데카르트가 실체이원론을 처음 도입한 곳은 《규칙들》이다. 인식이 무엇인지 또 그 한계를 설정하자면, 먼저 인식 주체와 사물을 고찰해야 한다. 데카르트는 주장하길,

> 첫 번째 부분을〔인식 주체를〕 고찰하자면 인간 정신이 무엇이고, 신체가 어떻게 정신을 자신의 형상으로 받아들이고, 그 전 합성체에 있어 사물의 인식에 기여하는 능력이 어떤 것이며, 또 그 각각이 어떤 작용을 하는지에 대해 먼저 설명하는 것이 마땅할 것이다.[101] 그러나 나는 여기서 이런 주제에 대해 논의하지 않을 것인데 ….
>
> 물론 이렇게 하는 것이 독자들 마음에 들지 않는다면, 그렇지 않다고 생각할 수도 있다. 그러나 이런 가설들이(*suppositiones*) 사물의 진리를 훼손시키는 것이 아니라, 오히려 그 모든 것을 더욱 분명하게 해준다면, 이런 가설들을 설정하지 못할 이유가 없는 것이다(AT X 411~412쪽, 나의 강조).

101) '심신 인과'라는 표현이 들어 있지는 않지만, 어떤 작용이라는 표현에는 상호 인과도 함축된다. AT X 415~415쪽 참조.

여기서 볼 수 있듯이 데카르트는 실체이원론과 합일과 심신 인과를 하나로 묶어 가설로 제시한다. 다시 말해서 그 세 가지 것들은 그것들이 가지는 설명력에 의존해 동일한 운명을 지닌다. 그러나 《규칙들》 때와는 달리, 데카르트는 《성찰》에서 실체이원론을 가설로 제기하는 것이 아니라, 실체이원론을 증명하고자 한다. 《성찰》의 주목적 가운데 하나가 그것이다. 중요한 것은 그가 심신 인과나 합일의 문제와는 독립적으로 그것을 수행할 수 있다고 생각한다는 것이다. 네 번째 반론가인 아르노에게 데카르트는 이를 분명히 한다.

> 비록 내가 아직 주목하지 못한 많은 것들이 간혹 내 안에 있을지라도 (그곳에서〔1, 2성찰〕 아직 나의 정신이 신체를 움직이는 힘을 가지고 있는지 아닌지, 또 그것과 실체적으로(*substantialiter*) 하나인지 아닌지를 알지 못한다고 가정했듯이), 내가 알고 있는 것만 가지고도 나의 입장을 고수하기에 충분하기 때문에, 나는 내가 신에 의해 내가 알지 못하는 다른 것들 없이 창조되었을 수도 있다는 것을, 그리고 그 때문에 그것들이 내 정신의 본성에 속하지 않는다는 것을 확신한다 (AT VII 219쪽, 나의 강조).

따라서 데카르트의 정신과 신체를 실체적으로 구분하는 데카르트의 논증이 타당할 경우, 더 정확히 얘기해서 데카르트가 그러한 자신의 논증이 타당하다고 믿을 경우, 심신 인과와 연합에 대한 설명을 제시하지 못한다는 것은 그에게 아무런 타격이 될 수 없다. 데카르트가 엘리자베스-케니-김재권식의 반론에도 실체이원론을 포기하지 않은 근본적인 이유는 바로 이 때문이다. 오코너의 경우는 어떠한가? 우리는 앞에서 오코너가 어떤 문제점을 지적했는지를 보았다.[102] 그것이 데카르트로 하여금 실체이원론을 포기하도록 할 수 있을까? 나는 같은 이유로 그럴 수 없다고 생각한다. 데카르트의 출발점은 합일이기 때문이다.

지금까지의 논의로부터 두 가지 결론을 이끌어 낼 수 있다.

지금까지의 논의가 옳다면, 우리는 왜 데카르트가 엘리자베스-케니-김재권식의 반론에 실체이원론을 포기하지 않았는지에 대한 답을 얻었다. 이것이 첫 번째 결론이다.

두 번째 결론은 데카르트의 실체이원론을 '가설'로 파악하는 것은 잘못이라는 것이다.[103] 이것이 두 번째 결론이다. 따라서 데카르트의 실체이원론을 반박하려면, 정신과 신체의 실제적 구분에 대한 논증을

---

102) 더 나아가 오코너는 자신의 창발 모델이 그 문제를 해결해 줄 수 있다고까지 주장한다. 왜냐하면 그것이 특정한 신체와 특정한 정신의 지속적인 짝짓기에 대한 일반적인 설명을 가능하게 해준다고 믿기 때문이다. 물론 오코너는 자신이 제시하는 창발론이 정신 실체 창발론은 아니지만 존재론적 창발론임을 강조하면서 기존의 인식론적인 창발론과 구별한다. 그러나 나는 이로써 오코너가 진정한 의미의 대안을 제시했다고 생각하지 않는다. 데카르트가 신에게 일임한 일, 즉 특정한 신체와 특정한 정신의 합일을 창발에 돌린 오코너가 진정 데카르트보다 더 나아간 것인지 의문이 들기 때문이다. 더욱이 그가 제시하는 모델은 그가 김재권과 의견을 같이 한다고 하는 유형 인과론을 거스른다는 문제점을 지니고 있다. 왜냐하면 그의 모델은 타입 창발 모델이 아니기 때문이다. 그의 모델은 같은 타입의 물리기반들 중 어느 것에서는 정신상태가 창발하지만 다른 것에서는 그러지 않을 가능성을 열어둔다. 물론 이러한 오코너의 문제점들에 대한 지적이 오코너가 지적한 데카르트의 문제점을 지울 수는 없다. 그렇다고 하더라도, 오코너는 데카르트로 하여금 실체이원론을 포기하게 만들 수 없다. 그것은 엘리자베스-케니-김재권식의 반론의 경우와 마찬가지 이유 때문이다.

103) 암스트롱은 "그 누구도, 아니 어떤 체계적인 사상가도 실제로 이원론을 좋아하지 않는다. 이원론은 지적 경제성 정신에 위배된다. 모든 현상을 설명할 수 있는 단일한 세트의 원리들을 발견할 수 있다면 얼마나 근사한 일인가" (D. Armstrong, *The mind-body problem*, Westview, 1999, 10쪽) 라고 하는데, 내게 이것은 놀라운 주장이다.

직접 문제 삼아야 한다. 이는 엘리자베스 공주와는 달리 《성찰》의 반론가들이 왜 그 문제에 집중했는지에 대해서도 잘 설명해준다.

이 두 가지 결론은 우리를 데카르트가 《성찰》에서 어떠한 논증을 제시하는지의 물음으로 이끈다. 그러나 두 번째 부분으로 넘어가기 전에, 데카르트의 논증에 대한 재구성과 관련해 중요한 점 하나를 짚어야 한다. 이는 《성찰》이 데카르트의 철학에서 차지하는 지위에 대한 오늘날 강력하게 제기되는 논란과 연관이 있다. 데카르트가 제시하는 논증이 타당한가? 우리가 보게 되듯이, 데카르트는 그렇다고 생각한다. 대부분의 학자들은 그렇지 않다고 생각하는데, 나는 이에 동의한다. 데카르트의 논증이 타당하지 않을 경우, 어떤 태도를 취할 수 있을까? 나는 오늘날 물리주의자들의 태도가 옳은 태도 중의 하나라고 생각한다. 그것은 바로 데카르트의 실체이원론을 선택의 여지가 없는 것으로 간주하는 것이다. 반면에 나 같은 실체이원론자는 새로운 논증을 찾아내고자 노력하게 될 것이다. 나는 이 두 가지 선택지밖에 없다고 생각한다. 그런데 오늘날 데카르트 철학에서 《성찰》을 학문 외적인 동기, 말하자면 정치 신학적인 동기에 의해 만들어진 작품으로 바라보는 견해가 강력하게 대두되고 있다. 좀더 자세히 말하자면, 《성찰》은 데카르트 자신이 이미 이루어 놓은 그러나 정치 신학적인 문제 때문에 발표할 수 없었던 자연과학적인 결과들을 그럴듯한 형이상학적인 논증의 형태로 꾸민 것일 뿐이라는 주장이 부각되고 있다는 것이다. 이를 실체이원론과 연관지어 해석하자면, 그러한 주장은 《성찰》에는 실체이원론을 위한 진정한 의미의 논증이란 존재하지 않는다는 것이다. 고크로저와 클라크가 이러한 견해를 제시하는 가장 대표적인 학자들이다.[104] 그러나 이는 《성찰》의 논증이 타당하지 않다는 것과 다른 주장이다. 나는 그들이 《성찰》의 논증이 타당하지 않다고 생각하지 않기 때문에 위의 주장을 하게 된 것인지, 아니면 그 역인지 여기서 논하고 싶지 않다. 어쨌든 그들 역시 데카르트의 실체이원론을 일종의 가설로 취급한다.[105] 내가 여기서 주목하고자 하는 것은 다음이다. 만일 그런 입장에서 출발한다면, 《성찰》에서 데카르트가 제시하는 정신과 신체의 실제적 구분에 대한 증명을 증명 아닌 증명으로 재구성하는 일은 아주 쉬운 일이고 또 당연한 일이다. 그러나 여기서 나는 이것이 옳은 해석태도인지 아닌지 평가하고 싶지 않다. 나는 그들의 주장을 오히려 만일 우리가 《성찰》을 학문 내적인 작품으로 진지하게 받아들인다면, 정신과 신체의 실제적 구분에 대한 데카르트의 증명을 생산적인 형태로 재구성해야 한다는 요구사항을 담고 있는 것으로 이해하고 싶다. 따라서 재구성의 성패 여부는 그것을 형이상학적인 탐구의 과정으로 얼마나 잘 드러내느냐에 달려 있다. 이는 무엇보다도 데카르트가 두 번째 반박에 대한 답변에서 분석과 종합이라는 두 가지 증명방식을 구분하고, 분석방법을 발견의 방법으로 특징지으면서 이 방법이 바로 자신이 《성찰》에서 사용한 방법이라고 주장하는 데에 호응하는 길이기도 하다.

따라서 나는 이러한 문제의식을 적극적으로 표명하고 이에 따른 재구성을 시도하고자 한 윌리엄스와 쉬퍼의 논의를 고찰하는 것이 의미 있는 일이라고 생각한다. 비록 그것이 이미 오래된 것이긴 하지만, 오늘날 《성찰》의 학문적 지위에 대한 거센 도전이 제기되는 상황에서 그

104) 나는 졸고 "데카르트 철학에서 자연과학과 형이상학의 관계"에서 이 문제와 관련해서 그들과 더불어 다양한 입장들을 비판적으로 다루었기 때문에, 이 글에서는 나의 주제와 관련된 문제만, 그리고 내가 그곳에서 지적하지 않은 면들에 대해서만 이 부분의 세 번째 부분에서 좀더 자세히 다룰 것이다. 《근대 과학의 철학적 조명》, 철학과 현실사, 2006. 참조.

105) 어떤 종류의 가설인지는 나중에 보게 될 것이다.

것을 되짚어보는 것은 의미 있는 일이다.

2) 정신과 신체의 실제적 구분에 대한 데카르트의 논증

《성찰》에 대한 일부 반론가들의 반론과 이에 대한 데카르트의 답변을 고찰하는 것으로써 논의를 시작하자.

먼저 제 1, 2성찰에 대한 두 번째 반론가들의 반론을 살펴보자. 그들은 지적하길,

> … 생각하는 자네가〔데카르트가〕 존재한다는 사실만은 적어도 확실하다는 것을 분명하게 보여주는 첫 두 성찰과 관련해서 … 좀더 이야기하겠네. 여기까지 자네는 자네가 생각하는 것임을 인식하고 있네. 그러나 생각하는 그것이 무엇인지는 모르고 있다네. 만일 그것이 물체였다면, 즉 다양한 운동과 충돌을 통해 우리가 생각이라고 부르는 것을 만드는 물체였다면 어찌하겠는가? … **물체가 생각을 할 수 없다는 것을 도대체 어떻게 증명할 것인가**(*quomodo enim demonstras corpus non posse cogitare?*) (AT VII 122쪽, 나의 강조)?

이러한 반론을 통해 추릴 수 있는 데카르트의 논증은 다음과 같이 (A) 재구성될 수 있다.

> 1) 나는 물체의(나의 신체도 포함해서) 존재를 의심할 수 있다.
> 2) 나는 나의 존재를 의심할 수 없다.
> 3) 나는 존재한다.
> 4) 나는 사유하는 것이다.
> c) 나는 정신이다.

그런데 두 번째 반론가들은 (A)가 타당하지 않다고 생각한다. 그것이 타당하려면 (1) 대신

(1*) 물체는 존재하지 않는다

는 전제를 가지고 있거나, 혹은

(2*) 물체는 사유할 수 없다

는 전제가 추가로 필요하다고 주장한다. 요지는 어떤 것에 대한 주관적인 불확실성(1)과 어떤 것에 대한 주관적인 확실성으로부터(2와 3) 그 둘의 관계에 대한 객관적인 사실을(c), 즉 사유하는 것으로서 나의 정신이 신체와 상이하다는 결론을 내릴 수는 없다는 것이다.[106] 사유하는 나라는 것이 비록 아직은 그 존재가 의심되고 있지만 나중에 물체로 밝혀질 수 있지 않는가? (2*)에 대한 논의는 윌리엄스와의 논의 때까지 보류하기로 하자. 그렇다면 (1*)은 어떠한가? 그것은 데카르트가 입증하지 않았지만, 원하는 전제도 아니다.

데카르트는 위의 반론에 어떻게 대처할까? 그는 두 번째 반론가들이 자신의 논증을 (A)로 재구성하는 것은 옳지 않다고 생각한다. 그는 "생각하는 그것이 무엇인지 모르고 있다"는 주장은 두 가지 의미로 해석될 수 있다고 주장한다. 먼저 그는 비록 '그것'이 나중에 물체로 밝

106) 이는 어떤 것에 대한 주관적인 확실성(일반적 표현에 따르자면 '인식')으로부터 그것이 객관적인 사실임을 주장하는 것과는 전혀 다른 이야기이다. 어떤 것에 대한 주관적인 확실성(인식)으로부터 그것이 객관적인 사실임을 주장할 수 있음을 부정한다면 우리는 회의주의를 받아들여야 한다.

혀질 가능성이 배제되어 있지는 않지만, 그 때문에 자신이 '그것'이 무엇인지를 모르는 것은 아니라고 주장한다(AT VII 129~130쪽). 그 이유는 이렇다. 제2성찰에서 자신의 존재를 확인한 직후, 데카르트는 "나는 무엇인가?"라는 물음을 제기했고, 뒤따르는 고찰을 통해 생각한다는 것이 다양한 양태를 지니고 있음을, 즉 "의심하고, 이해하며, 긍정하고, 부정하며, 의욕하고, 의욕하지 않으며, 상상하고 감각하는" 것임을 인식했기 때문이다(AT VII 28~29쪽). 즉, 사유하는 것으로서의 자기 자신이 무엇인지를 보다 더 잘 알게 되었기 때문이다. 그러나 그는 자신이 어떠한 종류의 것인지를 아직 모르고 있다는 의미로서의 그 주장은 흔쾌히 인정한다. 오히려 그는 반론가들에게 자신이 제2성찰에서 그들에게 그런 의미로서의 반론을 제기할 여지를 주지 않았다는 것을 상기시키고,[107] 정신과 신체의 실제적 구분에 대한 온전한 증명은 제6성찰에서 제시되는 것임을 확인시킴으로써 두 번째 반론가들의 반박은 논점을 벗어나 있다고 주장한다. 이제 데카르트를 좇아 (A)를 (B)로 변환하도록 하자.

1) 나는 물체의(나의 신체도 포함해서) 존재를 의심할 수 있다.
2) 나는 나의 존재를 의심할 수 없다.
3) 나는 존재한다.
4) 나는 사유하는 것이다.
5) 나는 의심하고, 긍정하며, 부정하고, 원하며, 상상하고, 감각하는

---

107) 데카르트가 제2성찰에서 말하길, "그러나 나에게 알려져 있지 않다는 이유로 내가 지금 무라고 가정하고 있는 것이 실제로는(*in rei veritate*) 내가 알고 있는 이 나와 다른 것이 아닐 수 있지 않을까? 모른다. 하지만 나는 지금 이에 대해 논하고 있는 것이 아니다. 나는 단지 내가 알고 있는 것에 대해서만 판단을 내릴 수 있을 뿐이다." AT VII 27쪽.

것이다.

c) 나는 정신이다.

데카르트가 (B)가 아직 정신과 신체의 실제적 구분을 위한 완전한 논증이 아니라고 한 점을 한 번 더 유념하자. 이는 (B)가 더 발전되어야 함을 뜻한다. 그것을 발전시킬 수 있을까? 어떻게 발전시킬 수 있을까? 나는 (B)를 발전시키기기 전에 세 번째 반론가이자 유물론자인 홉스의 반론을 살펴보려 한다. 데카르트가 유물론자인 홉스와 어떤 식으로 대립각을 세우는지 알아보는 것이 (B)가 가지고 있는 문제와 이에 대한 데카르트의 입장을 조금 더 명확하게 해 줄 것이기 때문이다.

홉스는 "생각하는 그것이 무엇인지 모르고 있다"는 말의 두 가지 의미 중 첫 번째 의미로서의 '생각하는 그것'에 대한 데카르트의 설명을 받아들일 수 없다고 주장한다. 홉스가 왜 그런 주장을 하는지 알아보기 위해, 그의 반론의 근거인 제 2성찰의 텍스트를 보자. 이것은 데카르트가 "나는 무엇인가?"라는 물음을 제기한 후 (5)를 발견하기 전의 중간단계를 이루는 텍스트다. 방법론적 회의 이전에 자신이 자신이라고 여겼던 것, 즉 신체 그리고 신체로서의 자신에게 속한다고 생각했던 것들, 즉 감각, 생리작용, 운동, 상상 등의 내외적인 활동 및 작용들이 (1) 때문에 위의 질문에 대한 답이 될 수 없음을 깨달은 후, 데카르트는 이렇게 말한다.

(a) 생각(*cogitatio*)이 바로 그것이다. 이것만이 나와 분리될 수 없다. 나는 있다. 나는 존재한다. 이것은 확실하다. 그러나 얼마동안? 내가 생각하는 동안 만이다. 왜냐하면 내가 생각하기를 멈추자마자 존재하는 것도 멈출 수 있기 때문이다.

(b) 지금 나는 필연적으로 참이 아닌 것은 아무것도 인정하고 있지 않기 때문이다. 그러므로 나는 정확히 말해 단지 하나의 생각하는 것(*res cogitans*), 즉 정신(*mens*), 영혼(*animus*), 지성(*intellectus*) 혹은 이성(*ratio*)이며 …"(AT VII 27쪽).

먼저 (a)와 관련해서(AT VII 172쪽), 홉스는 "내가 생각하기를 멈추자마자 존재하는 것도 멈출 수 있[다]"는 주장을 볼 때, 데카르트가 (4)로써 의미하는 것은 실상

(4*) 나는 생각이다(*cogitatio*)

라고 주장한다. 왜냐하면 생각하기를 멈추면 생각한다는 행위가 (존재를) 멈추는 것이지 생각하는 주체가 존재를 멈추는 것은 아니기 때문이다. 따라서 홉스에 따르면 (4)는 데카르트가 행위와 행위의 주체를 동일시하고 있다는 것을 보여주는데, 이는 많은 문제를 낳는다. 왜냐하면 이것을 허용할 경우, 우리는 "나는 산책하는 것이다. 그러므로 나는 산책이다"라는 식의 논증들도 모두 받아들여야 하기 때문이다. 그런데 행위가 멈춘다고 행위의 주체가 존재를 멈추는가? (b) 역시 유사한 문제를 지니고 있다(같은 쪽). 같은 논리로 (4)는

(4**) 나는 지성(*intellectus*)이다

이어야 하는데, 이는 행위와 행위능력을, 그리고 행위능력과 주체를 동일시하는 것이다. 만일 이런 논증이 가능하다면, 우리는 "나는 산책하는 것이다. 그러므로 나는 산책능력이다"라는 논증도 받아들여야 한다. 이 때문에 홉스는 '나는 생각하는 것이다(*res cogitans*)'라는 결론은

받아들일 수 있지만, 이때의 '것'을 '정신', '영혼', '지성' 혹은 '이성'이라고 칭하는 것은 받아들일 수 없다고 주장한다.

그런데 (a)에 대한 홉스의 반론은 논점에서 벗어나 있는 것이 아닐까? 왜냐하면 데카르트는 "내가 생각하기를 멈추자마자 존재하는 것도 멈출 수 있[다]"고 했지, "내가 생각하기를 멈추자마자 존재하는 것도 멈춘다"고 하지 않았기 때문이다. 데카르트는 이 문제 역시 제6성찰로 미룬다. 따라서 우리도 이 문제에 대한 논의를 윌리엄스와 논의할 때까지 미루도록 하자. 다른 한편으로, 데카르트는 일반사람들의 상식적인 이해에 의존하여 산책과 사유 간에는 어떤 유사성도 없다고 반박한다. 왜냐하면 사람들이 산책은 단지 행위로만 간주하는 반면에, 생각은 때로는 행위로 때로는 능력으로 때로는 그 능력을 갖춘 것으로 간주하기 때문이다. 따라서 자신은 '정신, 영혼, 지성, 이성'이라는 말로써 단순히 사유나 사유능력을 의미한 것이 아니라 사유능력을 겸비한 '것'(*res*)을 의미한 것이라고 답한다(174쪽). 그리고 자신이 '것'(*res*)이나 '실체'(*substantia*)와 같은 추상적인 어휘를 사용한 이유를, 홉스와 같은 물리주의자들은 사유활동과 사유능력과 사유주체를 구분하고 그 주체를 신체로 간주하여 '주체', '물질', '물체'라는 구체적인 어휘로 지시하는데, 이와 거리를 두기 위해서라고 설명한다. 이는 《성찰》의 구도와도 밀접한 관련이 있다. 잘 알려져 있다시피 데카르트에 따르면 대부분의 사람들은 어렸을 때부터 감각에 무한한 신뢰를 부여해왔기 때문에 사유주체인 영혼 역시 미세한 물질로 간주해왔다(AT VII 26~27쪽).[108] 데카르트가 제일성찰에서 방법론적 회의를 전개한 이유는 그러한 선입견을 제거하기 위해서다. 왜냐하면 사유주체가 무엇인지

108) 《성찰》에서 분석적인 방법을 사용하지 않을 수 없었던 또 다른 이유가 이 때문이다. AT VII 157쪽 참조.

를 비판적으로 고찰하고 탐구하고자 하는 데카르트에게 우선적으로 필요한 것은 사유주체에 대한 중립적인 개념이기 때문이다. 따라서 그런 데카르트에게 홉스처럼 사유주체가 '물질', '물체'라고 주장하는 것은 선결문제 요구의 오류를 범하는 것이거나 논점회피의 오류를 범하는 것이다. "생각하는 것은… 어떤 물질적인 것일 수도 있다. 비록 데카르트는 그 역을 상정하고 있지만, 그것이 증명된 것은 아니다"(173쪽)라고 주장하며 선결문제 요구의 오류를 지적하는 홉스에 대한 데카르트의 대답은 당연히, "나는 결코 그 역을 상정하지 않았다. 그리고 또한 그것을〔영혼이 비물질적이라는 것을〕 결코 토대로 삼지 않았다. 나는 그것이 증명되는 제 6성찰까지는 그것을 결정하지 않은 채로 남겨 두었다"(175쪽)이다. 따라서 오해의 여지가 없도록 (c)를

(c*) 나는 사유하는 것이다((5)를 함축하는 의미로)

로 대체하도록 하자.

이제 문제는 (B)를 발전시킬 수 있는지 또 어떻게 발전시킬 수 있는지이다. 데카르트는 도대체 제 6 성찰에서 어떻게 논증하는가? 그것은 (B)와 다른가? 다르면 어떻게 다른가? 그리고 그것은 정신과 신체의 실제적 구분을 증명할 수 있는가? 이에 대한 답을 구하기 위해 먼저 데카르트가 제 6성찰에서 어떻게 논증을 펼치는지 직접 보자.

> 내 자신과 내 기원의 작자를 더 잘 알고 있는 지금… .
> 첫째, 내가 명석판명하게 인식하는 것은 모두 내가 이것을 인식하는 대로 신에 의해 만들어질 수 있음을 알고 있기 때문에, 어떤 것을 다

> 른 어떤 것 없이 명석판명하게 인식하기만 하면, 어떤 것이 다른 것과 상이하다고 충분히 확신할 수 있다. 적어도 신은 이 양자를 서로 분리시켜 놓을 수 있기 때문이다. 또 어떤 힘이 이 양자를 서로 분리해서 다른 것으로 간주되게 하는지는 문제되지 않는다. 그러므로 내가 현존한다는 것을 알고 있다는 것, 더구나 사유하는 것만이 내 본성 혹은 본질에 속하고 있음을 깨닫고 있다는 사실로부터 내 본질이 오직 사유하는 것임을 정당하게 결론지을 수 있다. 그리고 내가 아마—아니 확실히, 이것에 대해서는 나중에 설명될 것이다—나와 밀접하게 결합되어 있는 신체를 갖고 있을지라도, 한편으로 내가 오직 사유하는 것이고 연장된 것이 아닌 한에서 나는 나 자신에 대한 명석판명한 관념을 갖고 있고, 다른 한편으로 물체가 오직 연장된 것이고 사유하는 것이 아닌 한에서 물체에 대한 명석판명한 관념을 갖고 있으므로, 나는 내 신체와는 다르고, 신체 없이 현존할 수 있다고 단언하게 되는 것이다(AT VII 77~78쪽).

이 논증을 재구성하는 데에는 적잖은 어려움이 있다. 전후관계가 뒤섞여 있어 무엇이 먼저이고 무엇이 나중인지 그 자체로써 결정하기가 쉽지 않다. 따라서 일단 논의를 편리하게 하기 위한 기술적인 방편으로 위의 인용문에 있는 내용을 있는 그대로 순서를 매기고 논의해보도록 하자.

1) 신은 존재한다.
2) 신은 선하다.
3) 내가 어떤 것을 명석판명하게 인식하면(안다면), 그것은 참이다.
4) 어느 하나가 다른 하나 없이 명석판명하게 인식되면, 그것은 다른 하나와 상이하다.
5) 어느 2개가 상이하면, 그것들은 신이나 혹은 다른 힘에 의해 서로

분리될 수 있다.

6) 나는 존재한다.
7) 사유만이 나의 본질에 속한다.
8) 나의 본성은 오로지 오직 내가 사유하는 것이라는 데 있다.
9) 나는 내가 오로지 사유하는 것(*res cogitans*)이지 연장된 것(*res extensa*)이 아니라는 점에서 나 자신에 대한 명석판명한 관념을 가지고 있다.
10) 나는 물체가 오로지 연장된 것이지 생각하는 것이 아니라는 점에서 물체에 대한 명석판명한 관념을 가지고 있다.
11) 물체의 본성은 오로지 연장이다.
12) 나의 정신은 나의 신체와 상이하다.
c) 나의 정신은 신체 없이 존재할 수 있다.

이를 편의상 논증 (C)라고 하고 (B, 제2성찰 포함)와 비교해보자. 먼저 간단하게 비교할 수 있는 것들부터. (1)과 (2)는 (B)에 없는 새로운 것들이다. 데카르트는 그것들을 제3성찰과 제5성찰에서 증명했다. 그리고 그 증명과 그 결과인 (1)과 (2)는 《성찰》이라는 프로젝트의 가장 중요한 핵심이고 그런 의미에서 (B)와 (C)의 차이를 근본적인 차원에서 특징짓는다. 그럼에도 그 차이가 (B)와 (C)의 차이에 대한 논의에서 내용적인 의미를 지닐 수는 없다. 데카르트에 있어서 신의 보증은 무차별적이고 무조건적인 보증이 아니다. 그 보증은 인간으로서의 우리가 신이 우리에게 준 인식능력을 올바르게 사용해서 얻는 결과에 대해 객관적인 타당성을 보장해주는 보증이다. 명석판명한 지각이라는 것이 이에 대한 데카르트의 기술적 용어(*technical term*)이다. 명석판명한 지각이 무엇인지가 끊임없이 논란을 낳는 이유가 바로 이 때문이다. 같은 이유로 (3)과 (4)도 (B)와 (C)의 차이를 보여줄 수 없다. (5)에서의 "신이나 혹은 다른 힘"이라는 표현은 이를 직접적으로 뒷받침해 준다. (6)은 (B)에 들어 있다. (7)은 새로운 것이다.[109] (8)은 (7)의 결과이다. 따라서 이 또한 새로운 것이다. 이제 남아 있는 것은 (9)와 (10)과 (11)이다. 이것들은 어떠한가? 먼저 물체에 대한 명석판명한 관념으로서의 연장개념만을 분리해서 고찰하도록 하자. 그것은 새로운 것이 아니다. 데카르트는 제2성찰에서 밀랍의 예에 대한 고찰을 통해 연장개념이 본유관념임을 밝힌다.[110] (9)와 (10)과

---

109) 제2성찰에서 데카르트가 한 말, "나는 있다. 나는 존재한다. 이것은 확실하다. 그러나 얼마 동안? 내가 생각하는 동안 만이다. 왜냐하면 내가 생각하기를 멈추자마자 존재하는 것도 멈출 수 있기 때문이다"(AT VII 27쪽)를 다시 한 번 기억하자.

110) 밀랍을 불 가까이 놓아두면, 그것이 가지고 있던 성질들이(궁극적으로는 밀랍의 본질을 이루는 성질들까지 변해 더 이상 그것을 밀랍이라고 할 수 없을 정도로) 변한다. 그럼에도 밀랍을 구성했던 물질들은 존재한다. 그리고 그 물질들은 연장과 연장의 양태인 모양을 지닌 채 남아있다. 따라서 밀랍을 이루었던 물질들이 존재하기 위해 그 물질들이 밀랍일 필요는 없다. 그렇지만 윌리엄스가 올바르게 지적했듯이, 제2성찰에서의 밀랍의 예에 대한 고찰은 직접적으로 물질 대상의 본질과 관련된 것이 아니라, 물질 대상의 본성에 대한 우리의 인식과 관념에 관련된 것임을 유의하자. 그 예는 우리가 어떤 물체를 그것이 다양하게 변화하는 동안에도 (수적으로 동일한) 물체로 인식할 수 있다는 것을 보여준다. 그런데 이것이 어떻게 가능한가? 그것이 가능한 이유는 우리가 연장되고 변화할 수 있는 것으로서의 물체에 대한 관념을 가지고 있다는 것을 의미한다. 그 관념은 우리가 감각이나 상상력으로부터 얻을 수 있는 관념이 아니다. 따라서 그 관념은 우리가 원래 타고난 관념으로서 순수 지성에 속하는 관념이어야 한다. 이런 형이상학적인 의미를 함축하고 있는 인식론적 논증에 의해 제시된 결론, 즉 연장개념은 본유관념으로서 우리 지성에 주어져 있는 것으로서 명석판명한 관념이라는 결론은, 선한 신이 '우리가 명석판명하게 지각하는 것은 참이다'라는 규칙의 타당성을 보장해 준다는 또 다른 형이상학적인 논증에 의해 연장이 물체의 본성이라는 결론으로 귀결된다. 윌리엄스, 213~223쪽과 227쪽 참조. 데카르트가 물체의 본질

(11)은 연장개념을 제외하고는 (B)에 들어 있지 않은 것들이다. 그렇다면 우리는 지금까지의 고찰로부터 (B)와 (C)가 서로 다른 논증이라는 결론을 내릴 수 있다. 데카르트가 자신의 논증은 제6성찰에 주어져 있다고 항변한 것은 그만한 이유가 있었다. 그렇다면 이제 문제는 데카르트가 (C)로써 정신과 신체의 실제적 구분을 증명할 수 있는가 하는 문제이다. 나는 이에 대한 고찰을 데카르트가 칭찬을 아끼지 않는 아르노의 반박과 데카르트의 답변에 대한 고찰로써 시작하고자 한다. 그 이유는 저절로 분명해질 것이다.

결론적으로 말해서, 아르노는 (C)에는 (B, 제2성찰 포함)에서 발견될 수 없는 새로운 것이 전혀 없다고 주장한다. 만일 아르노가 옳다면, 두 번째 반론가들이나 홉스가 제2성찰에만 전념한 것 역시 우연이나 불찰이 아니다. 아르노는 말하길,

> 나는 그 저작〔《성찰》〕을 통틀어 처음에 제기된 것 이외에는 그것을 입증하는 데에 적합한 어떤 다른 논증도 보지 못했다. 즉 "나는 물체, 즉 연장된 것이 존재한다는 것을 부정할 수 있다. 그럼에도 불구하고 내가 그것을 부정하거나 생각하는 한, 내가 존재한다는 것은 내게 확실하다. 따라서 나는 물체가 아니라 생각하는 것이며, 물체는 나에 대한 앎에 속하지 않는다"는 것 외에는 말이다(AT VII 201쪽).

이유가 무엇일까? 이를 알아보기 위해, 제6성찰의 논증에 대한 아르노 나름의 해석을 논증의 형태로 재구성해보자(D). C1-C6은 생략하도록 하자.

이 연장이라는 견해를 제5성찰에서 제시하는 이유도 바로 그 때문이다.

1) 나는 내가 오로지 사유하는 것(*res cogitans*)이지 연장된 것(*res extensa*)이 아니라는 점에서 나 자신에 대한 명석판명한 관념을 가지고 있다.
2) 나는 물체가 오로지 연장된 것이지 생각하는 것이 아니라는 점에서 물체에 대한 명석판명한 관념을 가지고 있다.
3) 나의 본질은 오로지 사유이다.
4) 물체의 본질은 오로지 연장이다.
5) 나의 정신은 나의 신체와 상이하다.
c) 나의 정신은 신체 없이 존재할 수 있다.

아르노가 먼저 문제를 삼는 것은 (1)이다. 아르노에 따르면, (1)이 참이려면, 데카르트는 자기 자신에 대해 완전한 혹은 완벽한 앎(*notitia completa & adaequata*)을 가져야 한다. 그런데 데카르트가 현재 자신에 대해 가지고 있는 앎이 그러한 것인지 분명치 않다는 것이다(AT VII 201쪽). 다시 말해서 아직 자기 자신에 대한 탐구가 부족해서 그렇지 데카르트가 탐구를 더욱더 철저히 그리고 계속 수행한다면 언젠가 자신이 물질적인 속성을 가지고 있음을 혹은 자기 자신에 대해 지금까지 알고 있는 모든 성질들이 물질을 전제로 하고 있음을 발견하게 될 수도 있다는 것이다. 따라서 (1)과 (2)로부터 (3)이 아니라

(3*) 나는 나에 대한 어떤 앎을 물체에 대한 앎 없이도 획득할 수 있다

가 귀결될 뿐이라는 것이다.[111] 이에 대한 데카르트의 대답은 단호하

111) "그러나 나는 이로부터 나에 대한 어떤 앎을 물체에 대한 앎 없이도 획득할 수 있다는 것만 귀결된다고 생각한다. 그런데 내가 나의 본질에서 신체를 배제시키는 한, 내가 속임을 당하지 않는다는 것을 확신할 정도로 그 앎이 완

다. 그는 먼저 완벽한 앎(*notitia adaequata*)과 완전한 앎(*notitia completa*)을 구분한다. 완벽한 앎이란 어떤 대상이 가지고 있는 모든 성질들을 다 아는 것이고, 완전한 앎이란 어떤 대상이 완전한 존재(독립적인 존재)임을 아는 데 필요한 앎이다. 전자는 인간에게 불가능하기 때문에, 문제가 되는 것은 결국 후자이다. 데카르트는 비록 사유하는 것으로서의 자기 자신에 대해 완벽한 앎을 가지고 있지는 않지만, 완전한 앎은 가지고 있다고 주장한다.[112] 그러나 문제가 그렇게 간단히 해결되지는 않는다. 아르노는 데카르트의 완벽한 앎과 완전한 앎의 구분을 통한 위와 같은 식의 대답을 이미 알고 있었다(AT VII 200쪽). 그것은 첫 번째 반론가인 카테루스가 데카르트의 정신과 신체의 실제적 구분이 추상화 작업에 의한 구분에 불과한 것이 아니냐는 반론을 제기했을 때(AT VII 100쪽) 데카르트가 한 답변이었기 때문이다(120~121쪽). 그런데 아르노는 그 구분을 무시한다. 그 이유가 무엇일까? 어차피 완벽한 앎이란 불가능하기 때문에, 그 부분은 논외일 수밖에 없다고 생각하기 때문에 그런 것일까? 그렇지 않다. 결론적으로 말하자면, 그러한 구분이 실체로서의 정신과 신체의 구분을 위한 논증에서 중요한 역

전하고 완벽한 것인지는(*completam & adaequatam, completa & adaequata*) 아직 전혀 분명치 않다." AT VII 201쪽, 나의 강조.

112) 지비에프(Gibieuf) 신부에게 쓴 1642년 1월 19일자 편지 참조, AT III 474쪽 참조. 윌리엄스는 말하길, "데카르트는 이런 생각이다. 그는 자기 자신을, 존재하는 데 어떤 신체도 전제 하지 않는 사유하는 것으로서 파악하고 있는데, 이는 그런 의미에서 완전한 것에 대한 파악이다. 만일 사유하는 것으로서의 자기 자신에 대한 파악이 실제로 신체를 전제하지 않는다면, 그는 정신에 대한 면밀한 검토를 통해 그것을 발견할 수 있을 것이다. 왜냐하면 그는 신체에 대한 관념 역시 마찬가지로 가지고 있기 때문이다". 윌리엄스, 113~114쪽. 제 2-5성찰이 이런 과정들이다.

할을 하지 않는다고 생각하기 때문이다. 왜 그런지 알아보자.

(1)과 (2)가 참이라고 하면, (3)과 (4)가 귀결된다. 그런데 (1)과 (2)가 의미하는 것이 무엇인가? 아르노가 (1)과 (2)를, 더불어 (3)과 (4)를 어떻게 이해하는지 알아보자. 그는 말하길,

> 누군가 다음과 같이 주장할 것이다. 내가 생각한다는 것으로부터 내가 존재한다는 결론을 이끌어 내는 한, 그런 식으로 인식된 나 자신에 대해 내가 형성한 관념이 나 자신을 생각하는 것 이외의 다른 어떤 것으로도 나의 정신에 드러내지 않는다면, 이는 놀랄 일이 아니다라고 말이다. 왜냐하면 그 관념은 오로지 나의 생각으로부터 취해진 것일 뿐이기 때문이다. 따라서 그 관념으로부터 그 관념 속에 들어 있는 것 이외의 다른 어떤 것도 나의 본질에 속하지 않는다는 것을 보이기 위한 논증을 취할 수는 없다고 생각된다(AT VII 203쪽).

아르노의 이 반론을 이해하는 데에는 크립키가 주목한 대물적(*de re*) 필연성과 대언적(*de dicto*) 필연성의 구분이 도움이 된다. 대물적 필연성을 인정한다는 것은 어떤 대상이 어떻게 기술되든 혹은 어떤 식으로 지시되든 그 방식과 무관하게 그것이 필연적인 성질(본질)을 가지고 있다는 것을 인정한다는 것이다. 이때 중요한 것은 대물적 필연성을 인정할 경우, 대상의 필연적인 성질(본질)은 탐구를 통해 발견되어야 한다는 점이다. 대언적 필연성을 인정한다는 것은 어떤 성질이 어떤 대상의 필연적인 성질인지 아닌지는 그 대상이 어떤 식으로 기술되는지 혹은 지시되는지에 달려 있다는 입장이다. 다시 말해서 양상이 명제의 성질이지 대상의 성질이 아니라는 것이다.[113] 아르노의 반론의

113) 후자의 경우를 콰인의 예로 간단히 설명하자면, 인간이 '이성적 동물'로 기술되거나 지시된다면 '이성'이 인간의 본질로 간주되는 것이고, 인간을 '직립보

요지는 만일 추가적인 전제가 없다면, (1)의 '나'가 대언적인 지시어로 이해될 수 있다는 것이다. 즉, (1)이

(1*) 나는 '그것이 무엇이든 생각하는 것'이다

일 수 있다는 것이다. 이 경우, 데카르트가 비록 (3)을 이끌어 낼 수는 있지만 (5)나 (c)를 이끌어 낼 수는 없다. 아르노가 제6성찰에서 새로운 것을 하나도 발견할 수 없다고 주장하는 이유가 바로 이 때문이다.[114] 이는 옳다. 따라서 문제는 (1)의 '나'를 고정지시어로 이해할 수 있는가이다. 나는 이 문제를 윌리엄스, 그리고 쉬퍼와의 논의를 통해 고찰하고자 한다. 이는 동시에 데카르트의 논증을 생산적인 것으로 재구성할 수 있는지의 문제이기도 하다.

우리가 (D)와 이에 대한 아르노의 해석에서 보았듯이, 데카르트의 '나'가 고정지시어로 파악될 수 없다면, 정신과 신체의 실제적 구분은 불가능해진다.[115] 윌리엄스는 데카르트의 '나'가 고정지시어로 파악될 수 있다는 데 대해 부정적이다.[116] 쉬퍼는 '나'가 고정지시어로 간주될

행하는' 동물로 기술하거나 지시한다면 '직립보행'이 인간의 본질로 간주되는 것이다. W. V. O. Quine, "Two Dogmas of Empiricism," in: *From a logical point of view*, 2th. ed. New York, 22쪽 참조.

114) 데카르트 논증에 대한 재구성 작업에서 알목(Almog) 역시 데카르트와 아르노의 논쟁에 커다란 가치를 부여하고 심도 있게 다룬다. 하지만 나는 여기서 그의 재구성을 함께 고려할 필요성을 느끼지는 않는다. 그러나 아르노가 데카르트와 더불어(나중에 보게 되듯이, 데카르트는 대물적 양상을 옹호하고 취한다) 대물적 양상을 옹호하고 취한다는 그의 주장이 명백한 오류라는 사실만은 지적하고 싶다. J. Almog, *What Am I?* Oxford, 2002, 15쪽 참조.

115) Stephen Schiffer, "Descartes on his essence", *the Philosophical Review*, LXXXV, 1, January 1976, 24쪽과 주 4 참조.

116) 윌리엄스는 데카르트의 '나'가 고정지시어일 수 없다는 입장이다. 그 이유를 알아보자. 윌리엄스는 "cogito, ergo sum"을 F(a) →a로 재구성하는데, 이때 '→'는 러셀식의 '함축'(*implication*)이 아니라 스트로슨식의 '전제'(*presupposition*)를 의미한다. 달리 말해서 a는 F(a)가 참이 되기 위한 필수조건이 아니라 참이나 거짓이기 위한 전제이다. "The Certainty of the Cogito", in: *Descartes A Collection of Critical Essays*, ed. by Willis Doney, Nortre Dame, 1968, 95~96쪽 참조. 나는 윌리엄스의 이러한 해석에 동의한다. 그런 해석을 제시하는 윌리엄스가 '나'가 고정지시어일 수 없다고 하는 것은 우리를 의아스럽게 만든다. 그러나 윌리엄스가 그러는 데에는 그만한 이유가 있다. 그에 따르면, 데카르트의 방법론적 회의와 표상이론은(이는 서로 얽혀 있는 문제인데) "cogito, ergo sum"에 대한 자신의 해석과 양립할 수 없다. 윌리엄스에 따르면 데카르트가 제일성찰에서 전개한 방법론적 회의를 통해 최종적으로 도달한 상태는 순수한 의식의 관점이다. 데카르트는 그것으로부터 3인칭 관점을 취해 의식주체라는 객관적 존재로 나아갈 수 있다고 생각한다. 이것이 데카르트가 "cogito, ergo sum"으로 의미하는 것이다. 그러나 문제는 그것이, 윌리엄스에 따르면, 원리적으로 불가능하다는 데 있다. 왜냐하면 순수 의식의 관점은 그것을 허용하지 않기 때문이다. 순수 의식의 관점에는 오로지 한 가지 관점만이 있을 뿐이다. 즉, 의식이 발생하거나 아니거나. 그것이 어디서 일어나는지를 생각할 수 있는 관점이란 존재하지 않는다(윌리엄스, 100~101쪽 참조. 그의 더 자세한 설명은 96~100쪽과 10장 참조). 다른 한편으로 그는 데카르트의 '관념'을 존재론적으로 강하게 읽고 이를 토대로 물질세계의 존재에 대한 데카르트 회의를 설명한다(58~59쪽과 239~241쪽 참조). 그러나 그의 이 두 가지 해석은 많은 문제점을 안고 있다. 첫 번째 문제와 관련해서는 뒤따르는 쉬퍼의 설명과 윌슨, *Descartes*, 66~67쪽 참조. 윌슨 역시 "cogito, ergo sum"에 대한 윌리엄스의 제안, 즉 F(a) →a에 동의한다. 그렇지만 그녀는 실체와 속성의 관계에 대한 데카르트의 설명들로부터 속성에 대한 인식이 실체 자체에 대한 직접적인 인식이라는 것을 이끌어 낼 수 있기 때문에 윌리엄스의 문제가 극복될 수 있다고 생각한다. 나는 윌슨의 해석에 동의한다. 데카르트가 비록 실체개념을 아리스토텔레스-스콜라철학에서 빌려 사용하지만 동일한 의미로 사용하는 것은 아니다(윌리엄스 역시 이를 인정하지만, 다른 문맥 속에서 그러는 것이다. 135~137쪽 참조). 나는 "이 대상〔책상〕은 성질 다발의 뒤에 존재하는가, 아니면 그 다발 이외의 아무것도 아닌가? 둘 다 거짓이라고 생각한다. 이 책상은 목재이고, 갈색이며, 이 방안에 있다는 등이다. 이 책

상은 그러한 모든 성질을 가지고 있다. 그리고 성질이 없이는 아무것도 아니고 성질 뒤에서는 아무것도 아니다"라는 크립키의 주장이 실체와 속성의 관계에 대한 데카르트의 입장을 정확하게 대변해 준다고 생각한다. 크립키, 정대현·김영주 역, 《이름과 필연》, 서광사, 1986, 65쪽.

두 번째 문제와 관련해서는 졸고 *Das Problem des Skeptizismus bei Descartes und Locke*, http://webdoc.sub.gwdg.de II.II.3 참조. 졸저에서 나는 맥키(J. L. Mackie)와 그 문제를 논했지만, 그 논의는 윌리엄스에게도 해당된다. 칸트를 거론하지 않았지만, 데카르트와 버클리의 차이에 대한 칸트의 구분은 윌리엄스의 해석의 문제점을 잘 드러내 준다. 내가 잘못 이해한 것이 아니라면, 칸트가 데카르트의 관념론을(나는 데카르트가 관념론자라는 것에 동의하지 않지만, 이는 여기서 본질적인 문제가 아니다) 미정적(*problematisch*)인 관념론이라고 칭한 이유는, 그의 관념론이 공간을 포함하여 그곳에서 지각되는 모든 대상들(표상들)의 실재성에 대한 총괄적인 회의로 이끈다고 이해했기 때문이다. 반면에 버클리의 관념론을 독단적인 관념론이라고 칭한 이유는, 그의 관념론이 공간을 독립적인 존재로 간주하고 그곳에서 지각되는 개별적인 대상들(표상들의)의 독립적인 존재가능성을 문제삼았기 때문이다. *Kritik der reinen Vernunft*, Felix Meiner, 1971, B274~275 참조. 나는 칸트의 이 구분이 옳고 또 중요하다고 생각한다. 그 이유는 이렇다.

데카르트의 회의론이 선한 신 존재에 대한 증명을 통해 극복되었다고 가정하자. 그리고 버클리 역시 신의 도움으로 독립적인 존재를 지니게 되는 표상들이 있다고 가정하자. 윌리엄스는 이런 가정하에서도 데카르트에 있어서 개별적인 물체들의 존재가 직접적인 지각을 통해서 인식되는 것이 아니라 직접 지각되는 관념을 매개로 추론되는 것으로 해석한다(226쪽). 그러나 이는, 칸트의 구분을 빌려 말하자면, 데카르트를 버클리로 이해한 것이다. 위의 전제하에서는 공간을 포함한 관념론이란 경험적 실재론을 의미하기 때문에, 개별적인 물체의 존재는 직접 지각되는 것이다. 버클리의 경우에는 당연히 그렇지 않다. 칸트는 데카르트를 따른다. 칸트의 초월적 관념론은 경험적 실재론을(이것이 Ding an sich를 의미하는 것은 아니다. 그러나 그것은 여기서 논제가 아니다) 보장하는데, 이는 우리가 대상을 직접 지각한다는 것을 의미한다. 따라서 칸트가 데카르트의 관념론과 버클리의 관념론을 구분하고 데카르트의 관념론을 미정적 관념론이라고 한 것은 그 표현이 의미하는 바와는 달리 그다지 부정적인 의도가 아니다. 스트라우드(Stroud)가 칸트 실재론의 핵심이 대상들에 대한 직접적인 지각임을 강조한 것은 옳지 수 있다고 생각하는데, 나는 이에 동의한다. 데카르트가 '나'로써 지시하는 것이 무엇이든 일단 그것이 물체들의 개별화 원리에 따라 지시된 것은 아니다. 더 나아가 핵심적인 것은 그 '나'로써 지시되는 것이 동일성을 유지하고 있다는 것이다. 사유의 다양한 양태들에 대한 자기 귀속이 이를 입증한다.[117] 그러나 쉬퍼는 그것만으로 문제가 다 해결되는 것은 아니라고 생각한다. 왜냐하면 모든 대상들이 대물적인 본질을 가지고 있는지가 자명한지의 문제가 남아있기 때문이다. 우리는 제2성찰의 밀랍의 예에서 데카르트가 물질 대상들이 대물적 본질을 가지고 있다는 것을 인정하고, 그가 인정하는 유일한 본질은 연장이라는 것을 알 수 있다.[118] 그는 아르노에 대한 답변에서 이를 분명히 한다. "나는 어떤 것이 존재하는 데 필요로 하지 않은 어떤 성질도 그것의 본성에 포함되지 않는다고 생각한다"(*Nihil enim eorum sine quibus res aliqua exsistere potest, mihi videtur in eius essentia comprehendi*) (219쪽). 따라서 먼저 데카르트의 제6성찰의 논증을 '나'를 고정지시어로, 그리고 모든 대상들이 필연적 성질을 가지고 있다는 전제를 사용하고, 쉬퍼와 윌리엄스와 논의하자. 윌리엄스가 이들 전제로 재구성한 논증을 예로 삼자(116~117쪽).[119] 그것은 다음과 같다(E).

만, 칸트의 구분, 즉 데카르트의 관념론과 버클리의 관념론의 구분을 간과하고 동일시한 것은 아쉬운 일이다. Barry Stroud, *The Significance of Philosophical Scepticism*, Oxford, 1984, 4장(특히 146쪽) 참조.

117) 물론 쉬퍼는 이런 식으로 '나'가 고정지시어가 될 수는 있지만 그것이 영혼들의 개별화 원리로는 불완전하다는 점을 지적한다. 그러나 중요한 것은 불완전하다고 하는 것이지 '문제'라고 하는 것이 아니라는 점이다. 40~41쪽.

118) 앞의 주 38참조.

119) 윌리엄스는 (1)과 관련해서 "if we allow Descartes the notion of the essential property …"라는 표현을 쓰는데, 그 이유는 앞서 말했듯이 '나'의

1) 나는 물체의(나의 신체도 포함해서) 존재를 의심할 수 있다.
2) 나는 나의 존재를 의심할 수 없다.
3) 나는 존재한다.
4) 나는 본질적인 성질을 가지고 있다.
5) 내가 존재하는 데 필요로 하지 않는 어떤 성질도 나의 본질적인 성질이 아니다.
6) 나는 사유 이외의 다른 어떠한 성질도 가지고 있지 않아도 된다(나 자신에 대한 완전한 고찰로부터).
7) 사유는 나의 본질이다.
8) 사유는 나의 신체의 본질적인 성질이 아니다.
9) 나는 나의 신체와 다르다(7과 8로부터).
9*) 나는 나의 신체와 필연적으로 다르다.

이제 (4)와 관련해서 쉬퍼가 제기하는 문제를 살펴보자. 쉬퍼는 그것이 자명하지 않기 때문에 입증되어야 한다고 생각한다. 그 이유는 세 가지로 정리될 수 있다. 그 하나는, 모든 대상들이 성질을 가지고 있다는 것은 자명할 수 있지만, 본질을 가지고 있다는 것은 그렇지 않기 때문이다(35쪽). 다른 하나는 데카르트가 표방하는 철학적 태도와 관련이 있다. 즉, 아리스토텔레스-스콜라 전통을 거부하는 데카르트가 (4)를 자명한 것으로 받아들인다는 것은 상상하기 어렵기 때문이다(23쪽). 우리가 앞에서 보았듯이, 설혹 데카르트가 (4)를 주장했음에도 말이다. 마지막 하나는 이렇다. 우리가 홉스의 반론에 대한 고찰에서 보았듯이, 데카르트는 "내가 생각하기를 멈추자마자 존재하는 것도 멈출 수 있[다]"고 했지, "내가 생각하기를 멈추자마자 존재하는 것도

고정지시어 가능성에 대한 그의 부정적인 견해 때문이다. (1-3)은 내가 첨부한 것이다.

멈춘다"고 하지 않았다고 주장하면서, 이 문제를 제6성찰로 미루었다. 그런데 (4)를 전제하면 (7)이 도출되는 것은 너무도 당연하기 때문에, 데카르트의 답변은 답변일 수 없다. 따라서 쉬퍼는 (E)가 진정한 의미의 논증이 되려면, 우리는 (4)를 입증할 독립적인 논증을 추가해야 한다고 생각한다. 데카르트가 (4)를 자명한 것으로 받아들임에도 불구하고, 그것이 쉬퍼에 따르면 우리가 데카르트를 위해 해야 할 일이다. 그러한 논증이 불가능해서 어쩔 수 없는 경우가 아니라면 말이다(34~35쪽). 이 때문에 그는 이를 위해 논증한다(35~37쪽). 이를 간략하게 설명하면 다음과 같다. 그는 만일 위의 '나'가 '연장된 것'으로 존재하는 것이 불가능하다는 것이 입증되면, 위의 (E)가 타당할 수 있다고 생각한다. 그는 '나'가 '단지 연장된 것'으로 존재할 수 있는 세 가지 가능성을 고찰하고, 그 가능성을 배제하려고 시도한다(36~37쪽). (E 4)를 위한 독립적인 논증을 제시하고자 하는 쉬퍼의 이러한 시도는, 데카르트의 논증을 생산적인 것으로 재구성해야 한다는 이 글의 정신에 호응하는 것이다. 그러나 윌리엄스가 올바르게 지적했듯이(120~121쪽 참조), 그의 논증은 심각한 문제를 담고 있다. 쉬퍼는 그 세 가지 가능성을 배제하는 과정에서

(a) 생각하는 것이 연장된 것으로 변할 수 없다. 왜냐하면 그 경우 '그것'은 다른 것이 되는 것이기 때문이다.
(b) 어떤 '하나'가 사유와 연장을 가지고 있다면, 그것은 하나가 아니라 둘이다

를 사용한다. 그런데 이는 그 자신의 의도를 정면으로 위배하고 있다. 왜냐하면 (a)는 이미 사유가 필연적인 성질이라는 것과 같은 의미이

고, (b)는 정신과 신체의 실제적 구분과 동일한 것이기 때문이다. 따라서 쉬퍼의 의도와는 정반대로,

> 그렇다면, 쉬퍼의 접근방식의 결과는 더 길거나 더 흥미롭거나 선결문제 요구의 오류를 덜 범하는 논증이 아니다. 그것은 오히려 대단한 논증은 전혀 없다는 것을 시사한다. 또한 그 '실제적 구분'은 두 가지 근본적 속성, 즉 모든 것이 그것들 가운데 속하고 그것들을 통해 설명된다는 '생각'과 '연장'이라는 두 가지 근본적 속성들에 대한 일차적인 직관으로부터 거의 직접적으로 나온다는 것을 시사한다(120쪽).

물론 윌리엄스도 자신이 재구성한 (E)도 사유-연장 두 개념만이 정신과 신체의 실제적 구분과 관련된 모든 사안이라는 데카르트의 이원론적 전제를 배제할 수 없었다는 것〔이 점은 (E 8)을 끌어들이는 과정에서 드러나는데, 114쪽과 121쪽 참조〕을 고백한다. 즉, 선결문제 요구의 오류로부터 완전히 자유로울 수 없다는 것을 인정한다. 그러나 그럼에도 자신의 재구성과 쉬퍼의 논증을 근본적으로 구분한다. 이는 내가 이 글의 첫 번째 부분에서 지적했듯이, 데카르트가 《성찰》에서 분석적인 방법을 사용했다는 것과 관련이 있다. 위의 인용문에 이어 윌리엄스가 계속 평하길,

> 이러한 관점〔쉬퍼의 관점〕에 대해 할 말이 많다. 〔쉬퍼에게〕 이원론에 대한 직관은 일차적이고 데카르트가 '의심'으로부터 벗어나 나아가는 과정을 통해 그것에 도달한다기보다는 그것을 통해 세계를 재구성한 것이다. 그러나 그는〔데카르트는〕 이것을 단계적으로 행한다. 그리고 우리가 진짜 '실제적 구분'을 옹호하는 논증을 형식화하려 한다면, 내가 선택한 전제 〔4〕를 선택하는 데 대해 얘기해야 할 것이 있

> 다. 즉, 데카르트가 사용한 것처럼, 그것은 전통적인 형식화로서 이원론을 예견하긴 하지만 아직 구체화하지는 않는다는 것이다. 그리고 그것은 데카르트가 세계에 대한 자신의 새로운 관점을 자신에 대한 반론가들에게는 확실하게, 그리고 자기 자신에게는 부분적으로 부득이하게 드러내기 위한 특징적인 표현방식이었다는 것이다(120~121쪽, 나의 강조).

나는 이를 이렇게 이해한다. 대물적 필연성을 받아들인다는 것은 대상이 가지고 있는 본질적 성질은 탐구를 통해 발견되는 것이라는 입장을 취하는 것이다. 따라서 형이상학적인 탐구 역시 발견적 탐구로 생각하는 데카르트의 의도를 좇아 그의 논증을 진정한 의미의 논증으로 재구성하려면 (4)를 받아들여야만 한다는 것이다. 그것은 어쩔 수 없는 경우에 받아들여야 하는 그런 것이 아니다.

그렇다면 우리는 (E)를 데카르트의 의도에 따라 잘 재구성된 논증들 가운데 하나로 평가할 수 있다. 따라서 이제 문제는 (E)의 타당성이다. 그것은 타당한가? 윌리엄스는 그렇지 않다고 생각한다. 간단히 얘기하면 이렇다(121~124쪽). 윌리엄스는 (8)에서 (9*)로, 경우에 따라서는 (9)로도 넘어갈 수 없다고 생각한다. 이것이 가능하자면 '나의 신체' 역시 고정지시어야 하는데, 데카르트가 위의 논증을 펼치는 상황이 그것을 허락하지 않기 때문이다. 왜냐하면 데카르트가 처해 있는 상황은 자신의 신체를 포함한 물질세계의 존재가 의심에 빠져 있는 상황이기 때문이다. 따라서 '나의 신체'는 '그것이 무엇이든 나의 신체인 것'을 지시할 수밖에 없는데, 이 경우 설혹 (9)가 도출된다 하더라도 (9*)가 도출될 수는 없다. (9*)가 도출되기 위해서는

(8*) 물체가 생각할 수 없다는 것은 필연적이다

가 필요한데, 이를 어디서 가져올 수 있는가가 문제이다.[120] 이 전제가 없다면, 사유능력을 우연한 성질로 가지고 있는 신체가 《성찰》을 쓴 것일 수 있다. 이는 데카르트가 실체이원론을 증명하는 데 있어서 무엇이 결정적인 어려움인지를 분명하게 보여준다. 데카르트가 사유가 정신의 본질이며, 물체의 본질은 연장이라는 것만을 입증하는 것만으로는 부족하다. 데카르트는 (8*)이 참이라는 것도 입증해야 한다.

다른 한편, 데카르트는 (8*)에 대해 어떤 입장을 견지했는가? 우리는 이를 간단히 확인할 수 있다. 앞에서 보았듯이 (8*)은 이미 두 번째 반론가가 문제삼았던 것이다. 그들 역시 그 전제가 필요하다는 것을 지적했다. 우리는 그때 데카르트가 그 문제를 제6성찰로 넘겼다는 것을 알고 있다. 그런데 그렇게 한 이유는 그가 (8*)을 (9*)의 도출을 위한 전제로 생각하지 않고, 오히려 (8*)을 (E) (9*가 포함된 상태로서)로부터 도출되는 것으로 생각했기 때문이다. (8*)을 전제로 요구했던 두 번째 반론가들에 대한 데카르트의 답변이 이를 분명하게 보여준다. (E)와 연관하여 그것을 제시하면 다음과 같다.

10) 생각할 수 있는 것은 모두 정신이거나 혹은 정신이라 불린다.
11) 정신과 신체는 실제로 구분되기 때문에 어떤 신체도 정신이 아니다.
12) 물체는 생각할 수 없다.

---

120) 아르노는 말하길, "우리의 정신이 물질이라고 주장하는 사람도 그 때문에 모든 물체가 정신이라고 믿지는 않을 것이기 때문이다." AT VII 201쪽. 그리고 말하길,

"생각하는 모든 것은 또한 연장된 것인데, 그럼에도 불구하고 그것에는 연장된 다른 것들과 함께 공통적으로 가지고 있는 성질들, 예를 들자면 모양을 띨 수 있다거나 움직일 수 있다거나 하는 것과 같은 성질들 이외에도 특별히 사유하는 능력이 내재해 있는 것이 아닌가 하고 말이다." AT VII 203~204쪽.

이러한 사실은 데카르트가 (E)를 그 자체로 타당하다고 믿고 있다는 것을 보여준다. 따라서 데카르트가 실체이원론을 견지한 이유는, 자신이 실체이원론을 증명했다고 믿었기 때문이다. 자 이제 마지막 부분으로 넘어갈 시점이다.

3) 데카르트는 왜 실체이원론을 견지했을까?

데카르트에 대한 유물론자인 홉스와 가상디의 반론으로 시작해보자.

> 만일 데카르트 씨가 지성을 사용하는 사람과 지성이 동일한 것임을 보인다면, 우리는 다시 스콜라철학적 어법에 빠지게 될 것이다. 지성이 이해하고, 시각이 보며, 의지가 의지하고, … 산책하는 능력이 산책을 한다(AT VII 177쪽).

홉스가 제기하는 것은, 만일 생각을 생각하는 능력의 발현으로써, 상상을 상상력의 발현으로써, 감각을 감각능력의 발현으로써 설명한다면, 그것이 진정한 의미의 설명일 수 있느냐는 것이다. 가상디의 반론은 보다 상세하다.

> 만일 사람들이 포도주에 관해 일반적으로 알려져 있는 지식 이외의 것을 당신에게 물을 때, 당신이 포도주는 액체이고 포도 열매로부터 짜낸 것이며 희거나 붉고 달콤하며 취하게 만드는 등의 것이라고 답한다면 이는 결코 만족스러운 답이 아닐 것입니다. 오히려 당신은 여러 가지 방식으로 포도주의 내적 실체를 탐구하고 설명하고자 하지 않겠습니까? 포도주가 정기와 점액과 주석(酒石), 그리고 여타의 부분들을 이런저런 온도에서 이런저런 양으로 섞어 만들어진 것이라고 말입니

> 다. 같은 식으로 당신에 관해서 일반적으로 알려져 있는 지식 이외의 것을 당신에게 물을 때, 당신이 우리에게 당신은 생각하는, 의심하는, 이해하는 등의 것이다라고 답한다면 이는 결코 만족스러운 답이 아닐 것이라는 점에는 의심의 여지가 없음을 당신은 잘 알고 있습니다. 오히려 당신은 화학적 작업을 통해 〔정신인〕 당신 자신을 탐구하여 우리에게 당신의 내적인 실체를 보이고 증명할 수 있도록 말입니다(AT VII 276~277쪽).

이는 데카르트의 《성찰》 이전 작업을 고려해 볼 때, 터무니없는 반론이 아니다. 왜냐하면 데카르트는 형상이론에 기초한 아리스토텔레스-스콜라 철학적인 설명을 순환적인 설명이라는 이유 때문에 거부하고 환원적인 설명만을 진정한 설명으로 인정하기 때문이다. 그는 이미 《규칙들》의 12규칙에서 제 1, 2성질을 구분하고, 이에 대한 심리생리학적인 간단한 설명을 제시했고, 《세계》(〈빛에 관하여〉와 〈인간론〉 두 부분으로 이루어진)에서 이를 기초로 우주생성론뿐만 아니라 중요한 자연현상들, 그리고 인간을 포함한 동물들의 자율적인 내적 생리현상들, 기억과 꿈과 반사운동들을 신체의 구조와 신경을 통과하는 물질들의 크기와 형태, 그리고 운동속도의 차이에 근거하여 기계론적으로 설명했으며, 지각과 기억과 상상력 역시 감각기관과 신경과 뇌의 생리학적 기반에 근거하여 설명한다. 비록 《규칙들》은 데카르트가 미완성의 형태로 남겨두었고, 《세계》는 정치 신학적인 이유로(갈릴레이 종교재판) 출간되지 않았지만, 서론으로서의 〈방법서설〉 5부에 있는 《세계》에 대한 데카르트의 요약과 〈방법서설〉에 뒤따르는 〈굴절광학〉과 〈기상학〉은 홉스나 가상디의 반론이 가능한 반론임을 보여준다.

데카르트가 자연철학에서 추구한 설명이 환원적 설명이라는 데에는 의심의 여지가 없다. 데카르트가 식물이나 동물을 정교한 기계로 간주했다는 사실 또한 위의 반론에 힘을 보탤 수 있다. 잘 알려져 있다시피, 데카르트는 〈방법서설〉에서 만일 이성〔정신〕이 없는 다른 동물들과 똑같은 기관과 모양을 가진 기계가 있다면, 우리는 그 기계가 이 세계의 동물과 동일한 본성을 갖고 있지 않다고 판단할 기준이 없다고 주장한다. 그러나 우리에게는, 우리 신체와 비슷하고 우리 행동을 아주 감쪽같이 흉내 낼 수 있는 기계가 있더라도 그것이 진정한 인간일 수 없다는 것을 알 수 있게 해주는 아주 확실한 두 가지 수단이 있다고 한다. 정형화되지 않은 인간의 언어사용 능력과 무한한 상황대처 능력.[121] 윌슨은 이것이 홉스와 데카르트의 격을 구분해준다고 평가한다. 기계론적인 설명에 대해 맹목적으로 낙관적인 입장을 취한 물리주의자인 홉스와는 달리, 그녀는 그것이 데카르트가 인간능력들에 대한 기계론적인 설명가능성에 대해 비판적으로 고찰했다는 것을 보여주는 것이라고 생각하기 때문이다.[122] 데카르트의 실체이원론을 어떻

121) AT VI 56쪽 참조.

122) "Cartesian Dualism", 204~205. 데카르트가 왜 심신이원론을 선택했는지 그 동기에 대한 윌슨의 설명은 약간 특이하다(?). 그녀에 따르면 당시에 뇌에 관한 생리학이 오늘날처럼 발달하지 않아서이기 때문은 아니다. 왜냐하면 당시에 심신 인과를 인정하면서 실체이원론을 주장한 철학자는 데카르트가 유일했기 때문이다. 신학적인 고려 때문만일 수도 없다는 것이 또한 그녀의 생각이다. 왜냐하면 만일 그것이 결정적인 이유라면, 데카르트 역시 라이프니츠나 스피노자처럼 심신 인과를 포기하는 것이 더 나을 수 있었기 때문이다. 그녀는 《철학의 원리》 4부에서(AT VIII-1, 323쪽)에서 데카르트가 "이곳에서 내가 빠트린 자연현상은 아무것도 없다"고 한 주장을 근거로, 자연과학자로서의 데카르트가 지녔던 야심, 그리고 우쭐함이 연관되어 있다고 생각한다. 그녀에 따르면, 그런 야심과 우쭐함을 가진 데카르트가 인간의 행동과 관련해서 자신이 제공할 수 있는 설명이 반사운동에 관한 것 이상의 수준이 아니라는 사실을 깨닫게 되자, 자신의 야심과 자신이 처한 현실을 유화시키기 위한 유일한 방책으로써 인간의 정신이 물리적인 기반을 가진다는

게 이해해야 하는지에 대한, 그리고 실체이원론을 견지한 동기에 대한 클라크의 설명은 위의 사실들을 적절하게 표현해 준다. 그의 설명을 간단히 정리하면 다음과 같다.

데카르트는 인간도 정교한 기계라고 생각했을 것이다. 그렇다면 데카르트가 심신이원론을 제기한 까닭은 무엇인가? 클라크에 따르면, 처음 생각과는 달리 인간의 정신현상들에 대한 생리학적 설명이 가능하지 않다고 생각했기 때문이다. 그렇다면 그는 실체이원론자이고, 따라서 그를 실체이원론자라고 간주해야 하는 것 아닌가? 그러나 클라크는 오히려 바로 그 때문에 데카르트를 실체이원론자로 간주해서는 안 된다고 주장한다. 왜냐하면 우리가 데카르트가 가지고 있는 진정한 설명의 기준을 고려하면, 실체이원론은 인간 마음에 대한 설명이 아니라(1쪽) 고백이기 때문이다. 즉, 데카르트의 '정신 실체'는 물질과 본질적으로 다른 '정신'이라는 비물질적인 존재를 지칭하기 위한 것이 아니라, 비록 뇌에 관한 당시의 연구가 인간의 모든 정신현상들에 관한 환원적 설명을 가능케 할 수 있을 정도로 발달하지 못했기 때문에 환원적인 설명을 제시하지 못하지만 미래에는 가능할 수 있다는 믿음하에 그러한 정신현상들을 묶어서 지칭하는 기술적 용어라는 것이다(35~36쪽). 결국 실체이원론은 결국 위장된 가설에 불과하다는 것이다.[123]

그러나 문제는 사실 그렇게 간단하지 않다. 클라크와 고크로저는 데카르트가 실체이원론을 취한 이유가 그가 기대했던 바와는 달리 정신

것을 부인하게 됐다는 것이다. 위의 논문 203~204쪽 참조.

123) 클라크처럼 단언하지는 않지만, 고크로저 역시 데카르트가 인지과정에 대한 심리생리학적 탐구를 오늘날의 데넷처럼 밀고 나가지 못하고 중단한 이유 중 하나를 당시의 뇌 연구수준의 미흡함으로 돌린다. 고크로저, 7쪽과 주 33 그리고 158~172쪽 참조, 암스트롱 역시 이에 동조한다. 암스트롱, 1999, 12쪽.

현상들을 심리생리학적으로 설명할 수 없었기 때문이라고 주장하지만, 이는 단지 추측에 불과하다. 동물을 정교한 기계라고 생각하는 사람이 단지 자신이 설명할 수 없다는 이유 때문에, 인간을 예외로 삼는다는 것은 납득하기 어렵다. 식물이나 동물은 정교한 기계일 수 있다고 생각하면서 인간만은 예외로 두는 입장은 어떠한 형태의 심신이원론이나 어떠한 형태의 물리주의보다, 더 나아가 관념론보다 우리를 더 당혹스럽게 만든다.[124] 무엇보다도 데카르트가 초지일관 실체이원론을 형이상학적으로 선점하고 있었다는 사실은 그들의 입장이 적절하지 않다는 것을 보여준다. 그것은 그에게 단순한 가설이 아니었다. 이는 《규칙들》과 《세계》의 인간론에서 분명하게 알 수 있다. 그가 《성찰》에서 한 것은 자신이 형이상학적으로 선점한 것을 증명하고자 한 것이지, 가설을 증명하고자 한 것이 아니다. 이 구분이 중요한 이유는 이렇다. 데카르트의 논증이 타당하다고 하자. 이 경우 위의 구분은 실제적으로 의미가 없다. 내가 이 부분의 첫 번째 부분 말미에서 데카르트가 《규칙들》에서 실체이원론을 가설로 제기했다고 한 것은 단지 데카르트가 지면상의 이유로 가설로 제기하는 것이라고 설명했기 때문이다. 그러나 우리 대부분은 그의 논증이(E) 타당하지 않다고 생각한다. 이때는 그 구분이 중요하다. 특히 실체이원론을 견지하는 나의 입장에서는 말이다. 그 이유를 나의 억측으로써 설명해보자.

오늘날 물리주의를 거부하는 일상적인 사람들(나를 포함하여)에 대

124) 이는 여섯 번째 반론가들이 제기하는 반론이지만 그들의 의도는 클라크나 고크로저의 의도와는 정반대이다. 그들이 그것으로써 주장하고자 하는 바는 만일 인간 정신에 대한 기계론적 설명이 불가능하다면 다른 동물들만을 예외로 간주해서 그것들을 자동기계로 간주해서는 안 된다는 것이다. AT VII 414쪽 참조.

해 생각해보자. 나는 오늘날 물리주의를 거부하는 사람들은 대부분 자연과학이 어디까지 와 있고 또 어디까지 나아갈 수 있을지에 대해 알아보거나 깊이 생각해 보지 않았다고 생각한다. 우리가 물리주의를 받아들이지 않는 데에는 어떤 이유가 있을까? 인간이 오로지 간접경험으로만 알 수 있는 그러나 가장 확실하게 알고 있는 죽음에 대한 생각 때문일까? 따라서 막연하나마 정신이라는 것이 있을 수 있지 않을까 혹은 있어야 한다는 생각이 들어서일까? 그런데 문제는, 오늘날 자연과학이 어디까지 와 있고 어디까지 갈 수 있을지에 대해 알아보고 깊이 생각해 본다면, 그런 이유를 들어 물리주의를 거부하기란 거의 불가능하다는 느낌이 든다는 것이다. 따라서 만일 우리가 자연과학에 대한 깊은 생각 끝에 물리주의를 거부한다면, 이제 비로소 그러한 거부의 이유에 대한 물음이 우리에게 중요한 의미를 가지기 시작하는 것이다. 나는 그 이유가 정치적이거나 종교적이거나 윤리적이라고 한다면, 그것은 그 물음의 의미를 퇴색시키는 것이라고 생각한다. 이제 나는 실체이원론자인 내게 데카르트가 필요한 이유를 설명해보고자 한다.

이 글의 첫 번째 부분에서 보았듯이, 데카르트는 정신과 신체의 합일을 설명될 수 없는 당연한 사실로 본다. 정신과 신체의 합일이 당연한 사실임을 우리에게 보여주는 중요한 것은 심신 인과와 의식, 더 자세히 말하자면, 정신현상으로서의 감각질이다. 1642년 1월에 레기우스에게 보낸 편지는 제6성찰보다 감각질의 그러한 의미를 더 명확히 해 준다.

> … 그것들은〔신체와 정신〕은 위치적으로 혹은 배열에 의해 결합되어 있는 것이 아니라 … 비록 아무도 어떻게 그렇게 되는지를 설명하지 못하지만, 그것들은 모든 사람들이 동의하듯이 진정한 방식의 결합을 통

해 결합되어 있는 것이다. 따라서 너도 그것을 설명할 의무가 없다. 그렇지만 나의 형이상학〔《성찰》〕에서 한 것처럼, 고통이나 그 밖의 다른 모든 감각들이 신체와 구분된 정신의 순수 의식이 아니라 그러한 신체와 실제로 결합된 정신의 애매한 지각이라고 하면서 설명할 수는 있다. 왜냐하면 만일 천사가〔정신 대신〕 인간 육체 속에 들어 있다면, 우리와는 달리 그는 감각하지 않고 외부 대상들에 의해 야기된 운동만을 지각할 것이기 때문이다.… (AT III 493쪽, 나의 강조; 번역은 라틴어 원전에 따랐다).

그런 감각질 가운데 데카르트의 한 가지 예인 갈증을 고찰해보자(AT VII 80쪽). 정신현상으로서의 갈증을 'A'라 하고 'B'를 그에 대응하는 뇌의 상태라고 하자. A와 B의 관계와 관련해서 크립키는 B 없이 A가 존재할 수도 있고 A 없이 B가 존재할 수도 있다는 것이 데카르트의 본래 견해에 가깝다고 주장하는데(162쪽),[125] 이는 명백한 오류다. 정신은 신체 없이 존재할 수 있고 또 그 역도 사실이다. 하지만 A가 B 없이, B가 A 없이 존재할 수는 없다. 이는 서로 연관되어 있는 두 가지 측면에서 데카르트에게 중요한 것이다. 그 하나는 이렇다(AT VII 84쪽 이하). 잘 만들어져 정확히 시간을 알려주는 시계와 그렇지 않은 시계가 있다고 하자. 데카르트에 따르면 우리가 그 두 시계를 그 자체로서만 고찰한다면, 그 둘간의 질적 차이를 이야기할 수 없다. 왜냐하면 그 둘 다 동일한 자연의 법칙에 따라 작동하는 것이기 때문이다. 이 때문에 정확한 시계라는 명칭 혹은 부정확한 시계라는 명칭의 차이는 시계의 용도를 고려한 외적 차이에 불과하다. 수종환자와 관련해서, 우리가 그를 신체의 관점에서만 고찰할 경우 정상인과 차이가 없

125) type-token 구분은 생략하도록 하자.

다. 물을 마실 필요가 없음에도 목이 말라 있기 때문에 물을 마시는 것 자체가 자연의 법칙을 거스르는 것은 아니다. 그러나 우리가 그를 신체와 정신의 결합체로서 고찰한다면, 그와 정상인의 차이는 시계의 경우와는 달리 외적 차이가 아니다. 왜냐하면 정신과 신체의 합일은 선한 신이 한 일이기 때문이다. 더욱이 갈증감각은 합일체로서 인간의 생존과 보존에 기여하는 중요한 기능을 수행하도록 신이 마련해 준 것이다. 그런데 환자도 건강한 사람과 마찬가지로 신의 창조물이지 않은가. 그렇다면 잘못을 범하는 자연을 신이 부여했다는 것은 신의 선함과 모순되는 것 아닌가? 이는 선한 신의 존재를 증명한 데카르트가 간과할 수 없는 따라서 규명해야 하는 문제이다. 그런데 이 설명에서 절대적으로 필요한 것이 바로 A와 B의 (김재권식의 기능적 환원을 통한) 동일성이며, 데카르트 역시 그것을 통해 설명한다. 이를 간단히 하자면 이렇다. 정상인이 갈증을 느끼는 물리적 과정이 a-b-c-B-A라 하면, 수종환자가 갈증을 느끼는 물리적 과정은 e-f-g-B-A이다. 이와 같이 데카르트는 수종환자의 갈증현상을 일부 상이한 물리적 과정과 B와 A의 동일성을 전제하여 설명한다. 만일 이를 전제하지 않으면, 수종환자가 물을 마시면 해가 되는 데도 어째서 갈증을 느끼는지를 설명할 가능성이 전혀 존재하지 않는다. 이 경우 신은 선한 신일 수 없다. 다른 하나는 현실적 삶과 관련이 있다. 만일 B 없이 A가 존재할 수 있다면, 그것을 고치려는 시도조차 할 수 없다. 달리 말해서 의학이 불가능해지는 것이다. 그런데 우리는 데카르트가 의학에 얼마나 중요한 지위를 부여하는지 알고 있다. 그것은 잘 알려진 《철학의 원리》의 프랑스어판 서문을 통해 밝힌 견해 때문만은 아니다.[126] 데카르트 자신

126) "철학 전체는 한 그루의 나무와 같은 것이다. 그 뿌리는 형이상학이며, 그 줄기는 물리학이며, 그 가지들은 다른 모든 나머지 학문들인데, 이것들은

이 이제[127] 의학에 전념하고자 작정했다고 밝히고 있기 때문이다.

> 정신조차도 신체의 기질과 기관의 배치에 의존하는 바가 아주 크므로 인간을 전체적으로 지금보다 현명하고 유능하게 만드는 수단을 발견할 수 있다면 그것은 다름 아닌 의학에서 찾아야 한다고 생각되기 때문이다. 물론 오늘날의 의학도 적지 않은 유용성을 지니고 있으며, 그것을 과소평가할 생각은 추호도 없다. 현재의 의학이 발견한 것은 장차 발견될 것에 비하면 거의 아무것도 아니라는 것이 의학을 직업으로 갖고 있는 사람이라면 누구나 인정하는 분명한 사실이다. 그리고 신체 및 정신의 무수한 질병에 대해, 나아가 노년의 쇠약에 대해 우리가 그 원인 및 자연이 마련해준 치료법을 충분히 알게 된다면 이런 것에서 벗어날 수 있으리라고 나는 확신한다. 나는 내 모든 생애를 바쳐 이처럼 필요한 학문〔의학을 의미함〕을 탐구하기로 작정했고 ….[128]

나는 현대과학의 근간을 이룬 새로운 과학이 근대에 등장했을 때, 그 과학에 동참하는 사람들이 갖는 낙관적인 기대는 그 과학이 화려한 꽃을 피우고 있는 오늘날보다 오히려 더 클 수 있다고 생각한다. 홉스를 보라! 그 과학을 주도하는 위치에 있을 경우는 더욱더 그러하다. 가상디를 보라! 그렇다면 그 새로운 과학을 가장 최전방에서 주도하고 이끌어가던 데카르트가 유물론이 아닌 실체이원론을 견지한 이유가 무

크게 의학, 기계학, 윤리학으로 귀결된다.”

127) 《세계》와 〈방법서설〉 5부의 형이상학과 서론으로서의 〈방법서설〉에 덧붙여진 〈해석기하학〉과 〈기상학〉과 〈굴절광학〉으로서 뿌리와 줄기를 마련해 놓은 이제.

128) 이 호언과는 달리 데카르트는 의학에 전념하지 않았다. 그러나 그것은 그가 의학의 미래에 대한 입장을 바꾸었기 때문은 아니다. 내가 그 내용이 들어있는 텍스트를 다시 찾아내지 못해 지시를 달 수 없는 것은 유감이다.

엇인가? 형이상학적인 선점동기에 대한 이 물음은 데카르트가 자신의 논증을 타당하다고 간주하는 것과는 독립적으로 제기될 수 있다.

데카르트의 논증이 타당하지 않다고 생각하지만, 실체이원론을 견지하는 나 같은 사람들에게 데카르트가 중요한 이유가 바로 이 때문이다. 그렇다면 데카르트가 실체이원론을 선점한 이유는 도대체 무엇일까? 다시 한번 반복하자면, 새로운 과학을 가장 최전방에서 주도하고 이끌어가던 데카르트가 유물론이 아닌 실체이원론을 끝까지 견지한 이유는 무엇일까? 물리주의자인 김재권은 비록 실체이원론이 실패한 이론이더라도 데카르트가 심신 인과를 저버리지 않은 것은 평가해야 한다고 한다.[129] 그러나 물리주의자가 아닌 나는 설사 데카르트에게서 그 동기 물음에 대한 답을 아직 발견하지 못했더라도, 혹은 그것이 불가능하더라도, 더 나아가 그 역시 답을 모르고 있더라도, 우리는 적어도 다음의 한 가지 이유 때문에라도 그를 평가해야 한다고 생각한다. 근대과학을 가장 최전방에서 주도하고 이끌어간 자연철학자임에도 불구하고, 그가 유물론이 아닌 실체이원론을 견지할 수 있었던 힘을 가지고 있었다는 이유 때문에 말이다. 우리는 이것이 얼마나 어려운 일인지를 너무나 잘 알고 있지 않은가!

129) "의식과 심적 인과", 8쪽 참조.

▪ 참고문헌

〈데카르트 원전〉

Œuvres de Descartes publiées par Charles Adam & Paul Tannery, Librairie Philosophique J. Vrin, Paris, 1964-1975(AT).

〈데카르트 번역서〉

R. 데카르트, 이현복 역, 《성찰》, 문예출판사, 1996.

______, 이현복 역, 《정신지도를 위한 규칙들》과 〈방법서설〉, 문예출판사, 1996.

______, 원석영 역, 《철학의 원리》, 아카넷, 2002.

Descartes, *Discourse on Method, Optics, Geometry, and Meteorology*, revised edition, trans. by Paul J. Olscamp, Hackett Publishing Company, 2001.

______, *The Philosophical Writings of Descartes*, vol. III, *The Correspondence*, trans. by John Cottingham, Robert Stoothoff, Dugald Murdoch, Anthony Kenny, Cambridge, 1991(CSMK).

______, *Renė Descartes Regulae ad directionem ingenii*, hrsg. von H. Springer, L. Gaebe, H. G. Zekl, Hamburg, 1973.

______, *The World and Other Writings*, trans. and ed. by Gaukroger, Cambridge, 1998.

〈이차문헌〉

김재권, "의식과 심적 인과," 《극단에 선 물리주의》, 제1회 석학연속강좌, 아카넷, 2000.

원석영, "데카르트 철학에서 자연과학과 형이상학의 관계," 김효명 편, 《근대과학의 철학적 조명》, 철학과 현실사, 2006.

______. "데카르트의 방법," 〈대동철학회〉, 2006. 9.

크립키, 정대현 · 김영주 역, 《이름과 필연》, 서광사, 1986.

B. Stroud, *The Significance of Philosophical Scepticism*, Oxford, 1984.
B. Williams, *Descartes*, Penguin, 1978.
D. Armstrong, *The mind-body problem*, Westview, 1999.
D. Hume, *A Treatiseof Human Nature*, ed. by Peter H. Nidditch, Oxford, 1978.
D. M. Clarke, *Descartes's Theory of Mind*, Oxford, 2002.
______, *Descartes' philosophy of science*, Manchester University Press, 1982.
______, *Descartes's Theory of Mind*, Clarendon Press, 2002.
Gaukroger, Stephen, *Descartes, an intellectual biography*, Clarendon Presss, Oxford, 1995.
______, *Descartes' system of Natural Philosophy*, Cambridge University Press, 2002.
I. Kant, *Kritik der reinen Vernunft*, Felix Meiner, 1971.
J. Almog, *What Am I?* Oxford, 2002.
J. L. Mackie, *Problems From Locke*, Clarendon Press, 1976.
J. Locke, *An Essay concerning Human Understanding*, ed. by Peter H. Nidditch, Oxford, 1975.
L. Alanen, *Descrates's Concept of Mind*, Havard, 2003.
M. D. Wilson, *Descartes*, Routledge & Kegan Paul, 1978.
P. F. Strawson, *Skepticism and Naturalism*, Columbia University Press, 1985.
S. Gaukroger, *Descartes An Intellectual Biography*, Oxford, 1995.
S. Y. Won, *Das Problem des Skeptizismus bei Descartes und Locke*, Goettingen, http://webdoc. sub. gwdg. de
Williams, Bernard, *Descartes*, Penguin, 1978.

〈참고논문〉

원석영, “데카르트의 방법,” 〈대동철학〉 36집, 2006.

______, “데카르트 철학에서 자연과학과 형이상학의 관계,” 김효명 편, 《근대과학의 철학적 조명》, 철학과 현실사, 2006.

B. Williams, “The Certainty of the Cogito,” in: *Descartes A Collection of Critical Essays*, ed. by Willis Doney, Nortre Dame, 1968.

D. Garber, “Does history have a future?” in: *Descartes Embodied*, Cambridge, 2001.

M. D. Wilson, “Cartesian Dualism,” in: *Descartes critical and interpretative essays*, ed. by Michael Hooker, Johns Hopkins University Press, 1978.

Stephen Schiffer, “Descartes on his essence,” *the Philosophical Review*, LXXXV, 1, January 1976.

T. O'Connor, “Causality, Mind, And Free Will,” in: *Soul, Body, and Survival*, ed., by Kevin Corcoran, Cornell University Press, 2001.

W. V. O. Quine, “Two Dogmas of Empiricism,” in: *From a logical point of view*, 2th. ed. New York: Harper Torchbooks, 1963.

▪ 데카르트 연보

1596　3월 31일, 브르타뉴 지방고등법원 평정관인 조아생 데카르트(Joachim Descartes)의 셋째아들로 프랑스 중서부 투렌의 라에(La Haye: 1802년부터 La Haye-Descartes로 불림)에서 태어나다.

1597(1세)　5월 13일에 어머니를 여의고, 외할머니와 유모의 손에서 자라나다.

1600(4세)　우주는 무한이라고 말한 브루노(G. Bruno)가 화형당하다.

1606(10세)　제수이트 교단이 창설한 라 플레슈(La Flèche) 학원에 입학하다.

1610(14세)　갈릴레이(G. Galilei)가 천체망원경으로 목성의 위성을 발견하다. 앙리 4세가 암살당하다.

1614(18세)　라 플레슈를 졸업하고, 푸아티에대학에 입학해서 법학과 의학을 배우다.

1616(20세)　푸아티에대학에서 법학사 학위를 받다. 이후 세상이라는 커다란 책으로 여행의 길을 떠나다.

1618(22세)　네덜란드로 가서 모리스 드 나소(Maurice de Nassau) 군대에 들어가다. 네덜란드의 의학자이자 수학자인 이삭베크만(I. Beeckman)과 만나 음악과 수학적 자연학에 대해 관심을 갖다. 《음악개론》(*Compendium Musicae*)을 집필하여 베크만에게 헌정하다.

1619(23세)　30년 전쟁이 일어났다는 소식을 접한 후 독일의 구교군인 바이에른 휘하에 들어가다. 프랑크푸르트에서 페르디난트 2세의 대관식을 관람하다. 11월 10일 울름(Ulm) 근교의 작은 마을에서 놀라운 학문의 기초를 발견하는 영감을 받다. 세 번의 꿈을 통해 보편학의 정립에 대한 자신감을 얻다.

1620(24세)　군대를 떠나 다시 네덜란드로 돌아가다. 베이컨(F. Bacon)의 《신 기관》(*Novum Organum*)이 출간되다.

1622(26세)　프랑스로 돌아가 재산을 정리하다.

1623(27세)　이탈리아로 여행을 떠나다. 블레즈 파스칼(B. Pascal)이 태어나다.

1625(29세)　2년 동안 파리에 머물면서 메르센(M. Mersenne) 신부 및 그의 동료와 교제하다.

1627(31세)　오라토리오 수도회의 창립자인 베륄(P. de Bèrulle) 추기경을 만나 자신이 구상한 새로운 철학에 대해 담화를 나누고 격려를 받다.

1628(32세) 1701년에야 비로소 출간된 방법론적 저작 《정신지도를 위한 규칙들》(*Regulae ad Directionem ingenii*)을 집필하다. 네덜란드로 이주하다.

1629(33세) 네덜란드에 정착하여 《형이상학적 논고》(*Traité de métaphysique*)를 집필하다.

1630(34세) 메르센 신부와 서신 대화를 하면서 〈진리의 창조성〉에 대한 입장을 정리하다. 케플러(J. Kepler)가 죽다.

1631(35세) 해석기하학에 대한 연구를 본격적으로 시작하고, 굴절광학이나 해부학 등에 관한 문제에 몰두하다.

1632(36세) 윌리엄 하비(W. Harvey)의 《혈액순환에 관한 연구》를 접하다. 스피노자(B. Spinoza)와 로크(J. Locke)가 태어나다.

1633(37세) 《세계 및 빛에 관한 논고》(*Le Monde, ou traité de la lumière*)를 집필하다. 갈릴레이의 유죄판결로 출간을 보류하다(1644년 출간).

1635(39세) 딸 프랑신(Francine)이 태어나다.

1636(40세) 《방법서설》(*Discours de la méthode*)을 프랑스어로 집필하다.

1637(41세) 《굴절광학》, 《기하학》 및 《기상학》과 더불어 《방법서설》을 출간하여, 당대 학자들 사이에서 논란을 일으키다.

1640(44세) 5살 난 딸 프랑신과 아버지 조아생이 죽다. 《성찰》(*Meditationes de prima philosophia*)을 탈고하다. 원고를 루뱅대학의 신학자인 카테루스(J. Caterus)에게 보내 반론을 받고, 이어 파리의 메르센 신부에게 보내 홉스(T. Hobbes), 아르노(A. Arnauld), 가상디(P. Gassendi) 등으로부터 반론을 받다.

1641(45세) 반론과 답변을 포함한 《성찰》이 파리에서 출간되다. 데카르트가 직접 감수한 프랑스어판이 1647년에 출간되다. 위트레히트대학 학장인 보에티우스(G. Voetius)가 데카르트를 무신론자라고 공박하다.

1642(46세) 보에티우스가 데카르트에 관한 강의를 금지하고, 제자의 이름으로 데카르트의 철학을 반박하는 팸플릿을 돌리다. 데카르트는 이에 맞서 《보에티우스에게 보내는 공개서한》(*Epistola ad celeberrimum virum D. Gisbertum Voetium*)을 작성하다. 부르댕(P. Bourdin) 신부의 《성찰》의 정본이 암스테르담에서 출간되다.

1643(47세) 엘리자베스 왕녀와 서신왕래가 시작되다.

1644(48세) 자신의 철학을 집대성한 《철학의 원리》(*Principia philosophiae*)가 암스테르담에서 출간되다. 피코(A. Picot) 신부에 의한 프랑스어본이 1647년에 출간되고, 철학에 대한 입장을 담은 편지가 프랑스어본의 서문으로 추가되다.

1645(49세) 엘리자베스 왕녀의 요청으로 《정념론》(*Les passions de l'âme*)의 집필을 계획하다.

1647(51세) 레이덴대학의 신학자들이 데카르트의 철학을 불경건한 펠라기우스(Pelagius) 주의라고 비난하다. 파스칼과 만나 진공에 대해 담화를 나누다. 자신의 추종자인 레기우스(H. Regius)와 의견 차이로 결별하다.

1648(52세) 평생의 학문 동지였던 메르센 신부의 임종을 파리에서 지켜보다. 《인간론》(*Traité de l'homme*)을 탈고하다(1664년 출간). 레기우스의 《인간 정신 혹은 이성적 영혼이 무엇이고 또 무엇일 수 있는지에 대한 설명》에 대한 반박문인 1647년 말에 네덜란드에서 인쇄된 《프로그램에 대한 주석》(*Notae in programma*)을 작성하다. 버만(F. Burman)과 장시간에 걸쳐 철학적인 대화를 나누다.

1649(53세) 스웨덴 여왕 크리스티나의 계속된 초청으로 스톡홀름으로 떠나다. 도착 직전에 《정념론》이 암스테르담에서 출간되다. 1640년 후반에 대화 단편집인 《자연의 빛에 의한 진리탐구》(*La Recherche de la vérité par la lumière naturelle*)를 집필하다.

1650(54세) 2월 11일에 스톡홀름에서 폐렴으로 죽다.

찾아보기

(용 어)

ㄱ ~ ㄴ

ㄷ ~ ㅂ

ㅅ ~ ㅇ

ㅈ ~ ㅊ

ㅌ ~ ㅎ

(인 명)

르네 데카르트 (René Descartes, 1596~1650)

1596년 투랜 지방(Touraine)의 투르 인근에 있는 소도시 라에(La Haye)의 법관 귀족 가문에서 태어난 프랑스의 대표적 수학자, 중·근세철학자이다. 데카르트 좌표계로 대표되는 해석기하학을 창시하여 근대 수학의 길을 열어 놓았고, 처음으로 방정식의 미지수에 x를 쓴 것으로 유명하다. 방법론적 회의를 거쳐 철학의 출발점이 되는 제일원리인 "나는 생각한다, 고로 나는 존재한다"(*Cogito ergo sum*)는 명제를 선언하여 근대 이성주의 철학의 정초를 닦아 근대철학의 아버지라고 불린다. 그의 기계적 우주관은 18세기 프랑스의 유물론에 많은 영향을 주었다.
주요 저서로 《철학의 원리》, 《방법서설》, 《성찰》, 《정념론》 등이 있다.

원 석 영

성균관대 철학과 3년 수료. 독일 괴팅겐대학에서 제1전공 철학, 제2전공 고전 라틴어로 학사 및 석사학위를, 같은 대학에서 제1전공 철학, 제1부전공 고전 라틴어, 제2부전공 사회학으로 박사학위를 취득하였다. 현재 성균관대, 한양대, 경희대 등에 출강하고 있다.
역서로는 데카르트의 《철학의 원리》와 《의식의 재발견》 등이 있고, 논문으로는 박사학위논문 "Das Problem des Skeptizismus bei Descartes und Locke"와 "홉스의 도덕철학과 유물론" 등이 있다.